高职高专"十二五"规划教材

推销理论与实务

第二版

宋素红　李学芝　主　编
郭凤兰　副主编

化学工业出版社

·北京·

本教材以"典型工作任务"为载体,以完成工作任务的顺序和过程为原则选取、序化教材内容,共设置了6个学习任务,分别是任务1(含三个子任务):认识推销及推销职业;任务2(含三个子任务):接近顾客;任务3(含五个子任务):推销洽谈;任务4(含两个子任务):处理顾客异议;任务5(含三个子任务):推销成交;任务6(含三个子任务):推销管理。共包括19个子任务,每个子任务的完成通过相关资讯、决策与计划、任务实施、检查评估与反馈四个步骤完成。任务完成过程体现了"教、学、做"一体化的教学思路,以学生职业素质养成为目标。

本教材精心编排了导入案例、名家观点、销售精英经验谈、同步案例、知识链接等内容,方便学习者从不同角度理解推销理念。巩固与提高及自测题部分,主要目的是锻炼学习者的创新思维与分析问题解决问题的能力,培养、考查学习者对推销理论与技巧的运用。推销人员面对的顾客有两类:个人顾客和组织顾客,其中组织类客户有其独有的特点,本书特别注重了对组织类客户的分析并精心选择了相关的案例。

本教材适合高职高专类院校市场营销及相关专业学生使用,也可用于企业销售业务人员培训使用。

图书在版编目(CIP)数据

推销理论与实务/宋素红,李学芝主编. —2版. —北京:化学工业出版社,2013.1(2025.2重印)
高职高专"十二五"规划教材
ISBN 978-7-122-15770-6

Ⅰ.①推… Ⅱ.①宋…②李… Ⅲ.①推销-高等学校-教材 Ⅳ.F713.3

中国版本图书馆CIP数据核字(2012)第260412号

责任编辑:于 卉　　　　　　　　　　　文字编辑:王 可
责任校对:边 涛　　　　　　　　　　　装帧设计:关 飞

出版发行:化学工业出版社(北京市东城区青年湖南街13号　邮政编码100011)
印　　装:北京天宇星印刷厂
787mm×1092mm　1/16　印张13¼　字数339千字　2025年2月北京第2版第5次印刷

购书咨询:010-64518888　　　　　　　售后服务:010-64518899
网　　址:http://www.cip.com.cn
凡购买本书,如有缺损质量问题,本社销售中心负责调换。

定　价:39.00元　　　　　　　　　　　　　　　　　　　版权所有　违者必究

前 言

随着我国社会经济的发展，推销的作用及地位越来越明显，推销为社会提供了就业机会。据不完全统计，推销人才已持续五年居全国人才市场需求的首位。从人力资源社会保障部人才市场公布的统计数据看，推销从初级到高级职位，每种岗位的人才招聘量都非常大。当代世界最伟大的推销员乔·吉拉德的一段话足以昭示推销的高尚，他说："每个推销员都应以自己的职业为骄傲，推销员推动了整个世界，如果我们不把货物从货架上和仓库里面运出来，美国整个体系就要停摆了。"

每一个领域、每一个行业都需要推销，高职高专市场营销及相关专业的学生近几年在各行各业从事推销工作的比例越来越高。推销是一个看能力、比技巧的工作，推销能够锻炼人的意志、耐心，培养承受压力及挫折的能力、人际交往能力、语言表达能力、应变能力以及吃苦耐劳、诚实守信的良好品德。相信一个优秀的推销人员在任何岗位也会一样优秀，因为他具有了优秀的潜质，这也是很多从事过推销职业的毕业生的共同的心声。

正是基于对推销工作的理解，我们与企业合作，共同开发课程，关注就业、关注学生专业能力的培养与教育教学之间的关系。按照职业岗位的任职要求，从职业工作岗位需求出发，以"典型工作任务"为载体，以完成工作任务的顺序和过程为原则选取、序化教学内容，教、学、做结合，力求体现"'教、学、做、评'合一"和"以学生为主体，以教师为引导"的高职高专教育教学改革新思路。本教材便是课程开发的成果之一。

在第一版的基础上，本次我们做了大量的修订，除保留第一版理论实用、内容丰富、注重实训、精选案例（推销对象以组织者客户为主）等特点外，主要在以下方面进行了修订。

1. 与企业合作，工学结合开发课程。本教材充分贯彻和落实了教育部教高〔2006〕16号文件精神，注重理论及方法的创新，根据营销类岗位群来优化和选取内容，充分体现"做中学，学中作"相结合，从理论知识到职业能力，实现学生从学校到就业岗位的无缝衔接。

2. 体现了建构主义的教学思想，强调学习过程中学生的主动性、建构性。本教材内容体现了任务驱动，教师的作用从传统的向学生传递知识的权威角色转变为学生学习的引导者和辅导者，成为学生学习的高级合作者。极大地激发了学生学习的积极性和主动性，实现了较好的教学效果。

3. 增加了来自推销大师及销售精英的印证性内容。教师虽然作为为学生传授知识的主体，但因为学生缺乏推销实践训练，往往对教师所讲授内容缺乏直观理解和感受。来自推销一线的声音会帮助他们理解推销的有关理论及方法。

4. 通过"相关资讯、决策与计划、任务的实施、检查评估与反馈四个环节，体现"理论、实务、案例、实训"四位一体，综合、立体、全方位提升学生的推销能力与水平。

5. 增加了考核自测题,方便学习者考核、检查学习效果。

本书第二版由宋素红、李学芝担任主编,郭凤兰担任副主编,参加编写的还有参与第一版的编者。

本书可作为高职高专院校市场营销专业及相关专业的使用教材,也可供企业在职销售人员培训使用。

在编写过程中,我们借鉴和参考了一些国内外相关书籍、教材及网络资源,在此向有关作者表示衷心感谢。

由于编者水平有限,书中难免存在不妥之处,欢迎营销界专家及高职高专院校同行老师批评指正,不吝赐教。

编者

2012 年 5 月

第一版前言

人员推销是当代企业普遍采用的一种销售方式,其重要性越来越被众多的企业所认识。因为没有销售,就没有企业的正常运转,就没有社会再生产的循环连续进行——当然这是狭义的推销,也是本教材主要的研究范畴。

推销工作进入的门槛较低,不看学历、不看经验、不管年龄、不论男女、不论身高,也不论长相。这是一个拿业绩说话的行业,这个行业敞开了大门,欢迎有志于从事推销的有为人士。作为青年学生,尤其高职高专相关专业的学生,培养能力、掌握技能是主要的培养方向,而推销就是一个看能力、比技巧的工作,推销能够锻炼人的意志、耐心,培养承受压力及挫折的能力、人际交往能力、语言表达能力、应变能力以及吃苦耐劳、诚实守信的良好品德。相信一个优秀的推销人员,在其他的岗位也会一样优秀,因为他具有了优秀的潜质。

本教材正是基于以上的思想,面对高职高专院校学生的特点,有针对性地编写而成。本教材注重以培养技能和技巧为主,精心编排了大量的案例和知识点,分别以"阅读与思考"和"知识窗"的形式出现;在巩固与提高部分,安排了讨论题和实训题,以加强对学生创新思维的开发及分析问题解决问题能力的培养。

建议在使用教材过程中,案例的分析除要联系当前所讲内容外,还要启发学生从其他方面加以分析,因为案例与教材的许多内容都有相关性,不能把每个案例孤立起来进行分析;对每个知识点(知识窗)部分,要通过各种方式使学生了解、掌握并运用。根据学科特点或教学计划安排,适当增加实训课比例,对"巩固与提高"部分的讨论题和实训部分可有选择地在课堂展开,以使学生主动学习,积极思考,锻炼能力。

本书由宋素红主编,对本书进行总纂和定稿,孟省任副主编。参加编写的有邹静(第一章)、李学芝(第二章)、宋素红(第三章、第七章、第八章)、庞玉书(第四章)、孟省(第五章、第六章)、兰秀建(第九章)。

为了给学生提供一本实用的教材,在本书编写过程中参阅了大量的资料,对资料的提供者表示真诚的感谢!在本书的编写过程中得到了许多同行的帮助和指导,化学工业出版社也给予了大力支持,在此一并表示感谢!

由于水平所限,时间仓促,书中难免有不足和疏漏之处,还望广大读者批评指正。

编者

2007 年 5 月

第一版前言

人类社会进入现代化普及的时期，其重要标志就是汽车进入家庭。改革开放以来，我国汽车工业有了飞跃的发展，轿车已开始进入普通家庭。随着汽车工业的迅速发展，一个庞大的汽车服务业也应运而生，并迫不及待地要加速发展。

当前，摆在我们面前最突出、不容忽视、不容迟疑、不容延缓、不能掉以轻心的是：一个汽车服务业的新队伍，这个十几万人的大军，如何迅速从它现有的水平上，再上好几个台阶，从实际意义上赶上或超过世界先进水平。加快这个步伐，能否利用好两个资源、两个市场，面向国内、面向世界，就摆在每一个汽车服务业的领导、每一个汽车服务业的员工面前，每一个与汽车服务业有关的人员面前。因为汽车已经进入中国千家万户、大街小巷、城市乡镇，成为普通老百姓的伙伴、朋友。它的服务质量好与差，同广大消费者的生活息息相关，它的使用质量的高低，同国家的能源、环保、安全息息相关。

本套教材正是为提高进入、即将进入或已经从事汽车服务业人员的素质水平编辑的，内容针对性强，理论性与应用性密切结合，特别注重实用性，对汽车维修店、汽车销售店、汽车美容店、汽车配件店、汽车改装店、汽车租赁店、汽车运输店、大小不等的各种规模的企业、各式各样经营汽车服务的实体，都能起到指导与参考的作用。

对在校接受中、高等职业教育的学生来说，也是一套理想的课外补充读物，对开拓他们的思路，扩大他们的知识面，学以致用，学习与社会实际紧密结合，有重要的作用。根据(销售)、制造、使用三者关系，使用占十分大的比例，更加要加以重视。随着汽车大量地进入家庭以后，使用问题显得越来越重要，如何用好车、修好车、保养好车、美化好车等等一系列新问题将接踵而来。

本套丛书的出版，一方面要适应改革开放、面向市场的需要，另一方面也可满足科研、教学第一线的教师、学生及从事汽车服务业的广大员工的迫切需求。本套丛书共二十分册，即《汽车文化》、《汽车概论》、《汽车构造》、《汽车电气设备》、《汽车电子技术》、《汽车使用性能与检测》、《汽车运用工程》、《汽车维修工程》、《汽车故障诊断技术》、《汽车营销》、《汽车钣金与车身修复技术》、《汽车美容与装饰》、《汽车事故工程》、《汽车保险与理赔》、《二手车鉴定与评估》、《汽车配件经营与管理》、《汽车运输企业管理》、《汽车特约服务站经营与管理》、《现代汽车服务工程》、《汽车服务信息化工程》。

由于水平有限，时间仓促，书中疏漏与不妥地方在所难免，恳请广大读者批评指正。

编 者
2007 年 5 月

目 录

任务1 认识推销及推销职业 …… 1

1.1 推销及相关职业描述 ………… 2
- 1.1.1 推销及其作用 ………… 2
- 1.1.2 选择推销工作的理由 …… 5
- 1.1.3 主要推销岗位及职责 …… 7

1.2 推销三要素 ………………… 10
- 1.2.1 推销主体——推销人员 ………………… 10
- 1.2.2 推销主体——顾客 …… 18
- 1.2.3 推销客体——推销品 …… 26

1.3 推销礼仪 …………………… 30
- 1.3.1 推销人员形象 ………… 31
- 1.3.2 推销人员礼节 ………… 33

巩固与提高 …………………… 37

任务2 接近顾客 …………… 41

2.1 寻找顾客 …………………… 42
- 2.1.1 寻找顾客的概念及必要性 ………………… 42
- 2.1.2 寻找顾客的原则 ……… 43
- 2.1.3 顾客资格的审查 ……… 44
- 2.1.4 寻找顾客的方法 ……… 47

2.2 约见顾客 …………………… 51
- 2.2.1 约见的意义及准备 …… 51
- 2.2.2 约见顾客的内容 ……… 53
- 2.2.3 约见顾客的方法 ……… 54

2.3 接近顾客 …………………… 58
- 2.3.1 推销接近应在三个方面下工夫 ……………… 58
- 2.3.2 接近顾客前的准备工作 …………………… 59
- 2.3.3 推销接近的方法 ……… 64

巩固与提高 …………………… 69

任务3 推销洽谈 …………… 74

3.1 推销洽谈前的准备 …………… 75
- 3.1.1 推销洽谈的原则 ……… 75
- 3.1.2 推销洽谈的准备 ……… 78

3.2 叙述、倾听的技巧 …………… 90
- 3.2.1 推销洽谈的叙述技巧 … 90
- 3.2.2 推销洽谈中的倾听技巧 …………………… 92

3.3 提问、答复的技巧 …………… 94
- 3.3.1 推销洽谈常用的提问技巧 …………………… 94
- 3.3.2 SPIN销售法 ………… 97
- 3.3.3 推销洽谈的答复技巧 … 99

3.4 推销洽谈的议价技巧 ………… 101
- 3.4.1 灵活运用报价方式 …… 101
- 3.4.2 顾客议价的心理动机 …………………… 103
- 3.4.3 顾客议价的主要策略 …………………… 103

3.5 电话推销技巧 ……………… 108
- 3.5.1 电话推销的基本因素 …………………… 109
- 3.5.2 打推销电话应注意的

　　　　　　问题 …………………… 110
　　3.5.3　电话推销的基本
　　　　　　步骤 …………………… 111
巩固与提高 ……………………………… 114

任务 4　处理顾客异议 ………… 119

4.1　认识顾客异议 ……………………… 120
　　4.1.1　顾客异议的含义 ………… 120
　　4.1.2　顾客异议的类型 ………… 122
　　4.1.3　顾客异议产生的
　　　　　　原因 …………………… 124
4.2　处理顾客异议的技巧 ……………… 126
　　4.2.1　处理顾客异议的
　　　　　　原则 …………………… 126
　　4.2.2　处理顾客异议的
　　　　　　策略 …………………… 128
　　4.2.3　处理顾客异议的
　　　　　　方法 …………………… 133
巩固与提高 ……………………………… 141

任务 5　推销成交 ………………… 146

5.1　推销成交的策略和方法 …………… 147
　　5.1.1　推销成交的含义 ………… 147
　　5.1.2　成交的基本策略 ………… 148
　　5.1.3　成交的方法 ……………… 151
5.2　成交后的反馈和跟踪 ……………… 160
　　5.2.1　成交后跟踪的含义 ……… 160
　　5.2.2　成交后跟踪的意义 ……… 160
　　5.2.3　成交后跟踪的内容 ……… 160
5.3　客户关系管理 ……………………… 165
　　5.3.1　客户关系管理的
　　　　　　含义 …………………… 166

　　5.3.2　客户关系管理的原则
　　　　　　和策略 ………………… 167
　　5.3.3　客户管理的主要
　　　　　　内容 …………………… 169
　　5.3.4　大客户管理 ……………… 171
　　5.3.5　客户服务 ………………… 172
　　5.3.6　处理客户抱怨 …………… 173
巩固与提高 ……………………………… 178

任务 6　推销管理 ………………… 182

6.1　推销计划 …………………………… 183
　　6.1.1　制定推销计划的
　　　　　　意义 …………………… 184
　　6.1.2　推销计划的种类 ………… 184
　　6.1.3　推销计划的内容 ………… 186
6.2　推销控制 …………………………… 188
　　6.2.1　推销控制的概念和
　　　　　　作用 …………………… 188
　　6.2.2　推销控制的内容和
　　　　　　程序 …………………… 189
　　6.2.3　推销控制的方法 ………… 190
6.3　推销绩效评估 ……………………… 192
　　6.3.1　推销绩效评估的
　　　　　　概念 …………………… 193
　　6.3.2　推销绩效评估的
　　　　　　内容 …………………… 193
　　6.3.3　推销绩效评估的
　　　　　　标准 …………………… 193
　　6.3.4　推销绩效评估的
　　　　　　方法 …………………… 196
巩固与提高 ……………………………… 199

参考文献 …………………………… 202

任务1　认识推销及推销职业

学习目标

理论目标

能从广义和狭义两方面理解推销的概念，清楚推销与营销在理论和实践中的区别与联系。对推销工作有基本的认识，了解与推销有关的职位及职责范围，明确职业发展路径；知晓推销人员应该具备的基本素质及正确的推销态度，培养良好的心理品质，从心理上做好从事推销工作的准备。

实务目标

学习和把握推销礼仪的主要内容，培养优秀推销人员应具备的素质，了解相关"知识链接"及程序性知识。能用所学实务知识完成"认识推销及推销职业"的相关技能活动。

案例目标

运用所学"认识推销及推销职业"的理论与实务知识研究相关案例，培养和提高在特定业务情境中发现问题、分析问题和解决问题的能力。提高推销意识，具备职业态度，提高语言表达能力。

实训目标

了解实训目的，清楚实训内容，能够运用所学理论知识与实务知识解决实际问题。提高组织与领导能力、计划与协调能力，体会团队协作对达到目标的重要性，明白个人与团队的关系，锻炼语言表达和沟通能力。

导入案例

罗纳德面临的选择

23岁的罗纳德·迈卡曼斯在城市金融银行信息服务部工作。在大学期间就在此兼职，毕业后决定做全职。

信息服务部职位提供了学习大量有关银行知识的机会、安全的收入、良好的保险和退休计划，一年两周的休假，需要的话还有每年15天的病假期。在两三年内也会有机会晋级到管理岗位，因为公司正在迅速扩张。

但是罗纳德一直在考虑变换工作，他的朋友们把他称作机会主义者——找到机会并利用它们的人。他也是这样看待自己的,希望将来有个很好的收入,超过平均水平。

罗纳德已经打听过几个职位。一家公司提供给他走访潜在中间商的职位,他要向他们推销纤维玻璃船的一种新产品线。这个制造商拥有改进纤维玻璃船技术的专利,能为这种船的强度确定新的标准。此船证明是成功的,在公司已经开发的五个区域销售得极好。全国各地的经销商都来信表达出他们对与其建立经销关系的兴趣。公司已经决定开发威斯康星州南半部的新区域和伊利诺伊州北半部,后者是提供给罗纳德的领地。

这个岗位的具体职责包括走访在这个区域的码头和经销商,并挑选较好的作为新船产品线的分销商。罗纳德还将评价每个潜在的分销关系,并挑选和委任新的分销商。公司的优秀培训将教会罗纳德如何帮助每位新经销商开发促销计划销售他们的船。

公司已经给罗纳德提供了一个佣金计划,其中包括"反佣金支取"报酬形式的设想。在这个计划中,销售人员每周或每月接受一个确定的以后从赚取的佣金中扣除的报酬数额。罗纳德的提取额等同于他目前的薪水(包括他的超时工作报酬)。罗纳德的佣金是依据他的经销商售船数量确定的。公司希望这个区域是最优秀的区域之一,并且如果罗纳德成功的话,他的收入在第二年会达到50000~60000美元,好像不用很久就能达到这一目标。

罗纳德将在离现在居住地100千米远的地方重新安家。公司提供的重新安家的费用超过了搬迁的总成本。罗纳德发现他需要每周离家一个晚上,这并不成什么问题。公司会为罗纳德提供旅途和住宿的所有开支,并给他配一辆新汽车。

讨 论 题

1. 列出这个工作机会的优缺点。
2. 以给定的信息,罗纳德会接受这个工作吗?为什么?

资料来源:[美] Michael Ahearne Gerald L. Manning Barry L. Reece. 当代推销学——创造顾客价值. 吴长顺等编译. 北京:电子工业出版社,2010.

1.1 推销及相关职业描述

相关资讯

1.1.1 推销及其作用

1.1.1.1 什么是推销?

推销是指推销人员运用适当的方法把产品或服务介绍给顾客,说服其购买或接受,从而最终实现销售的一项工作。对生产者或中间商而言,为了实现产品(商品)或服务的价值,需要开展卓有成效的推销工作。推销工作包括很多内容,人员推销的重点在于,代表企业或公司形象的人员必须直接面对顾客,了解顾客的愿望和要求,介绍产品或服务的信息,处理顾客意见,与顾客洽谈,说服顾客并达成交易。

广义推销是指任何人运用个人的影响力让他人接受自己的思想、观念、情感、想法、愿望和企图,从而满足个人需要或双方需要的行为。个人影响力的实现就是推销的实现。通过这样的推销,个人能实现自己的愿望,达成个人的目的。有效沟通对个人影响力的实现起着很重要的作用。因此,推销并非是一种单向的说服工作,而是一种双向的沟通工作。在这里,我们主要研究狭义的推销,即企业为推销自己的产品或服务——推销客体,派出推销人员与推销对象(顾客)面对面的沟通,运用各种推销技术和手段,说服推销对象接受推销客体(推销品)的活动过程。可以看出,推销活动包括三个要素,即推销人员、推销对象和推销客体,其中推销人员和推销对象是推销活动的主体。

名家观点 1-1

所谓推销,就是要使顾客深信,他购买你的产品会得到某些好处。

——著名推销家 海因兹·姆·戈德曼

推销就是热情,就是战斗,就是勤奋地工作,就是忍耐,就是执著地追求,就是时间的魔鬼,就是勇气。

——日本推销之神 原一平

1.1.1.2 推销的范围

推销以推销人员当面拜访、直接沟通和说服为其特征,以满足顾客需求、实现企业销售任务为其目标。推销现象在商品经济和市场行为中可以说无处不在,无时不有。因此,推销所涉及的范围是十分广泛的。

推销人员的职业主要有如下几种。

① 生产性企业的推销员;
② 批发性企业的供货员;
③ 零售性企业的售货员;
④ 进出口企业的外贸人员;
⑤ 各类贸易公司的业务员;
⑥ 房地产开发公司的售楼业务员;
⑦ 保险公司的保险业务推销员;
⑧ 银行、信托、金融财务、期货公司的经纪人和业务员;
⑨ 交通、邮政、运输等服务行业的业务员;
⑩ 宾馆、饭店、游乐场所等旅游娱乐业的业务员、导游员和服务员。

以上这些职业均可称为推销人员。

除了以上列出的明显以面谈为特征的职业范围外,从更广泛的意义上说,各种行业的管理人员均有推销人员的特征。事实上,现代企业的推销越来越显示出一种集体活动的性质,需要各方面人员与推销人员的配合,其中包括以下人员。

① 企业的领导人。他们在交易过程中起着重要作用,特别是在大额交易中尤为重要。
② 工程技术人员。他们在交易中配合推销人员,向顾客提供有关技术情报。
③ 产品服务人员。他们向顾客提供安装维修和其他售后服务。
④ 其他办事人员。其中包括财务会计人员、合同管理人员、仓库管理人员、货物运输人员等。

1.1.1.3 推销与营销的关系

(1) 推销是营销的一项重要内容

推销是一种有着悠久历史的职业,在商品经济的发展中发挥着重要作用。但随着社会经济的发展和企业管理水平的提高,销售产品不仅仅通过推销来进行。产品策略、价格策略、渠道策略和促销策略等新型营销工具被广泛地运用,推销成为营销工具中的一项内容。在美国营销学家麦卡锡的4Ps策略组合理论中,促销包括人员推销和非人员推销,因此,人员推销是促销的一种主要方式。

(2) 做好营销工作是进行推销的基础

美国管理学权威彼得·杜拉克（Peter Drucker）说过："市场营销的目标就是使推销成为多余"。在做好了营销工作的基础上，推销工作做起来就会更容易。一个深入人心的品牌能减少推销人员对产品的介绍，合理的价格策略也能让成交变得容易。

（3）营销的发展推动推销观念的发展

随着市场营销理论的发展，作为促销策略的重要组成部分，人员推销也从传统的推销观念向现代推销观念发展，对推销人员的素质要求也在不断提高。在进行人员推销的过程中更加注重营销的整体性，体现营销的特点，即不再以说服顾客购买为推销目的，而更强调满足顾客的需要。

现代推销人员已经由注重单兵作战能力以及个人管理能力变为注重项目管理能力、团队协作能力及协调策划能力，市场开拓要运用综合的营销手段进行。现代推销人员的工作性质不同于传统的推销人员，因此实际工作中，推销人员通常被称为销售人员（销售代表、业务代表）或营销人员。

知识链接 1-1

"推销员"称呼的变迁

最初对营销人员的主流称呼是"推销员"，1997年之前，"推销技巧"是主流文章，从事销售工作的人被称为"推销员"，他们的工作是单一的做推销。

1997年前后，"推销员"这个词汇逐渐淡出，取而代之的是"营业员"和"业务员"这两个新词汇。很快，"业务员"这个词汇成为主流词汇。按照约定俗成的理解，业务员的工作通常是划一片市场，然后独立运作这片市场。按照一些专家对业务员的职能要求，他们必须从事区域市场调研、区域日常管理、促销、回款、市场维护等诸多工作，或者说区域市场的所有营销工作都在业务员的职责范围之内，因此，业务员也被称为"八大员"、"十大员"（调研员、铺货员、进场谈判员、策划员、促销员、协销员、收款员、管理员、导购员、市场督导员）。

2001年前后，出现了一些新型营销人员。最初是促销员（导购员），后来是铺货员、终端维护员……这些新型营销人员的职责只是业务员众多职责之一。

"推销员"这个词虽然淡出了营销的主流词汇，但仍然被用于称呼工业品的营销人员。"业务员"这个词也许会淡出营销主流词汇，但其约定俗称的内涵将发生变化，实际工作中，通常都可以统称为"营销人员"。

资料来源：刘春雄．"业务员时代"的终结．销售与市场：管理版，2004，25：24-25.

1.1.1.4 推销的作用

推销是现代企业开拓市场不可缺少的一个重要手段，工业发达国家的许多企业明确指出："没有推销员就没有企业"，"优秀的推销员是企业的生命线"，可见推销工作的重要性。

（1）推销对社会的作用

推销工作通过促进商品的交流，从而促进社会经济的发展，满足人们日益增长的物质文化需要。从历史上看，古代商人们的推销行为，曾带来了东西方文化的交流和繁荣，推动了人类历史的进程，比如著名的丝绸之路就曾经是联系东西方的桥梁。进入现代社会，代表着不同国家文化、不同企业形象的推销人员在人与人之间、国家与国家之间、企业与企业之间进行沟通，加强了社会联系的纽带，传递着超出商品之外的信息和文化。

推销是实现社会再生产目的的主要形式。社会生产的主要目的在于向人们提供有形与无形的产品，满足人们日益增长的物质文化需要。推销人员一方面可以通过对人们需求的了解和分析，引导企业生产人们需要的产品；另一方面可以通过推销活动把产品推销给需要者，满足需求，从而使社会再生产的目的得以实现。此外，推销活动为社会提供了大量就业机会。在我国，随着市场经济的发展，推销日益受到各类企业的重视。从事各类推销工作的人员正在急剧增长，但无论是质量，还是数量，都不能适应市场经济的要求。推销行业今后若干年仍然是就业机会增长最快的行业之一。据有关资料统计，仅在证券业、保险业、房地产业从事推销工作的人员就达100万人之多，每17个就业者中就有一个是推销人员。最后，通过推销可以促进消费增长，从而推动经济增长。

(2) 推销对企业的作用

据有关部门对680家经营效果良好的企业进行的调查表明：人员推销对工业用品、耐用消费品、非耐用消费品的生产企业都是最重要的促销方式。推销对企业的基本作用如下。

① 实现商品的价值，使企业获得生存与发展所必需的经营收入；
② 促进企业生产适销对路的产品，增强企业产品的竞争能力；
③ 避免产品积压，缩短货币回笼时间，提高企业的经济效益；
④ 传播企业文化，使企业营销战略最终得以实现。

(3) 推销对个人的作用

推销工作能磨炼人的意志、提升个人素质，通过推销产品和自我推销，能更好地实现个人的意志和愿望。推销需要人才，同时推销也造就人才。因为推销是一种具有挑战性、创造性和刺激性的工作，能培养推销人员超人的意志和胆识；推销人员经过推销活动的磨砺，和各种各样的人打交道，处理各种各样的突发事件，必然会心胸豁达，具有敏锐的分析问题、判断问题和解决问题的能力，提升应变能力，积累越来越多的人脉，逐渐形成良好的性格、处世态度及待人接物的风范、礼仪等，推销是一种大有可为的工作，可以使人施展抱负，实现自身价值。

名家观点 1-2

一个人在企业要想迅速成长，就一定要选择做销售，因为销售是最容易成长的。何况销售才是占尽公司便宜、享尽各种待遇、无本万利做大生意的最佳选择，80%的百万富翁都是这样白手起家的。

——中国知名营销专家 孟昭春

1.1.2 选择推销工作的理由

1.1.2.1 推销工作就业门槛低，就业面宽

推销工作就业门槛低，不论学历、不看容貌身高，不需要资本，凭能力拿到业绩，从而实现自我价值。

随着社会经济的发展，市场竞争日益激烈，推销在企业中的地位不言而喻。如果把企业比作一辆汽车，对于技术性不强的传统行业，生产和销售是其前进的两个轮子；对于强调技术创新的企业来说，这两个轮子分别是研发和销售。销售部门永远是企业最为重要的部门之一。而优秀的推销人员永远是企业追逐的对象。美国有三亿人口，推销人员占一亿，是一个典型的销售推动型的国家。推销类职位在近几年人才市场需求榜上都名列前茅，按有关统计数据推测，推销类职位仍是近几年需求量最大的职位。

1.1.2.2 推销工作自由度大，可以自由安排时间

由于推销工作的特点，决定了推销人员的工作地点是市场，而不是坐在办公室。需要靠自己的双脚一步步丈量市场的每一个角落。当有人问日本推销之神原一平成功的秘诀时，他

脱下袜子，指着自己脚底满是老茧的脚说：就是它。因为推销人员很多时候是独立地工作，每日（甚至数周、数月或更长时间）在外奔波，以公司营销战略、销售计划为目标，具体推销工作由自己灵活执行。推销人员的工作特点决定了企业对推销人员不能进行直接监督，因此需要推销人员有较强的自律意识，自觉履行自己的工作职责，实现销售目标。

1.1.2.3 推销工作具有很强的挑战性

推销工作具有非常大的挑战性。考量一个推销人员优秀与否的一个重要标准是销售指标的完成情况，推销工作目标非常明确，每个人都清楚每天必须完成的指标、每个月应该完成的目标。因此推销工作是一个自我挑战的过程。可能辛勤工作一个月或者更长时间，一无所获。也可能某一天忽然会签下一个大单，推销人员必须经受这种考验。优秀的推销人员具有一种不服输的斗志，不达目的决不罢休，越是难缠的客户越能激发他们的斗志，对优秀推销人员来说，推销是一个魅力十足、富有魔力的工作。

 销售精英经验谈 1-1

做销售的悲与喜

都说性子急的人不适合做销售，我的性子就特急，我就不信这个邪，就偏偏做了销售。这个决定让我在销售这个行当里学到了很多，有感动的，有困惑的。之所以坚持到现在是我相信自己，我不甘心在平庸中生活下去。

当初进入这个行当的时候，我第一次打电话给一个客户，打过去居然不记得怎么说了，结果让别人给骂了个狗血淋头，给了我狠狠的一击，在这之后一周别说打电话了，看到电话我都有一种恐惧感，怕再遇到第一次这种情况，怕同事笑我。我用了一周的时间去抹平这个创伤。在同事和上司的鼓励下，尝试着再次给客户打电话。那时我对公司和产品已经相当的熟悉了，所以再没遇到这种情况。也学会了如何去避免这些情况。和大家分享一下，我的这个方法就是每天打电话的开始，首先打给自己的老客户或者聊得好的客户，给自己的心理做好铺垫。

销售工作让我感动的，就是客户因为我给他提供了高质量的产品和周到的服务而打电话来道谢，那种自豪感真的是太美妙了。还有最高兴的就是通过自己的努力，得到了回报。这里的回报不光指的是金钱。只要努力了，就会有收获。我们是做包装行业，所以要谈下一个订单必须要和对方公司具有决策权的人谈，要么是采购经理，要么是副总或总经理、董事长。

我个人觉得在销售中，我真正得到的不光是金钱上的回报，也是个人的素质、能力、修养等的提升，这些都是最好的回报。让我学到了在流水线上学不到的，让我接触到了在流水线上接触不到的人。

在销售中我学会了如何正确地面对自己！

在销售中我的感动远远比困惑多，正因有了这些困惑才让我更加感动！

在销售中我认识了真正的自己，知道了自己想要的是什么。

学会了用平常心面对一切！

资料来源：推销员门户网站.www.top-sales.com.cn。

1.1.2.4 推销工作报酬可观

许多推销家做推销工作的最直接动机就是赚钱。在大多数企业中，销售部门及销售人员的地位通常是较高的，这和其工作的重要程度是相关的，当然也源于该部门员工的收入水平通常要高于企业平均水平。推销是用业绩说话的职业，只要勤奋努力、具有良好的心理品质、不断提高推销技巧、注重学习和提高，自然会获得良好的业绩，从而获得更高职位和报酬。

名家观点 1-3

"你是怎么搞的,为什么把自己来个180°的转变?"这是我辞去工程师从事推销工作后大家问我最多的问题。应当承认,当时我也很犹豫。即使到了今天,许多亲密的朋友和熟悉我的人,还是不明白我为什么换掉工作。其实,并没有什么原因,如果说有,那我惟一的动机就是"钱",我想赚更多的钱。

——美国首屈一指的个人成长权威人士 布莱恩·崔西

1.1.2.5 在企业中升迁机会多

成功的推销人员有许多晋升到高层管理职位的机会。据了解,优秀的推销人员1~2年可以做到销售主管,3~7年可以做到区域销售经理或者大区销售经理。70%以上的公司 CEO 来自销售领域,销售行业中大学生的比例在逐渐增加:1980为20%,1994为63%,2000为78%。通常情况下,推销人员的升迁路径如图1-1所示。

1.1.3 主要推销岗位及职责

1.1.3.1 与推销相关的岗位

(1)推销业务:销售代表、客户代表、电话销售、销售工程师、渠道/分销专员、医药销售代表、网站推广、团购业务员、经销商等。

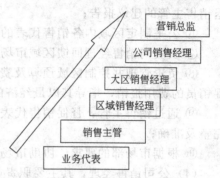

图1-1 推销人员职位升迁路径

(2)销售管理:销售总监、销售经理、销售主管、客户经理/主管、区域销售总监/经理、渠道/分销总监/主管、业务拓展主管/经理、团购经理/主管、售前售后管理等。

(3)销售支持:销售行政经理/主管、行政专员/助理、商务助理、业务分析、销售培训讲师等。

1.1.3.2 主要推销岗位及职责

(1)业务代表,其主要职责如下。

① 完成月度销售指标;

② 负责收集区域内有关市场信息;

③ 负责对区域内终端进行持续有规律的拜访;

④ 负责区域内的生动化展示和库存管理;

⑤ 负责区域内的经销商管理;

⑥ 负责促销活动的执行和监控;

⑦ 负责对区域内市场进行分析和评估。

(2)区域销售经理,其主要职责如下。

① 负责贯彻落实公司营销策略、政策和计划;

② 负责制订本区域市场开拓、新产品推广计划,并组织实施与效果评估;

③ 负责对行业市场的目标客户进行攻关,并协助经销商进行市场开拓;

④ 负责收集、分析、整理、归档客户需求、竞争对手等市场信息;

⑤ 负责经销商和客户的业务接洽、咨询及关系维护;

⑥ 负责销售计划的分解、落实,并进行跟踪与评估;

⑦ 协助财务部做好经销商的信用管理工作;

⑧ 负责正常类、关注类和可疑不良类应收账款的催收，并协助做好呆账催收工作；

⑨ 负责经销商和客户的合同、资料和档案管理；

⑩ 负责品牌、价格管理，并协调处理业务冲突；提供市场违规行为的信息，并协助处理。

(3) 大区销售经理，其主要职责如下。

① 负责区域内销售目标及促销目标的完成或超额完成；

② 协调并理顺区域内分销渠道，依照公司政策建立区域销售分销网络；

③ 选择并管理区域内的经销商，加强售后服务以及信用管理；

④ 负责制定区域市场调查计划，并督促销售主管执行；

⑤ 筛选、招聘或辞退区域内销售代表，寻找、筛选区域销售主管或向销售经理提出辞退销售主管的建议报告；

⑥ 公平制定区域内各销售代表的销售指标，并指导销售主管制定促销指标；

⑦ 负责向销售经理回馈区域市场信息状况，协助经理制定全国销售策略；

⑧ 负责管理并控制区域预算及费用，负责审查区域内销售主管、销售代表、理货员和促销员的费用报销，指导其以最经济的方式运作；

⑨ 通过销售主管，督促销售代表建立完善的区域市场及客户档案，并确保资料体系的完整及准确；

⑩ 根据市场部的要求，协助市场部组织实施本地区的广告、宣传促销工作。

(4) 公司销售经理，其主要职责如下。

① 制定销售战略规划，为重大人事决策提供建议和信息支持；

② 领导部门员工完成市场推广、销售、服务等工作；

③ 负责销售部内部的组织管理；

④ 促进产品改进和新产品开发；

⑤ 制定客户管理方案，加强客户管理；

⑥ 建立并完善销售信息管理系统；

⑦ 参与公司全面质量管理制度体系的建设；

⑧ 完成上级交办的其他任务。

 销售精英经验谈 1-2

销售人员职业发展路径

销售职业往往被称为"最具潜力"的职业，销售行业的从业者也为数众多。一般来说，销售人员的职业发展路径主要有以下几个步骤。

(1) 业务代表　是销售行业基层业务工作者，主要做基本的客户服务，建立业务联系。

工作内容：联系客户，提供销售服务。

职业问题：从事两年的销售工作，对基本的销售工作有了比较全面的了解，想为个人如何发展作出规划。

发展建议：发展路径较多，主要任务不是职位提升，而是积累实力，同时完成30岁之前的选择。在积累实力方面主要有四项：业绩水平、销售技能、客户资源、心理素质。在选择方面主要有：行业选择、企业选择、上司选择、下一步"充电"选择、工作和生活模式选择。进行选择的一个基础是先要了解自己。

(2) 高级业务代表　是负责大客户、重要客户的销售业务，接受团单或重点大单。

工作内容：联系重点客户，为重点客户提供销售服务。

职业问题：工作情况比较稳定，主要的问题是考虑职业的发展和定位，希望成为一个什么样的人才，需要做什么方面的准备和创造什么条件。

发展建议：应考虑如何提高自身的价值，开阔业务涉及领域，增加新知识，为进一步发展打下基础。综合全面地比较和选择个人发展的不同路径，解决定位问题。主要发展途径：横向发展（个人负责区域更宽），纵向发展（下属增加）。这时候需要确立未来走管理之路还是继续"个人英雄"，然后根据公司的实际情况确定下一步学习、提升的具体方式。

（3）销售经理/销售总监　主要负责制定政策、预估销售量，通过企业文化鼓舞团队士气。

工作内容：制定统一的销售政策、预估销售量，制定计划，通过企业文化来鼓舞团队的士气使团队成员加强合作。

职业问题：如何发挥专业人士在一个特定企业环境中的优势和特点显得更为重要。

发展建议：衡量职业发展的主要指标是团队业绩、自我职位提升。职业发展的主要任务是学会和上司相处、学会带队伍。这个职位可能有一个比较长的转型和磨合过程，也可能会在不同的公司用3~5年的时间完成发展计划，尽量不要轻易跳槽。

（4）总经理　主管总理销售业务。

工作内容：了解行业状况，合理制定和分配计划，广告策划，职员考评。

职业问题：如何具备几乎面面俱到的领导能力，怎样调配使用职员，未来的发展方向是什么。

发展建议：作为高级的经理人，应以"人"为本，更多地注意个人素质和修养，用人格魅力来影响部下，也同样使用"人"的标准衡量部下。注重自身的积累，丰富各方面的能力。这个职位已经和企业荣辱与共，个人内部的发展空间受限，整个企业的发展是最好的回报。另外可能的发展路径是：一是开辟自己的事业，从外部拓展新的发展空间；二是获得更多的社会认可和赞誉；三是成为销售顾问或者专家。

➤ 决策与计划

教师布置并说明任务内容，小组成员共同讨论工作任务完成步骤并做好组织工作，制定任务完成计划，任务完成过程中做好记录；每小组指定一名发言人，进行小组间交流。

➤ 任务实施

任务一

课堂活动：销售才是核心。

活动目的：挑战销售人员消极的销售意识，认识销售在企业的重要性。

活动过程：

1. 思考顾客对销售人员的典型反应是什么？
2. "直到销售出产品，才会有意义。"
3. 回答以下问题。

（1）在一个公司中，销售人员占全部员工的比例是多少？

（2）列出你的顾客通过从你这里购买商品所能获得的三项主要好处。

（3）列出你成为一名成功的销售人员后，你所在的公司可以从中得到的三项主要好处。

（4）列出你成为一名成功的销售人员后，你能从中得到的三项好处。

（5）你在销售过程中，是如何增加商品和服务的价值的。（可举例说明）

（6）如果没有销售人员，一个企业会有多少业务呢？

（7）你喜欢顾客如何描述你呢？

（8）列出作为专业销售人员，你喜欢的五件事情。

(9) 完成下面的句子:"一名专业的销售人员应该是……"
4. 组内研讨,并做好记录。
5. 小组间交流,每组指定一人进行观点的陈述。

任务二
课堂活动:大学生对推销职业的态度辨析。
活动目的:通过讨论,正确认识推销工作,形成正确的推销态度,从心理上做好从事推销工作的准备。
活动过程:
1. 各组对以下问题进行讨论,说明有关大学生对推销职业的态度所存在的问题。
有关大学生对推销职业态度的研究显示了如下的情况。
(1) 推销是一项工作,而不是职业,也不会作为职业生涯。
(2) 销售人员要想成功,必须说谎或欺骗。
(3) 推销术是人类最坏的一种技术。
(4) 好的销售人员必然不适应社会环境。
(5) 成功的销售人员必然骄傲自大。
(6) 推销中的人际关系是令人反感的。
(7) 销售人员过着卑微的、令人讨厌的生活,因为他们始终在伪装自己。
(8) 推销仅对卖主有利。
(9) 销售人员为钱会做一切坏事,因为他们是为钱而销售。
(10) 推销工作无需才智。
2. 组内讨论,并就主要观点做好记录。
3. 每小组指定发言人,陈述主要观点。

➤ **检查评估与反馈**
1. 检查学生工作任务是否完整完成。
2. 通过任务的完成,学习目标是否实现?学生能力有哪些提高?
3. 按照评估标准评估每位学生的工作态度、工作的质量情况。
4. 整理并保存各组提交的文字记录及学生个人表现记录,作为平时考核依据。

1.2 推销三要素

相关资讯

推销要素是指使商品推销活动得以实现的必需因素。任何商品推销活动得以实现均必须具备三个基本要素,即推销人员、推销品和顾客。其中推销人员和顾客是商品推销活动的主体,顾客也称推销对象;推销品则是商品推销活动的客体。三个要素相互联系、相互制约,因此,作为推销活动的发起者,占据主导地位的推销人员应该尽力协调好三者之间的关系,保证推销目标的实现。

1.2.1 推销主体——推销人员

1.2.1.1 推销人员的基本素质
推销工作十分复杂,充满了艰辛与变数,可塑性很强,在毅力、意志、知识、耐心、信心、应变等方面对推销人员是一个考验,有人说推销是一个经常让人感到自卑的行业,挫折感是推销人员经常的感受。因此,作为一名合格的、优秀的推销人员,必须具有相当的政治素质、业务素质、文化素质和身体素质。

(1) 政治素质

要做一名合格的推销人员,具备良好的政治素质是第一位的,要求推销人员必须树立正确的推销思想,良好的职业道德,强烈的责任感和事业心,文明礼貌,公平买卖。具体有以下几个方面。

① 具有强烈的事业心和责任感

推销人员的事业心和责任感主要表现为:应充分认识到自己工作的价值,热爱推销工作,对自己的工作充满信心,积极主动,任劳任怨,把推销工作生活化,使其融入自己的日常生活中。对自己所服务的企业负责,在树立企业良好形象、建立企业良好信誉方面做出自己的努力;对顾客的利益负责,拥有正确的推销理念,认识到推销活动的中心是满足顾客需求,帮助顾客解决困难和问题。

名家观点 1-4

我早上要比多数推销人员起得早,他们 7 点钟起床,我 5 点钟起床。我将每周的工作日增加为 6 天,每天工作 10 小时。同时,如果我每天再额外工作 2 小时的话,则我每周就额外工作 24 小时,根据一天 8 小时计算,我就一周额外工作 3 天,或者一年按 50 周计算,我就额外工作了 150 天!因此,除了勤奋工作、利用时间和开发时间之外,没有其他办法可想,这对任何人都如此!

——美国寿险推销大王 乔·坎多尔弗

② 具有良好的职业道德

推销人员必须以社会主义市场经济条件下的道德标准严格要求自己,自觉遵守国家的政策、法律,正确处理个人、企业和国家三者的利益关系。不损公肥私,不损人利己。要奉公守法,忠于职守;热爱企业,对企业忠诚,不中饱私囊,维护企业名誉;要有强烈的成本意识,尽量降低费用,减少推销成本;远离行贿受贿等违法勾当。

③ 具有正确的推销思想

推销思想是推销人员进行推销活动的指南。正确的推销思想要求推销人员在推销工作中要竭尽全力地为国家、企业着想,全心全意为顾客服务,以满足顾客需求的程度作为衡量自己工作的标准。

(2) 业务素质

良好的业务素质包括两个方面:一是丰富的业务知识;二是一定的推销能力。只有具备丰富的推销经验和高超的推销技能、敏锐的观察能力和扎实的业务知识,才能适应复杂多变的市场环境,创造良好的推销业绩。

① 业务知识

推销人员应掌握的业务知识包括以下几点。

• 企业知识。要熟悉本企业的历史,在本行业中的地位、发展前景、经营方针及理念、产品种类、特点、服务项目、交货付款的方式和条件等。

• 产品知识。要了解产品的性能、用途、价格、使用方法、维修维护方法等,了解市场上竞争对手同类产品的优劣。

• 顾客知识。要具有一定的消费心理学的知识,了解顾客的购买动机、购买习惯、购买条件、购买方式及购买的时间和地点,并要了解在顾客购买决策中起不同作用的各种角色。

• 市场知识。要了解市场的供求动向及现实和潜在的市场需求情况。
• 法律知识。要了解国家的有关法律法规,特别是与销售活动有关的经济法律,如经济合同法、食品卫生法、反不正当竞争法、消费者权益保护法、专利法、商标法等。

② 推销能力

一般来说,推销人员应该具有以下几种推销能力。

• 观察能力。观察能力对于推销人员搜集和处理市场信息、捕捉销售时机非常重要。因此,推销人员要注重丰富自己的知识和经验,知识和经验的累积有助于推销人员观察能力的提高。
• 创造能力。推销是一种十分复杂的、综合性、创造性的工作,决不能亦步亦趋,因循守旧,只有发挥自己的想象力,创造性地使用各种推销方式,才会激发消费者的购买热情,提高购买的兴趣,从而实现销售目标,满足消费者的需要。
• 社交能力。推销人员是开放型人才,推销的成败一定程度上取决于推销人员人脉的多寡,而人脉的累积需要推销人员有良好的人际交往能力,善于同各种各样的人打交道,广交朋友。"推销人员是企业的外交家"这句话还是有一定道理的。
• 应变能力。推销工作不同于生产线的生产,开动机器即能按设定的程序生产出产品。推销过程具有不可预见性,下一秒钟会发生什么很难预料。因此,推销人员应该具有很强的应变能力,面对复杂的、突如其来的状况能够应付。
• 语言表达能力。推销过程实质上是与顾客沟通的过程,向顾客传递信息的过程,而沟通和传递信息的工具是语言表达,良好的语言表达能力使沟通顺畅,信息传达准确、生动,容易促成交易的达成。

同步案例 1-1

观察力和判断力

有一天,原一平盲目地来到一家住户,什么也没有观察,推门就进,滔滔不绝地张口就向人家介绍保险知识。结果,被人家骂了个狗血喷头。缘自何故,原来这户人家穷得连锅都揭不开,怎么会关心什么保险。这样做不但打扰了别人,也浪费了自己的时间。

从此,原一平努力改造自己,培养自己敏锐的观察力和判断力。他检讨自己,总结出陌生拜访前首先应观察:门前卫生的清洁程度;院子的清理状况;房子的新旧;家具如何;屋里传出的声音;整个家庭的气氛等。然后发挥判断力,作出判断:此户人家有无规律,是严谨还是松散呢?此户人家经济情况好吗?家庭中的气氛明朗健康吗?家庭中是否有病人呢?假如经济情况良好,那么对人寿保险有兴趣吗?若因经济拮据或家中有病人而无法投保,那么将来的发展又如何?有了这两种能力后,原一平如虎添翼。

思考

① 这里所说的两种能力是什么?
② 谈谈如何提高这两种能力?
③ 原一平陌生拜访前的观察对他的推销活动有什么好处?

(3) 文化素质

文化素质的高低决定了一个推销人员内涵的深浅,也是提高推销人员各种销售能力的基础。推销人员既是顾客的参谋,又是连接企业与市场的桥梁和纽带。在推销过程中,推销人员要和各行各业、各种层次的人打交道,这就要求推销人员不仅要有相关的业务知识,更应该是"全才",要上知天文,下知地理,方能胜任推销工作。可以说,没有较高的文化素质,就不可能有高水平和高效率的推销。

(4) 身体素质

推销工作非常辛苦,并非朝九晚五的八个小时所能奏效的。要起早贪黑东奔西走,既消耗体力,又需要精力,生活食宿很不规律,很多推销人员每天工作时间都在十二小时以上,著名的推销之神原一平工作到夜里23时更是常有的事。我们平时常常调侃:"身体是革命的本钱","本钱"没有了,其他都是枉然。因此,作为青年人,应该切实认识到身体健康的重要性,养成良好的生活习惯,培养良好的作息规律,为今后的创业积累"本钱"。

1.2.1.2 推销人员需具备的心理品质

(1) 推销人员要有永不服输的斗志

我们知道,推销工作是一个时时让人感到自卑、消磨人的斗志的工作,挫折、屈辱、失败、身心疲惫等经常伴随着推销人员,没有坚强的意志力和永不服输的斗志,没有人会坚持到成功那一刻。

同步案例 1-2

青蛙法则

荣获日本日产汽车16年销售冠军宝座的奥城良治,每日访问100个潜在客户,永不惧怕客户拒绝。据说这主要得自他童年宝贵的启示。

童年时,有一次在田埂间看到一只瞪眼的青蛙,奥城良治调皮地向青蛙的眼睑撒了一泡尿,却发现青蛙的眼睑非但没有闭起来,而且还一直张眼瞪着。奥城良治这段童年经历对他日后的推销工作有很大启发:面对顾客的拒绝,要学会正确对待,勇敢面对,毫不退缩,就像那只瞪着眼睛的青蛙。这就是他的"青蛙法则"。

思考:"青蛙法则"的实质是什么?它对推销工作的重要性是什么?

(2) 推销人员要有良好的自律

推销工作在工作时间上有着很大的自由度,没有人会时时监督你是不是在工作,在很大程度上要靠推销人员的自律。有许多推销员,每天都会有许多诸如打球、打麻将、饭局、甚至睡懒觉或办私事的情况。世界上最伟大的推销员乔·吉拉德甚至不会与松散拖沓的推销员一起吃饭,每天早上他都会准时起床,告诉自己:今天会有人为你的早起而支付报酬!

(3) 推销人员要让自己充满信心

推销人员有两大敌人:看得见的敌人——竞争对手,看不见的敌人——自己。所以推销人员要熟悉企业的产品,对企业及其产品充满自信;要有一种不达目的不罢休的气势,相信自己的能力,坚持下去,直到最后胜利。自信是积极向上的产物,也是一种积极向上的力量。自信是推销人员所必须具备的,也是最不可缺少的一种气质。

名家观点 1-5

当我的事业迎来辉煌的时候,有人问我:"你成功的秘诀是什么?"我回答说:"每当我遇到挫折的时候,我只有一个信念,那就是马上行动,坚持到底。成功者绝不放弃,放弃者绝不会成功!"

——全球推销员的典范,被誉为"世界上最伟大的推销大师"汤姆·霍普金斯

（4）推销人员要心胸宽广

必须有积极乐观的人生观和与人为善的处世态度。面对顾客的无知、错误甚至无理，要能够忍让、接纳，而不是和顾客赌气、赌输赢，宽广的心胸能够化解推销过程中的紧张气氛与不利因素，使局面最终朝着有利于推销人员的方向转化。

（5）推销人员要热情、真诚

美国哲学家拉尔弗·埃默生说过："没有热情，任何伟大的业绩都不可能成功。"推销人员首先要用自己的热情去点燃顾客的热情，才能形成良好的推销氛围，从而奠定推销成功的基础；也唯有真诚地面对顾客，才能赢得顾客的信任。卡耐基说："作出热诚的样子，你马上就会进入状态。"你不妨试一试。

知识链接 1-2

推销员——企业的火车头

"推销员是企业的火车头"，如果把市场经济运营中的企业比作一列火车，那么，这列火车行驶速度快慢则取决于推销员。广告、公共关系为销售创造了有利的环境，营业推广提供了吸引顾客的有力武器。而与顾客面对面地沟通，实现销售，则要靠推销员的努力。

企业要建设一支具有实力的销售队伍，一是数量足够。许多企业实行三三三制，即企业员工中1/3是生产人员，1/3是技术和管理人员，1/3是销售人员。二是素质过硬，企业要让最优秀的人做推销。三是训练有素，推销不是无师自通的工作，要以科学的方法和灵活的技巧为基础，推销人员的培训、学习和提高能够带来比费用成本更多的价值。

1.2.1.3 推销人员的态度

态度是个体对某一具体对象相对持久的情感、认知和行为意向。首先，态度指向一定的对象；其次态度是一种内在的心理倾向。态度本身是一种心理状态，包括三种组成因素：情感成分、认知成分和意向成分。态度是相对稳定的，态度一旦形成，就不容易改变，而态度又直接影响着人的行为。推销人员也只有在态度正确的前提下，推销方法、推销技巧才能够发挥作用。

从 2002 年足球世界杯预选赛开始，人们认识了米卢，他的"态度决定一切"也为很多国人所熟知并接受。良好、端正的态度是成就事业的开始和核心，推销人员失败的原因中，有 50％是态度不正确造成的。一位优秀的推销人员必须首先端正对以下五个方面的态度。

（1）对企业的态度

推销人员应该忠诚于企业，感恩于企业，是企业给我们提供了大显身手的舞台，企业为千千万万消费者提供了解决问题的商品，满足了消费者的需要。推销人员必须热爱企业，对企业忠诚，这是对推销人员最起码的道德要求。企业不仅需要能力超群的推销员，更需要对企业忠心耿耿的推销员。由于推销工作的特殊性，推销工作不利于企业的监督和控制，这就对推销人员的道德问题提出了更高的要求。企业实践表明：与企业离心离德的推销员给企业造成的损失远远大于他对企业的贡献。

（2）对顾客的态度

现代推销观念认为，推销活动要以满足顾客需要为中心，顾客是企业和推销人员的衣食父母，由于顾客的存在并选购企业的产品，才使得企业能够生存和发展，才能使推销人员有机会得以实现自身价值。美国著名的目录邮购零售商比斯公司几十年来在办公室的墙上贴着这样的标语，体现的正是这样一种观念。"什么是顾客？顾客永远是公司的座上客，不管是在人员推销还是在邮购销售中，都是座上客，顾客并不依赖我们，而我们却依赖顾客。顾客不是我们工作的障碍，而是我们工作的目标。我们并不因服务于他而对他有恩，他却因给予我们为其服务的机会而有恩于我们。顾客不是我们要与之争辩和斗智的人。从未有人曾在与顾客的争辩中获胜。顾客是把他的欲望带给我们的人,因此我们的工作是满足这些欲望,从而使他和我们都获得益处。"

(3) 对自己的态度

推销人员要正确地认识自己。苏格拉底的"认识自己"虽然只有四个字,但却包含着深奥的哲理。推销人员应该在充分认识自己的基础上,真正树立自信。自信,对于一个推销员的成功是极其重要的。当你和客户会谈时,言谈举止若能表露出充分的自信,则会赢得客户的信任,客户信任了你才会相信你的商品说明,从而心甘情愿地购买。通过自信,才能产生信任,而信任,则是客户购买你的商品的关键因素。

如果你对自己和自己的商品充满了自信,那你必然会有一股不达目的决不罢休的气势。坚持下去,胜利终究属于你!因为顾客是绝不愿意和一个对自己的推销及商品都缺乏信心的人洽谈生意。记住:自信会使你的推销变成一种享受。

名家观点 1-6

"改变自己才可以改变命运。"这句话极富哲理,也是我们一生中要努力追寻的至高境界。无论命运把你抛向任何险恶的境地,你都要毫无畏惧,用你的笑容去对付它!

——日本推销之神 原一平

知识链接 1-3

(一)未来掌握在自己手中

有一个小孩,双手捧着一只小鸟,问一位白胡子哲人:"老人家,你猜我手里的小鸟是活的还是死的?"老人回答:"鸟的生死掌握在你的手中",其实老人知道,即便鸟是活的,小孩也会偷偷掐死它。是的,我们应该把自己的未来掌握在自己手中。

(二)认识自己

"认识自己"有两种好的方法:一是要善于做自我解剖。孤独、寂寞、穷困潦倒,常常是很多人避之不及的状态,其实孤独和寂寞应该是人们的财富,在这个时候,往往是思考、总结、提高的好时机,也是人们进行自我解剖、自我分析的好时机。当然,有效自我剖析的前提是不给自己留面子,不怕揭伤疤,不怕解剖过程中的"疼痛";二是通过其他人的帮助、指导,充分认识自己,如朋友、家人、同学等。这时我们就能更深刻地体会到"诤友"的重要了。

"认识自己"的目的是为了更好地"改造自己"。

(4) 对推销的态度

有些推销人员认为,推销工作进入门槛低,自己是在没办法的情况下才来做推销的,做推销的目的不外乎是为了挣点儿生活费,有了体面的工作立刻走人。他们认为推销是不体面的工作,是不得已而为之的工作,是求人的工作。试想,这种态度下,再熟练的推销技巧,再高深的推销理论,也发挥不出应有的作用。

没有对推销工作的热爱是不可能做好这个具有挑战性的工作的。正因为推销人员的努力工作,消费者的诸多需求得到了满足,企业的再生产得以继续,社会得以持续发展……优秀的推销人员都具备一些特质,如热爱推销工作,面对客户、面对任务、面对难题信心百倍,跃跃欲试,是一种随时会投入工作、时刻准备着的状态。

(5) 对失败的态度

首先,推销失败是在推销过程中遇到的必然问题,失败很正常,应该以平常心来对待。

原一平曾说过:"当一个推销员看见别的推销员推销成功时,应想到那个人肯定是遭到很多失败后才成功的。"推销人员应该知道,成功的路是由无数失败、无数拒绝组成的,只有看到失败和拒绝的积极方面,人们才不会气馁。

其次,要找出失败的原因,自我反省,以利再战。无论失败多么惨重,都应该进行反省,希望收到下不为例的效果,如此,失败也便成了成功之母。

1.2.1.4 推销方格与推销心理类型

推销实践表明,推销人员在进行推销工作时,一般会考虑两个方面的具体目标:一是努力说服顾客,与之达成交易,完成推销任务;二是尽心竭力迎合顾客,希望与之建立良好的人际关系,为今后工作打下良好基础。这两个目标各自的侧重点不同,前者强调"推销"结果,后者强调"顾客"关系。推销人员对这两个目标所持的态度不同,追求这两种目标的心理愿望和努力方向也不同,当然,最终导致的结果也不同。不同的推销人员对这两个目标会持不同的态度,于是就形成了不同的推销人员心理类型,也就有各种类型的推销人员及其千差万别的销售结果。

美国管理学家罗伯特.R.布莱克教授和T.S.蒙顿教授从推销学角度出发,用一个平面坐标图形来表示推销员对这两个目标的重视程度组合。其中纵坐标表示推销人员对顾客的关心程度,横坐标表示推销人员对推销任务完成的关心程度。横纵坐标组成81个交点,每一个交点表示一种类型的推销人员,即持一种推销态度的推销人员。为了便于分析,布莱克和蒙顿教授特对五种典型类型进行了重点分析。如图1-2所示。

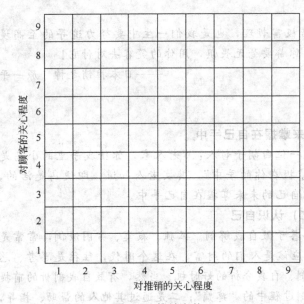

图1-2 推销方格

(1) 事不关己型

即推销方格中的(1,1)型。处于这种心态的推销人员既不关心销售任务的完成,也不关心顾客需求是否得到满足以及顾客的感受。这样的推销人员没有明确的推销目的,缺乏强烈的成就感,对顾客的实际需要及与顾客的关系漠不关心,对能否完成销售任务毫不关心。他们只是把所销售的商品告知或展示给顾客,至于买与不买就在于顾客了。这种推销人员缺乏责任心和成就感,偶尔的销售也是靠关系和回扣得以实现的。产生这种心态的原因可能有主观和客观两个方面。首先,在主观方面,推销人员不够努力,对自己要求不高,患得患失,没有目标和方向,也没有进取心。其次,在客观上,可能企业没有给推销人员一定的压力,从而使推销人员没有工作动力;或销售政策、销售制度不够健全、不够完善、不尽合理,没有起到应有的激励作用;或企业在推销人员选拔和培训环节还存在问题。在现代市场经济条件下,这样的推销人员会逐步被市场所淘汰。

(2) 顾客导向型

即推销方格中的(1,9)型。这种心态的推销人员只关心顾客,不关心销售任务。他们在推销工作中过分顾及与顾客的关系,一味地顺从顾客,迁就顾客,把建立和保持良好的人际关系作为推销的首要目标,对销售效果、推销原则与推销目标考虑不多,对顾客的偏见、误解甚至是谬误都一味迁就，不能理直气壮地纠正偏见和谬误、消除误解，说服顾客接受推销品，唯恐稍不顺从便会得罪顾客，破坏气氛。这种类型的推销人员大多是刚刚参加工作的新推销员，他们控制推销进程与推销气氛的能力还较差，需要在工作多多磨炼。

（3）强销导向型

即推销方格中的（9，1）型。持这种推销态度的推销员和顾客导向型的推销人员正好相反，他们只关心推销效果，奉行"交易不成万事空"，从而不管顾客的实际需要和购买心理，千方百计、想方设法说服顾客接受推销品，向顾客发动攻心战，采取咄咄逼人的推销攻势，向顾客施加一定的压力，迫使顾客购买。这类推销人员虽然有一定的推销热情和成就感，重视销售效果，但不讲究推销技巧和方法，容易引起顾客的反感，损害企业及产品形象，不能与顾客建立良好的关系。这类推销人员可能一时销售成绩还好，但从长远来看，会有穷途末路之时。

（4）技术导向型

即推销方格中的（5，5）型。持这种推销态度的推销人员既关心推销效果，也关心与顾客的关系。这类推销人员善于分析推销环境，拥有良好、平和的心态，心理素质较好。他们既不一味取悦于顾客，也不强行推销，他们讲求技巧和方法，注重研究战术，稳扎稳打，直至达成交易。他们既不丢掉顾客，深知和气生财，也会想方设法顾及生意。他们能够制造温馨和谐的气氛，于不动声色中完成推销任务。这类推销人员虽然拥有纯熟的销售技巧，可能是一位业绩优良的推销员，但不会成为伟大的推销家，因为和气、笑脸、技巧的前提可能不是顾客的利益和实际需要，只是靠它们把商品"推"了出去。

（5）解决问题导向型

即推销方格中的（9，9）型。持这种推销态度的推销人员既关心顾客，也关心推销效果；既尊重顾客的购买人格，也关心顾客的实际需要。他们工作积极主动，但又不强加于人，讲究工作方法和技巧。他们善于研究顾客的购买心理，发现顾客的真实需求，把握顾客的问题。然后展开有针对性的推销，把自己所推销的商品和服务与帮助顾客解决实际问题、消除困难有机地结合起来，顾客问题的圆满解决，也就意味着推销目标的实现。他们有强烈的事业心和责任感，业务能力强，熟悉企业及产品知识及其他相关领域的知识，善于做市场调查，了解顾客需要，以现代推销观念武装自己，以顾客为中心，以满足顾客的需求为己任。从现代推销学的角度看，这类推销人员才可能成为伟大的推销家。

推销方格是研究推销人员推销态度及工作有效性的理论，它形象地总结出推销人员对顾客的关心程度以及对完成推销任务的关心程度的多种组合，对推销人员分析自己的推销风格有着重要的意义，推销人员可以对号入座，更好地认识到自己工作中的不足，从而不断提高和完善自己，取得更好的成绩。据统计，解决问题型的推销员的销售业绩是事不关己型的75倍，是技术导向型的3倍，是顾客导向型的9倍，是强销导向型的7.5倍。

同步案例 1-3

他是哪种类型的推销员？

下面是劳伦斯·杰克逊做生意的一些经历。

第一个推销员A来自某大化学公司，该公司制造并提供我们需要的很多化工原料。这个人温和、文雅、熟悉专业。对他的产品的技术性能和特点非常了解，他一个劲地向我宣传他的产品是如何得好。

当然，他是对的。他们公司制造的产品确实很好，但其他供应商的产品也很好。他表示可以直接供货。这个想法很好，但对我意义不大。因为我的其他供应商的化工产品也很好，而且运输费用很低。在供应商众多的情况下，这个供应商能给我带来什么好处呢？

第二个推销员与他不太一样。他只卖塑料，而我们正好大量使用塑料。他对技术也很在行。他对自己的产品和公司很有信心。他告诉我他们正在开发的所有能增加价值的新项目。这些项目确实伟大，可这些与我有什么相干呢？他说这些项目能创造价值，我说，那你就将来再来吧。

第三个推销员来自通用电气。尽管他的工作是推销塑料，但他只字不提他的产品，他只是向我提问题。我在设备上的支出是多少？生产厂里的损失情况怎样？在生产厂中，我在使用现有原料和操作设备的过程中，遇到的最大问题是什么？我在运输和后勤方面的资金投入是多少？

我们谈得很投机。当谈到我们在经营中面临的问题时，我们探讨了一些很有趣的问题。我们谈了很多。

两周以后，他又来了。他给我看了通用电气资本公司关于降低我们资产密集度和融资成本的建议。这些建议既有工厂设备方面的，也有后勤方面的。他告诉我如何减少库房面积。还有，通用电气的工程师可以和我们一起制定方案，使原料使用达到最优化。

然后，我们继续讨论公司全球业务的支持问题。我们目前的业务在世界遍地开花。他告诉我，通用电气可以在我们全球化问题上给予支持。

我计算了一下，他给我们节省了很多钱。在资本、融资和生产厂损失等众多方面。当然，他拿到了我的塑料业务。

喜欢这样做生意的不光是我一个人。我的同伴也喜欢这样。他们与推销员打惯了交道，只有通用电气的推销员，肯花时间听他们的问题，帮助他们解决问题。当决定把我们的塑料业务给谁时，答案就不言而喻了。

再有，得到这种全球性支持，使我们的生存变得更容易。我们的客户是挑剔的汽车制造商，在向他们争夺生意的过程中，通用电气资本公司的支持给了我们很大帮助。

思考：通用电气的推销员属于哪种类型？为什么？

1.2.2 推销主体——顾客

在推销活动中有两个主体，即推销人员和顾客。顾客又称为推销对象，是推销活动所指向的对象。顾客是企业及推销人员所依赖的人，是企业的衣食父母。对顾客的分析是推销成功的基础，在推销过程中，不仅要清楚自己的推销心理状态，还要善于洞察顾客的购买心理状态，根据不同的推销对象使用不同的推销方法。

同步案例1-4

"欲做斗牛士，须先学做牛。"

西班牙有一句谚语说："欲做斗牛士，须先学做牛。"意为要想做一名百战百胜的斗牛士，必须先对牛的习性和脾气摸得一清二楚。所谓的"知己知彼，百战不殆"。作为销售最前沿的推销人员，对顾客的心理又了解多少呢？如果了解不深，顾客又凭什么买你的商品或服务呢？

凭"运气"？可以。凭"灵感"？也可以。但正如广告大师奥格威（David Oglivy）所言："一只瞎了眼的猪有时候也可以碰巧找到蘑菇，但若事先知道只有在橡树林中才有蘑菇，成功的机会就大得多了。"推销人员不能将希望寄托于"运气"，最好下一番工夫，认真分析掌握服务对象的购买心理和购买行为特征，才能找到更多的"蘑菇"。

思考：谈谈推销对象分析的作用及其重要性。在你日常消费购买活动中，有没有推销人员因不了解你的购买心理和购买行为而失败的例子?

1.2.2.1 个人购买者及其购买行为分析

个人购买者,是指个人或家庭为了生活消费而购买商品或劳务,也包括购买决策者等。这个市场也称为消费者市场或最终消费市场。

(1) 个人购买决策中的不同角色

在个人购买活动中,推销对象不一定是最终消费者和使用者。而是那些对购买推销品具有决策权或影响力、并直接参与购买过程的有关人员。在个人购买决策中,一般有以下五种角色起作用。

① 倡议者:即首先想出或提出购买某种商品的人。在实际生活中,倡议者可能是家庭的某一成员、亲戚、朋友等;

② 影响者:即其观点和建议对最终购买决策有较大影响的人;

③ 决策者:即最终作出部分或全部购买决策的人,如,是否买,买什么,如何买,在何处买等,也可能由家庭成员共同参与决定;

④ 实际购买者:指实际实施购买活动的人;

⑤ 使用者:即消费或使用所购商品或服务的人。要注意,实际购买者不一定是使用者。

同步案例 1-5

之一:险情

有一位推销笔记本电脑的推销员小张,经过数次拜访,几经努力,费尽周折,终于胜利在望——某公司李经理有些动心了。小张趁热打铁,来到了李经理的办公室,径直走到李经理对面:"李经理,您好,我带来了您喜欢的这款,试试?"

"嗯,还不错。"李经理边操作电脑边点头。

"是啊,这款电脑是最流行的配置,款式、颜色庄重、大气,很适合李经理这样的成功人士啊!它可是您的一个得力秘书,再说使用笔记本电脑,也是与时代接轨、与时俱进的表现啊。"

"听你这一说,我还真得买一台呀!?"

就在这时,办公室里的一位青年走了过来,看了看笔记本电脑,问了问价格,说:"李经理,北京这种笔记本要便宜多了,回头我去北京出差给你带一台回来。"

"是吗?反正我也不急着用,小张,那我就等等再说吧。"李经理说。

小张一下子傻了,"从哪儿冒出这么个主儿啊!"其实,这位男青年是企业负责北京市场的销售人员。

思考:小张的这次推销活动为什么出现了"险情"?能避免吗?

之二:喜欢你就试试

周末去一家服装店给上初中的女儿买衣服,这是一家品牌专卖店,目标市场是20岁左右的青年,主营休闲装。"我"拿起一件嫩粉色的短款上衣左看右看,这时一位营业员走过来,热情地说:"喜欢你就试试。""我,中年妇女,穿这衣服?""我"心里想着,走出了这家服装店。

思考:这位营业员犯了什么错误?她应该如何接待"我"才对?

(2) 个人顾客的购买动机

购买动机是指直接驱使顾客实行某项购买活动的内在推动力。它反映了顾客生理上和心理上的需要。购买动机的产生是顾客购买行为心理活动的重要阶段。购买动机是在需要的基础上产生的,当需要有了明确的目标时,才转化为动机。动机作为内在的心理状态,不能被直接观察到和被测量出来，一般要根据人们的行为方式或自我陈述来了解动机。

个人顾客的购买动机有两种类型，这两种类型的动机往往交织在一起，共同决定顾客的购买行为。

① 一般性购买动机

是指由顾客的生理需要引起的购买动机，又称为本能动机。这类动机大多体现在人们购买吃、穿等满足自身生理需要的购买行为中，大多为生活必需品，这种需要受外界影响较小，多为重复性购买，需求弹性小、稳定，个体间需求差异较小。

② 心理性购买动机

是指顾客由于心理需要而产生的购买动机。顾客个体间心理活动差异较大，极为复杂。因此，心理性购买动机要比生理性购买动机更复杂多变，不易掌握。

③ 理智动机

指顾客在对商品有了一定认识的基础上，经过分析、比较和深思熟虑后产生的购买动机。由这种动机推动的购买行为具有周密性、客观性、控制性的特点。

④ 感情动机

是指由顾客的感情要求引起的购买动机，又分为情绪动机和情感动机。

⑤ 惠顾动机

是指基于理智与感情的经验，对特定的商家、品牌、销售人员等产生特殊的偏好和信任，从而使顾客重复购买的动机。

由于顾客个体间兴趣、爱好、性格、经济条件、社会阶层等的不同，顾客对商品就有多种多样的心理需求，于是就产生了各种类型的心理动机，如，求实、求廉、求新、求奇、求名、从众等动机。

知识链接 1-4

一次消费调查结果

调查表明，全球消费者中 67% 的人在购物时追求物有所值，"一分钱一分货"；66% 的人会"因为买到价廉物美的商品而有满足感"；43% 的人"一旦发现了使自己满意的品牌，轻易不试其他牌子"；"买东西总爱货比三家"的为 39%；有 37% 的人总想买削价商品；31% 的人爱买名牌产品；21% 的人爱买最新样式的产品；14% 的人爱购买豪华名牌产品。请问：他们可能出于哪些动机呢？

（3）影响个人顾客购买行为的因素

个人顾客的购买行为是指顾客购买商品或服务的活动及与这种活动有关的决策过程，它受以下四个因素的影响，如图 1-3 所示。

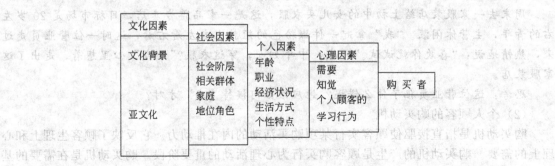

图 1-3　影响个人顾客购买行为的因素

① 文化因素

文化是指人类在社会发展过程中所创造的物质财富和精神财富的总和。这里的文化主要指精神文化，包括思想、哲学、道德、艺术、宗教、价值观、审美观、信仰、风俗习惯等方面的内容。人们在不同的社会中成长，受到不同文化的影响，必然会形成不同价值观、行为习惯和对待事物的方法，这些都影响着人们的生活方式和行为方式。

每种文化都由亚文化组成，亚文化是因具有共同的生活或共同的生活环境而具有共同价值体系的人群所遵循的文化标准。在一个社会中，一般有四个亚文化群体：民族群体、宗教群体、种族群体和地理区域群体。

② 社会因素

a. 社会阶层　主要是根据职业、收入、受教育程度、财产、社会声望等可变因素对人们进行的群体划分，是指一个社会中具有相对的同质性和持久性的群体。不同的社会阶层具有不同的价值观、生活方式、兴趣爱好，因而具有不同的购买动机和购买行为。

b. 相关群体　主要是指社会关系群体，包括家庭、学校、朋友、同学、同事、社会团体等。人们在生活中无时无刻不受相关群体的影响，由于与各群体的相关关系的不同，故影响程度也不同。

c. 家庭　人的生活习惯、行为方式首先是从家庭习得的，在家庭的影响下，家庭成员形成了一定的价值观、审美情趣、爱好、生活习惯，学会了一定的消费技能。家庭的结构、生命周期、社会地位、经济收入、家庭对消费的态度等，都会对顾客本身的消费行为产生直接而深刻的影响。

d. 地位角色　个人在一个群体中的位置可以以其所扮演的角色和所处的地位来表明。如一个人在父母眼里是儿子，在自己家里是丈夫，在公司是职员等。每种角色都有相应的社会地位，如CEO比公司职员的地位高。人们往往选择与自己的角色和地位相符合的商品和服务。

③ 个人因素

顾客个体间的年龄、职业、经济状况、生活方式和个性特点不同，所体现出的购买行为也千差万别。

④ 心理因素

a. 需要　需要是人感觉缺乏的一种状态，但需要强烈到一定程度时就会产生动机。人类的需要是多种多样、有层次的，如美国心理学家亚伯拉罕·马斯洛的"需要层次理论"。

b. 知觉　知觉是人们为了了解世界而收集、整理和解释信息的过程，是感觉刺激变成有意义的个人经验的一种历程。人的直觉是有选择性的。在人们感觉到的刺激物中，往往注意预期的刺激物和变化较大的刺激物；人们在对感觉到的刺激物进行理解时，往往按照自己的经历、偏好及当时的情绪去解释，这是知觉的有选择的曲解；人们在生活中对感觉到的刺激物的记忆，往往容易记住那些与自己的态度、信念一致的东西，这称为选择性记忆。

c. 个人顾客的学习行为　学习行为是人们后天学习后所表现的行为。除由生理需要支配的行为外，其他行为均属于学习行为，如，一位顾客再也不去某家商店购买商品，因为，有一次他发现这家商店竟然销售假冒伪劣商品。

心理学家认为，学习行为是某一刺激物与某一反应之间建立联系时所发生的行为。如图1-4所示。

例如，某顾客感觉夏天太热，很不舒服，得到一个凉爽舒适的环境就成为

图1-4　人类学习行为模型

了这位顾客购买空调的内驱力。当他从商场看到了待销售的空调或看到邻居家买了空调（刺激物），又从媒体上看到了海尔牌的空调广告（提示）时，他毫不犹豫地买了一台海尔牌空调（反应），使用后感觉很满意，更信任海尔品牌了（正强化），或使用过程中对该空调不是很满意，决定以后不再购买该品牌产品了（负强化）。

（4）个人顾客的购买决策过程

顾客的购买决策往往是一个过程，决策过程是由一系列的相关活动组成的，我们分析顾客购买决策过程的不同阶段，主要目的是根据各阶段顾客的不同需求重点有针对性地开展推销活动。

① 引起需要　就是顾客面对的实际状态和欲求状态的不平衡使其产生需要。一般是受到了内在刺激或外在刺激而产生的。这个阶段是购买决策过程的开始。

② 收集信息　是顾客认识到自己的需要后，会通过各种渠道搜集、整理与所需商品相关的信息，如这类商品的供求情况、质量、价格等。

③ 评价选择　顾客在收集到的相关信息中，分析、判断哪种商品更符合自己的需要。

④ 决定购买　通过评价选择，一般情况下顾客会选择购买自己最喜欢的商品，但购买决策受多种因素影响，其最后的确定还受他人态度和环境因素变化或市场上其他随机因素的影响，推销人员应该引起重视。

⑤ 购后感受　顾客购买或使用商品或服务后，一般会作出满意或不满意的判断。如果顾客是满意的，那么日后他可能会成为企业的优质顾客；相反他也会把不满意的经历告知周围亲朋，从而起到对企业反面宣传的作用，口碑相传的作用是企业不可小视的。

1.2.2.2　组织购买者及其购买行为分析

组织购买者是代表组织进行购买的，目的是为了满足组织的生产经营或其他业务需要，也有的为了达到盈利的目的而再出售。

组织购买行为要比顾客个人购买行为复杂得多。组织购买的特点是需求弹性较小，购买量大，购买人员多为专业人员，熟悉商品特点与市场行情，购买决策复杂，影响者较多，推销人员谈判难度大。组织购买者的需求往往具有连续性，需求量大，因此，推销人员应认真把握推销对象的特点，认真对待推销过程中的每个环节，力争与客户建立稳定的购销合作关系，取得更多的销售大单。

（1）影响组织者购买决策的各种角色

在任何一个组织中，除了专职的采购人员之外，还有其他人员也参与购买决策过程，因而在购买决策上呈现纷繁的人际关系。一个组织的采购中心通常有五种角色在购买决策中起作用。

① 使用者　是实际使用某种产品或服务的人员，如生产线上的工人。购买建议通常是由他们提出的，在购买品种、数量上有较大影响力。

② 影响者　即对购买决策有影响的人员，如企业中的技术人员、管理者。他们直接或间接地影响组织的购买决策过程，他们常常会建议所购买商品的规格或提供购买情报。

③ 采购者　指实际购买商品或服务的人。在一般性的例行采购中，采购者拥有较大的自主权，但在较重要或较复杂的决策中，采购者通常只是执行决策者的意图。

④ 决策者　在最终决定购买相关事宜方面有完全的或部分决策权的人。

⑤ 控制者　又称"守门人"，是指企业负责控制市场信息流程的人。如企业的购买代理商、技术人员等，主要任务是提供在作购买决策时所需的资料。他们往往能够控制哪些信息可以提供给决策者。

上述角色对不同购买决策的影响程度是不同的，作为推销人员，必须清楚购买决策的主要参与者有哪些人？影响购买决策的表现有哪些方面？影响力有多大？决策参与者评估购买行为的标准是什么？决策模式及程序是什么？参与决策者之间的关系如何？

（2）影响组织者购买决策的主要因素（如图1-5所示）

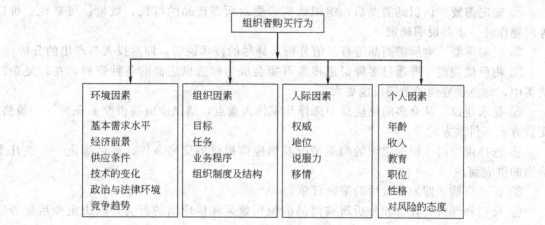

图1-5 影响组织者购买行为的因素

① 环境因素　指组织外部周围环境因素，包括政治法律、文化、技术、经济、自然等环境因素。这些因素的变化都会影响到组织购买者的购买计划和购买决策。

② 组织因素　指组织内部的因素。即一个组织本身的因素。如一个企业的目标、人物、业务程序、组织机构设置等，都会影响组织者的购买决策和购买行为。如，组织购买决策的参与者都是谁？他们的评价标准是什么？他们之间的个人关系如何？组织的政策是什么？组织给予采购人员的权限是什么？推销人员只有对组织因素做深入细致的调查了解，才能掌握组织客户的购买决策过程，有针对性地开展推销活动，确保销售的成功。

③ 人际因素　主要指组织内部人际关系。组织者市场的决策过程比较复杂，参与的人员较多，不同的参与者在企业中的地位、职权、说服力以及他们之间的关系有所不同，在购买决策中，他们各自起着不同的作用，这些复杂的人际关系，对组织者客户的购买有着非常重要的影响。

④ 个人因素　每个参与购买决策的人，在决策过程中都会掺入个人感情因素，这些个人感情因素又受年龄、收入、教育程度、职位、性格、对风险的态度等个人因素的影响，在对供应商的选择、所购商品的评价、购买数量等问题上影响组织的购买行为。

 同步案例1-6

谁是决策者？

电器公司的总经理决定购买一批配件，结果副总经理持不同意见。老总想：如果我单独作决定，副总也只好顺我的意。但是这样不大好，要是让副总也同意就好了，就两全其美了。

于是，这位老总告诉业务员说："我有意和你们合作，但副总更倾向于另外一家。你要想把这件事做成，我建议你去跟我们副总好好谈一谈，当然了，你不要告诉他是我说的。"

思考：总经理起了什么作用？业务员去和副总谈有什么好处？

资料来源：孟昭春．成交高于一切．北京：机械工业出版社，2007．

（3）组织购买者的购买决策过程

一个完整的组织购买决策过程包括以下八个阶段。但购买的情境不同，有些购买行为类型也可省略某些阶段。

① 认识需要　组织者客户认识到需要往往是由内部刺激和外部刺激引起的。如某台设备发生故障，不能修复，需更换新的设备；或看到某种设备的广告，认为自己的企业正好需要。

② 确定需要　认识到需要后，组织购买者要对所需产品的特征、数量、可靠性、价格等问题作进一步的说明确定。

③ 说明需要　对所需商品进行价值分析或详尽的技术说明，即对投入与产出的分析。

④ 物色供应商　即通过多种渠道搜集可能会成为候选供应商的各种资料，在较复杂的购买中，物色供应商的范围可能更大。

⑤ 征求建议　从众多的供应商中选择几家作为重点，请供应商提供交易条件，如价格、交货方式、付款方式等。

⑥ 选择供应商　根据组织的购买情况及供应商提供的交易条件，最后确定一个或几个恰当的供应商。

⑦ 正式订购　即发出最后的采购订单。

⑧ 反馈和评价　评价和分析所购商品的使用效果和供应商的行为，以决定今后是否继续向某个供应商购买。

组织购买者购买决策的不同阶段所关注和考察的重点是不同的，因此推销人员的推销重点也应有所不同，针对处于不同购买决策阶段的组织购买者，推销人员应认真分析该阶段的特点，采取适当的推销策略，达成推销目标。

同步案例 1-7

推销界的"克格勃"

王烨是一家视频设备企业的推销人员。去年某省级电视台准备开播新的一档栏目，需要建立一个 400 平方米的数字演播室，所需费用预计接近 1000 万。当王烨知道这个消息的时候，距离这个项目的最后期限只有一个星期的时间，而这个项目所涉及的部门之多，一般而言，在四、五天的时间根本连这些部门的主要负责人都见不全，怎么可能拿到订单呢？

王烨看到了眼前的困局，但是他没有气馁，当天便赶到这家电视台。

由于长期做这一行积累了大量的资源，对于电视台的相关领导的个人情况，王烨可以说达到无所不知的程度。当天了解到工程的相关资料后，王烨立即给公司总部打电话，要求公司老总务必和台长接洽上，因为台长的行程早就在王烨的掌握之中。此刻他正在上海参加一个高峰论坛，绝好的机会，怎能放过！

第二天晚上，王烨赶回上海的时候，公司老总正在陪同台长观看世界男高音之王帕瓦罗蒂的演唱会。当然，这个安排也是王烨特意为之，对于台长的喜好，他早就了如指掌。

台长的儿子明年要高考，借此机会，王烨安排了台长考察上海名牌大学。第三天下午，王烨和公司老总一起陪同台长参观了复旦大学，并见到学校的相关领导。晚上，老总提出一个要求，希望台长到公司参观。参观完公司之后，台长表示对该公司印象不错，可以考虑将视频设备的工程交给他们。之后的事情当然也就顺理成章了。

1000 万的大单被王烨最后拿下，公司开庆功会，老总点名要王烨介绍经验。王烨没有说话，只是打开随身的笔记本电脑，客户的相关资料占据了硬盘 20G 的容量，而这些资料都处在随时更新的过程中。

会后，王烨得到一个新的绰号："克格勃"。

思考：王烨拿下这个大单的关键是什么？对你有什么启发？

资料来源：改编自孟昭春．成交高于一切．北京：机械工业出版社，2007．

1.2.2.3 顾客方格与顾客心理类型

同推销人员一样，顾客在和推销人员打交道时也会考虑两个方面的具体目标：一是与推销人员讨价还价，通过自己的努力获得有利的购买条件，二是希望与推销人员建立良好的人际关系。这两个目标的侧重点不同，前者侧重"购买"，后者则侧重"关系"，顾客追求的目标不同，心理愿望和努力方向也不同，于是像推销人员一样，顾客也形成了以下五种心理类型，如图1-6所示。

（1）漠不关心型

即顾客方格中的（1，1）型。处于这种购买心态的顾客对推销人员和自己的购买任务都不关心，他们一般没有购买决策权或受人之命，例行公事，自身利益与购买行为无关，抱着多一事不如少一事的态度，缺乏热心和敬业精神。是最难打交道和取得推销效果的一类顾客。

（2）软心肠型

即顾客方格中的（1，9）型。持这种态度的顾客，重感情，轻利益，极容易被说服打动，对推销人员的关心胜过对购买的关心。他们重视推销人员的言谈举止、礼貌礼节，极为重视与推销人员建立融洽的关系，形成良好的推销气氛，对自身的购买则不

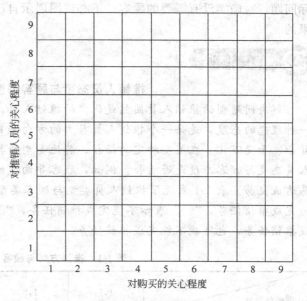

图1-6 顾客方格

关心。他们要么心地善良，要么对推销人员的付出、辛苦表示同情，他们往往对推销人员的热情和友好给予积极的回报。对于这类顾客，推销人员应特别注意友情的发展，努力营造和谐的气氛，其情动人，尊重顾客，赢得顾客的好感，达成交易。

（3）防卫型

即顾客方格中的（9，1）型。持这种购买态度的顾客，恰好与软心肠型的顾客相反，对购买行为极为关心，而对推销人员则不关心，甚至抱着敌对的态度。他们要么受传统的无商不奸思想的影响，要么有过因某些不良推销人员而上当受骗的经历，他们对推销人员心怀戒备甚至敌视，认为推销人员都是不诚实的、不可靠的人，对推销人员的友好态度存在强烈的抵触情绪。这类顾客排斥推销人员并非因为他不需要所推销的商品或劳务，而是因为他不能接受推销人员所进行的推销工作。面对这类顾客，推销人员不要急于推销产品或服务，而应该首先推销自己，要以实际行动说服顾客和感化顾客，消除偏见赢得信任，在此前提下，再逐渐引导顾客去分析从购买中获得的利益，才有达成交易的可能。

（4）干练型

即推销方格中的（5，5）型。持这种心态的顾客，既关心自己的购买行为，也注重与推销人员的关系，这类顾客往往比较理智冷静，一般会经过全面地分析和客观的判断后，才作出购买决策。他们会依据自己的知识和既往经验来选择商品或服务。他们既尊重自己，也尊重推销人员；他们愿意听取推销人员的购买意见和建议，但又不轻易相信推销人员的允诺；他们通常比较自信，尽量排除影响自己做出决策的因素。对这类顾客，推销人员应着力于用事实和证据说话，客观地介绍所推销的商品，引导顾客自己去作判断。

（5）寻求答案型

即顾客方格中的（9，9）型。这类顾客既高度关心自己的购买，又高度关心与推销人员融洽关系的建立。他们理智周到，不凭感情用事，了解自己的真正需要，购买目标明确。他们欢迎推销人员的建设性意见，希望推销人员能协助自己解决问题，但又不盲目轻信；他们善于独立思考，有一定的分析问题判断问题的能力和知识。对于这类顾客，推销人员应该认真分析顾客问题的关键所在，热诚地为顾客服务，利用所推销的商品或服务，为顾客解决实际问题，对确实没有需要的顾客，不必试图展示自己的推销技巧，因为一般情况下是没有效果的。

知识链接 1-5

推销人员态度与顾客态度的内在联系

解决问题型的推销人员固然是优秀的推销人员，往往能收到理想的推销效果，但毕竟是一种理想的态度，是每一个推销人员努力的方向和目标，事实上，推销活动和购买活动错综复杂、千变万化。在某些特定的场合，其他类型的推销人员也可能取得成功，原因在于推销人员态度与顾客态度是否吻合。例如，顾客导向型的推销人员如果面对软心肠型顾客就很容易达成交易。表1-1表现了推销人员类型与顾客类型的内在联系。表中"+"表示可以有效地完成推销任务，"-"表示不能完成推销任务，"0"表示介于上述两种情况之间，可能完成推销任务，也可能不能完成推销任务。

表1-1 推销方格与顾客方格的搭配

推销员类型 \ 顾客类型	1,1	1,9	5,5	9,1	9,9
9,9	+	+	+	+	+
9,1	0	+	+	0	0
5,5	0	+	+	-	-
1,9	-	+	0	-	0
1,1	-	-	-	-	-

1.2.3 推销客体——推销品

推销客体，是指推销人员向顾客推销的各种有形和无形商品的总称，包括商品、服务和观念，在推销要素中居于十分重要的地位。推销客体一方面依赖于推销双重主体力量的推动，另一方面它的运动变化又会形成自身的规律和特点，反过来要求推销主体遵循自己的运动规律和特点。推销主体和推销客体之间的关系构成了推销活动。从现代市场营销学的角度看，顾客所接受的并非是仅仅具有某种物质形态和用途的劳动生产物，而是从一个整体体系来衡量推销客体，因此推销人员应该树立整体产品概念。

1.2.3.1 整体产品概念

推销人员应该树立这样的概念："所谓产品，是指能提供给市场，供使用和消费的可满足某种欲望和需要的任何东西。包括实物、劳务、场所、组织和思想等。"作为推销客体的产品，不只是一个有使用价值的有形物品，它包括能够使人们某种需要得到满足的任何物质和非物质的东西。既包括物质形态的实体及其品质、特色、品牌等，又包括非物质形态的利益，如产品的售后服务、信用等能够给顾客带来心理上的满足和象征性价值的内容。一个完整的产品概念包括以下层次。

(1) 核心产品

核心产品是顾客购买某种产品时所追求的利益和效用，是产品整体概念中最基本、最主要的部分，是顾客购买产品所真正要求的东西。顾客购买产品，不是为了得到产品的实体本身，而是为了得到产品提供的效用和利益。如顾客购买机器设备，并非买一台装置作摆设，而是为了用它生产产品。

推销人员应该知道，完全相同的产品，给不同顾客带来的效用却可能是不相同的。产品效用和利益的大小会因不同顾客的主观理解而有区别，取决于顾客在使用产品时的主观感受。因此推销人员应善于发现顾客对某种产品的真正需要，把顾客需要的核心利益和服务提供给他们，从而使顾客通过购买产品而解决所面临的实际困难和问题。

(2) 形式产品

形式产品是核心产品借以实现的具体表现形式。主要有质量、款式、特色、品牌、包装等几个方面。即使是无形的服务，也具有类似形式上的特点。形式产品能为顾客所识别，是顾客选购商品的客观依据。推销人员应以顾客所追求的利益为出发点，努力寻求更加完美的外在形式，即满足顾客对形式产品的需要。

(3) 延伸产品

延伸产品是指顾客在购买商品时所附带得到的利益，如提供信贷、免费送货、进行技术培训、安装调试、维修和售后服务等。延伸产品体现了实现产品效用的可靠性，虽然与产品形体没有直接联系，但对产品价值和使用价值的实现起着举足轻重的作用。在产品同质性越来越强、竞争越来越激烈的今天，延伸产品成为了市场竞争的焦点，在产品整体概念中的地位越来越重要。

(4) 期望产品

期望产品是指顾客在购买产品时期望得到的与产品密切相关的一整套属性和条件。如顾客在购买一台冰箱时，期望这台冰箱噪声小，制冷、保鲜效果好，还能抑制细菌的滋生等。

(5) 潜在产品

潜在产品是指现有产品在未来的所有延伸和转换，是现实产品的可能发展趋势和前景。如彩色电视机可能会被电脑终端机所取代。

一个完整的产品概念包含以上五个层次，顾客在购买产品时可能会关注某一层次或某几个层次，也可能对所有层次都在意，因此推销人员在推销过程中，应认真分析顾客的需要，除了重视顾客所追求的产品的基本效用和利益外，同时也要满足顾客对形式产品、延伸产品、期望产品和潜在产品的需要。

1.2.3.2 产品质量的概念

产品质量是顾客在进行购买决策时要考虑的一个重要因素，是一个不可忽视的因素。推销人员也应该明白，质量因素虽然重要但并不是顾客要考虑的唯一因素。推销人员应把握质量的内涵，在推销过程中把质量因素与顾客的实际需要结合起来。

产品质量是产品内在的特性和价值。在产品整体概念中，质量仅是形式产品之一，它是满足顾客需求的基础。在推销过程中，推销人员不应把质量作为谈判的焦点，优质前提下的实用性才更加符合顾客的需要，强调产品对顾客实际问题解决的重要性，购买该产品能够给顾客带来多少使用价值，才是促使顾客作出购买决策的主要原因，这时质量恰恰成了辅助因素。

高质量的产品如果不能满足顾客的需要，是很难唤起顾客的注意和兴趣的，更谈不上购买。只有在顾客认为你的产品对他确实有用时，高质量才能激发顾客的购买兴趣。所以推销过程中，推销人员应该强调推销品可以使顾客更健康、更省力、工作效率更高、更惬意、更舒适、可以节约更多钱财等，把产品质量和产品效用有机结合起来为顾客设计利益，才能更容易打动顾客，促成交易的实现。

1.2.3.3 推销品的分类

推销品是产品、服务、观念三个方面的综合体，按照不同的标准，推销品可以分为多种类型。推销品单从狭义的物质角度来讲，分为消费品和生产资料两大类。

（1）消费品

消费品是指为满足个人或家庭的生活消费而购买的商品或劳务。包括以下几种。

① 日用消费品

指消费者日常生活必需、经常需要购买、大多为低价的商品。顾客在购买此类商品时一般不做挑选和比较，希望购买方便快捷，能够接受替代品。因此，根据日用消费品的特点，在推销过程中应该注意：第一，销售网点的设置要以方便顾客购买为原则；第二，采用灵活的推销方式适应顾客的需要，如流动推销、临时设点等；第三，服务热情周到，培养一批忠诚的顾客群；第四，对顾客生活关系重大的商品应加强广告宣传。

② 选购品

是消费者在购买过程中需要对品质、规格、花色、式样、价格等方面进行认真挑选的产品。选购品一般价格较高，品种式样复杂，产销变化大，品牌间的差异较大或同类品牌较多，使用寿命较长。根据选购品的特点，推销选购品的销售人员应该注意以下问题：第一，为消费者的选购创造良好的环境，注重店堂氛围及环境营造，讲究商品的陈列；第二，加强广告宣传和各种形式的现场营业推广，激发消费者的购买热情；第三，接待态度要耐心细致，熟谙商品知识，销售技术熟练；第四，以"行家"的姿态和身份帮助顾客解决实际问题，消除顾客的后顾之忧。

③ 特殊品

特殊消费品是指具有独特品质、性能和用途的产品。如相机、冰箱、房产、高档首饰等。消费者在购买特殊品时，一般事先会通过多种渠道搜集有关商品的各种资料，做到事前了解，非常注重品牌和生产厂家的形象和信誉，购买较理智，不愿接受替代品。为此，推销人员在推销过程中应注重推销商品的特色，建立商品的知名度和美誉度，销售环境要高雅、豪华、舒适、和所销售的商品协调，网点的设置适当集中，注重售后服务，使消费者放心购买。

消费者在购买不同的消费品时，其购买心理、购买行为及购买的决策过程是不同的，推销人员应该认真分析消费者在购买不同消费品时的心理特征及行为方式，有针对性地开展推销活动，更好地满足顾客的需要。

（2）生产资料

生产资料是人们在物质生产过程中对劳动对象和劳动手段的统称。生产资料品类众多，按用途可分为工业生产资料和农业生产资料。

工业生产资料是进行工业生产所需的一切物质资料，包括生产设备、原材料、燃料、动力、辅助材料等。生产设备主要是指厂房、大型机器、能源等，是购买者的固定资产投资，价值高，使用时间长，技术复杂，服务要求高，需要严格按照购买者的要求进行设计和制造，推销人员要认真履行购销合同中的各项条款。原材料、辅助材料、燃料等是企业生产必不可少的，购买的频率较高，购买的量大，因此，与客户建立长期稳定的合作关系是推销人员努力的方向。

农业生产资料是进行农业生产的物质要素，主要包括农业机械、农具、化肥、农药、农用薄膜、种子等。推销这类产品，应把握好有关政策，把农民的利益放在第一位。

推销生产资料所面对的客户主要是组织者客户，推销人员应该认真分析影响组织者客户购买行为的各种因素及其购买决策过程各阶段的特点，了解、熟悉客户所在行业的特点、现状和发展方向，综合运用多种推销策略和技巧，才会有最终拿下大单的可能。

➢ 决策与计划

教师向学生说明工作任务，引导学生熟悉工作任务内容；以小组为单位完成的，小组内展开讨论，制定任务完成计划，并做好讨论记录。

➢ 任务实施

任务一

课堂活动：幽默的个人介绍。

活动目的：突破自我、打破沉默、活跃气氛、建立自信。

活动过程：

1. 准备一些卡片，上面写上以下角色或你指定的角色。

电视节目主持人

电视新闻播音员

又老又落伍的新上任市长

足球（或其他运动项目）解说员

九岁小男孩

九岁小女孩

熟悉的影视明星

熟悉的卡通形象

二手车销售人员

食堂餐厅经理

……

2. 请学生们按照卡片上所表述的角色准备一个简短的个人介绍，介绍内容应和所选角色相关。

3. 教师点评，主要指标有：内容、立意、幽默风趣、表情、手势、语言、表达等，同时对每位学生完成过程中的亮点及存在的问题加以记录。

4. 教师对整体完成情况作点评，说明成绩，指出不足。同时以每位学生的表现为例做重点说明和讲解，记录成绩。

任务二

课堂活动：海上救险。

活动目的：领会组织团队的主要技巧及语言表达能力和沟通能力。

活动过程：

1. 背景材料：一艘在海洋上航行的轮船不幸触礁，还有20分钟就要沉没了。船上有16个人。可唯一的一只救生小船只能载6个人。哪6个人应上救生船呢？

请给下列16人排序。

即首先应获救的为1号，其次为2号……应放在最后考虑的人为16号。

将个人的选择顺序放在个人顺序那一栏内，个人有5分钟的时间。

将小组顺序放在小组顺序那一栏内，小组讨论的时间有15分钟，小组必须意见统一。

遇险者	性别	年龄	个人选择顺序	小组选择顺序	差异
船长	男	45			
船员甲	男	30			
船员乙	男	28			
船员丙	男	23			
副省长	男	62			
副县长	女	39			
副县长的儿子	男	12			
海洋学家	男	52			
生物学家	女	33			
生物学家的女儿	女	3			
公安人员甲	男	40			
公安人员乙	女	34			
罪犯（孕妇）	女	29			
医生	男	44			
护士	女	23			
因公负伤的重病人（昏迷）	男	26			

2. 小组讨论：
（1）为什么有的小组直到船沉没还没有达成统一的意见？
（2）是否缺少领导者？谈谈具体表现。
（3）小组是否有统一的原则？谈谈表现。
（4）小组成员是否懂得妥协？你们小组对此的意见是什么？
（5）你能否准确地表达自己的意思，并能够说服其他成员同意你的意见？

3. 教师对各组表现做综合点评，结合具体组别和陈述个人指出亮点及存在的不足。

任务三

课堂活动：设计产品说明书。

活动目的：产品知识与推销技巧的联系。

活动过程：

1. 每小组选择一件熟悉的产品，查找相关资料，设计一份产品说明书，通过PPT协助说明。
2. 各小组做陈述说明，时间控制在5分钟之内。
3. 各小组上交纸质产品说明书一份，陈述用PPT一份。
4. 教师点评并记录成绩。

➤ **检查评估与反馈**

1. 检查学生工作任务是否完整完成。
2. 通过任务的完成，学习目标是否实现？学生能力有哪些提高？
3. 按照评估标准评估学生的工作态度、工作的质量情况。
4. 整理并保存各组上交的材料及各位学生的表现，作为平时考核依据。

1.3 推销礼仪

相关资讯

很多成功的推销人员在谈及成功的推销经验时，首先会谈到要用人格魅力而不是用产品去打动顾客，人和产品同样重要，顾客在购买产品时，不仅要考虑产品是否合适，还要考虑对推销人员的印象。71%的顾客之所以购买你的产品，是因为信任你、喜欢你、尊重你、接受你。在推销界有一个著名的公式，形象地说明了人品的重要性，即"产品＋人品＝商品"。如果顾客不喜欢某个推销人员，当然也不会喜欢他所推销的产品。向顾客推销自己的手段之一就是推销人员要掌握一定的推销礼仪知识。

推销人员良好的礼仪能够展现个人良好的品格修养，展现公司良好的商业形象，赢得对方的尊重，有利于创造良好的沟通氛围，建立融洽的合作基础，满足对方的心理期待，使其感觉良好，感觉受人尊重，从而提高工作效率。

名家观点 1-7

我曾访问美国大都会保险公司，该公司副总经理曾问我："您认为访问客户之前，最重要的工作是什么？"

"在访问准客户之前，最重要的工作是照镜子。"

"照镜子？"

"是的，你面对镜子与面对客户的道理是相同的。在镜子的反映中，你会发现自己的表情与姿势；而从客户的反应中，你也会发现自己的表情与姿势。"

"我从未听过这种观念，愿闻其详。"

"我把它称之为镜子原理。当你站在镜子前面，镜子会把映现的形象全部还原给你；当你站在客户前面，客户也会把映现的形象全部还给你。当你的内心希望客户有某种反应时，你把这种希望反映在如同镜子的客户身上，然后促使这一希望回到你本身。为了达到这一目标，必须把自己磨炼得无懈可击。"

注重自己的仪表，尽量让自己容光焕发精神抖擞，尤其要给客户留下良好的第一印象，千万不要为了追求时尚而穿着奇装异服，那样只能使你的推销走向失败。只有穿戴整洁或者与你职业相称的服饰，才能给客户留下好的深刻的印象。

——日本推销之神　原一平

1.3.1 推销人员形象

推销人员的形象是由仪表、服饰、举止等形体语言和非形体语言构成的完整印象。在人与人的交往中，想在很短的时间内使顾客了解推销人员是很困难的，因此第一印象就显得非常重要。而这第一印象，基本上在最初3秒钟内便已经形成。因此一个人的仪容仪表对于赢得对方的信任起着十分重要的作用。俗话说："人靠衣服马靠鞍"，得体的服饰给人留下良好的第一印象。此外，推销员讲究自身的仪表与装束不仅展示了个人的风采，使自己在推销过程中充满自信，还表明了推销人员对客户的重视和尊重。

知识链接 1-6

首因效应和晕轮效应

人与人在第一次交往中给人留下的印象，在对方的头脑中形成并占据着主导地位，这种效应即为首因效应。我们常说的"给人留下一个好印象"，一般就是指的第一印象。

著名推销家佛朗哥·贝德格认为初次见面给人印象的90%产生于服装。

晕轮是指太阳周围有时出现一种光圈，远远看上去，太阳好像扩大了许多。晕轮效应是指人对某事或某人好与不好的知觉印象会扩大到其他方面。

据美国纽约销售联谊会统计，71%的民众从推销员那里购买产品是因为他们喜欢和信任该推销员。

1.3.1.1 仪容

推销人员仪容应该大方、整洁、修饰要得体。男推销人员要保持头发清洁、发型要符合大众的审美习惯，不可太过新潮，给人留下不可靠的印象；要勤剪指甲、不留污垢，保持手的清洁；注意饭后刷牙漱口，消除口臭和体臭；要经常刮胡须。女性推销人员发型要文雅、大方、庄重，不宜太新潮；切忌浓妆艳抹，妆容要淡雅，不可用味道过于浓烈的香水；指甲不宜过长，指甲油要以无色或透明的自然色为主。

1.3.1.2 服饰

在推销人员服饰方面，应坚持着装的 TOP 原则。TOP 是英文 time（时间）、object（目的）、place（地点）三个单词的缩写。T 原则，是指服饰打扮应考虑时代的变化、四季的变化及一天各时段的变化。即推销员的服饰要符合大众的审美习惯和着装习惯，既不可过于前卫让人产生不信任感，也不可过于守旧，给人落伍之感。O 原则，是指推销员的服饰打扮要考虑此行的目的，要符合活动的要求。P 原则，是指服饰打扮要与场所、地点、环境相适应。主要是指推销员应依照不同顾客的社会地位、经济状况、公司文化和着装风格来决定自己的着装。通过着装暗示客户，推销员是与他同一阶层，有着共同爱好的人，从而拉近双方的距离。

在着装的细节方面，推销人员也要多加注意，如，男推销员要注意着西装的礼仪要求，尤其注意西装外口袋和西裤前裤袋不应放香烟等大型物品，皮鞋应光亮，着深色袜子；腰间皮带不应别钥匙、手机等任何东西。

1.3.1.3 举止谈吐

推销人员应该养成良好的举止谈吐习惯。高雅不凡的举止谈吐可以产生吸引顾客的魅力。良好的仪表在赢得顾客良好的第一印象方面起到了不可忽视的作用，但要真正赢得顾客的信任，还要靠推销人员良好的行为举止。谈吐举止虽然没有统一的模式，但也有需要遵守的共同标准。

推销人员要落落大方，避免不好的习惯，如夸张的手势、眼睛四处张望、唾沫星子乱飞、在顾客处太过随便、脚不停地抖动、抓耳挠腮或不停地看表、慌里慌张、将资料掉在地上或碰掉客户桌面上的东西等。推销人员在和顾客交谈时也不应挖鼻孔摸鼻子、折手指发出声响、吐舌耸肩等。

在谈吐方面，推销人员要保持语言表达的准确性，要使语言规范化，清楚简练地表达意见，要使用礼貌用语，用春风化雨般的语言和顾客交谈，自然深入人心。同时要注意语速、语音、语调的正确使用，因为俗话说声音是人的第二张面孔。

同步案例 1-8

音容犹在

作为一名推销员，结识到社会上方方面面的人实在是太多了，但给我留下最美好记忆的只有两个人。

一位是林先生，30 多岁。那天林先生认真听我说完话，之后表述他的观点。他用"您"这个字也许每个人都会用，但他用得特别好，因为他说"您"的时候，一双微笑的眼睛看着我，用一种温和的语气说话。本意是想拒绝推销，大概是怕我承受不了，就委婉曲折地先开导。他说话时的注视、表情、语气，这种神的礼貌与言词上形的礼貌天然地融为一体。从那一别至今整五年，虽然我们再没有互通音信，但对林先生那份美好的印象随着日历的堆积反而变得更加清晰、倍添怀念。

另一位是田小姐,23岁。那天,我随意走进一间样品展厅。她是导购小姐,职业女装,化着恰到好处的淡妆,这些都是司空见惯了的,令人感到特别的是她导购过程中说话的语音、神情和举止。

她和客人的距离把握得恰到好处,行走时的几个手势特别到位。她礼貌冷静地向我讲解,没有任何急于推销求成的心里痕迹。最令人叹为观止的莫过于她语气中的音量了,富于磁性的偏低音一下子吸引了我,不管买不买她的产品,我都快乐而幸福地听完了她的讲解。

看到被她一一导购的那些先生个个都是洗耳恭听状。他们提问时,都不觉把自己的音量调低到和田小姐一般的音量上,这简直成了她的杰作。两米开外的人根本听不到他们的谈话内容。

语言是门学问。无论是林先生的语气,还是田小姐音量,以及他们各自的神情,甚至衣着,从严格意义上说,这都是一种语言呢!

资料来源:改编自月亮.音容犹在.销售与市场:管理版,1997,12:69.

思考

① 为什么说声音是人的第二张面孔?
② 日常生活中你见过哪些不和谐的语言谈吐?

1.3.2 推销人员礼节

1.3.2.1 握手的礼节

握手是社交场合中运用最多的一种礼节。推销人员与顾客初次见面,经过介绍后或介绍的同时,握手会拉近推销人员与顾客间的距离。但握手是有讲究的,不加注意就会给顾客留下不懂礼貌的印象。

推销人员在与顾客握手时,要主动热情、自然大方、面带微笑,双目注视顾客,切不可斜视或低着头,可根据场合,一边握手,一边寒暄致意,如"您好"、"谢谢"、"再见"等。对年长者和有身份的顾客,应双手握住对方的手,稍稍欠身,以表敬意。

握手应注意先后有序,通常应由主人、年长者、身份地位高者、女性先伸手,握手时要掌握恰当的时间和力度,既不要太轻也不要太重。握手时间应以两三秒为好,尤其对女性。过分松垮也是对对方的不尊重、轻视。如初次见面,时间不宜过长,以不超过3秒为宜。不要戴着手套与人握手,这样是不礼貌的,握手前应脱下手套,当手不洁或有污渍时,应事先向对方示意并致歉。握手时必须是上下摆动,而不能左右摇动。

另外,在正规场合遇见身份高的领导人,应有礼貌地点头致意或表示欢迎,不要主动上前握手问候。如遇到身份高的熟人,一般也不要径直握手问候,而要在对方应酬告一段落后,前去握手问候。

1.3.2.2 使用名片的礼节

名片是推销人员必备的一种常用的推销、交际工具,在使用名片时应注意以下礼节。

一般来说在向顾客问候或作自我介绍时把名片递过去,名片夹应放在西装的内袋里,而不应从裤子口袋里掏出;递名片时,最好拿着名片的上端,名片的正面应对着对方,名字向着顾客,让顾客易于接受;几个人共同访问顾客时,后辈应先递名片或先被介绍者先递名片;若顾客先递出名片,推销人员应该先表示歉意,收起对方的名片后再递出自己名片;要双手接受顾客的名片,然后专心地看一遍,切不可漫不经心往口袋一塞了事,遇有生僻字,要向顾客请教,表示你的重视和认真。

1.3.2.3 称呼的礼节

推销人员在人际交往中,称呼上的礼节要特别注意。称呼对方要考虑场合、与对方的熟悉程度、对方的年龄、性别和职务等因素。初次见面，不明对方身份，可按惯例称男士为先生，称女性为小姐、夫人及女士，熟识后可在前面加上姓，如："李先生"、"王小姐"。对有职务、职称和学位的知识界人士，可以直接用职业名称来称呼，如"医生"、"老师"等；如果推销人员与顾客很熟悉，关系很好，也可以称顾客为"张大哥"、"李大姐"，如果推销人员年龄职务高于顾客，也可称顾客"小张"、"小李"；对教育、出版、文艺界人士，可统称为"老师"。

此外，在与潜在客户交往中对对方应使用尊称，如："贵方"、"贵公司"；对自己则使用谦称，如："在下"、"鄙公司"等。注意称呼时态度要诚恳，表现要热情，语调要柔和。询问别人姓名时要注意礼貌用语，如："初次见面，不知怎么称呼您？""请问您怎么称呼？""请问贵姓？"等。

1.3.2.4 设宴礼节

在推销工作中，招待应酬是必不可少的，推销人员应懂得必要的设宴礼仪，以使双方在轻松愉快地进餐环境中增进了解、交换信息和洽谈生意。

明确宴会目的，邀请的对象、范围要合适，陪客人数要适度，一般不能超过客人人数；宴会要从实际出发，不要铺张浪费，顾客可能来自不同的国家或民族，应尊重其特有的民族习惯；正式宴会应提前发出请柬，提前量依宴会规格而定，一般规格较高的宴会应提前一周发出请柬；客人到达前，主人应安排好席位，非正式用餐可不讲究座次；订菜要符合客人的口味，最好由顾客点菜；席间要保持轻松愉快、亲切热烈的氛围；应掌握好用餐时间，适时提出结束和终止，如客人长时间沉默、频频看表或客人要赶时间等。

1.3.2.5 其他礼节

在推销过程中，推销人员在各方面都应注意应有的礼貌和礼节，因为从一定程度上说，推销工作是从推销"人"——推销人员自身开始的。

在推销过程中，如果顾客不吸烟，推销人员最好也不要吸烟。如果知道顾客会吸烟，应主动递上一支；烟灰要弹在烟灰缸里，不要随意丢弃烟头；遇有女士在场，最好不要吸烟或主动去吸烟区。以茶待客是我国的传统礼节，遇有顾客主动上门咨询或洽谈，应热情相待，首先冲泡香茶一杯，双手捧于顾客伸手可及之处；如果顾客端出茶来招待，推销人员应起身双手接过茶杯，并对顾客表示感谢。喝茶时不可牛饮，不可发出声音。

推销活动复杂多变，推销人员会遇到各种各样不同的顾客和不同的场合，礼仪要求纷繁复杂，推销人员切不可忽视，常言道"礼多人不怪"，遵守基本的商务礼仪是推销人员必须做到的，因为失礼而丢掉生意的推销人员不在少数，应该引以为戒。但礼仪的运用不可生搬硬套，要区分时间、地点、场合及推销人员与顾客关系的密切程度而灵活运用。

"横渡"公司的尴尬

"横渡"公司是一家大型商业零售企业，在本地区小有名气和影响。为了进一步扩大影响，"横渡"公司决定举行几次公关促销活动，联络一下各方面的感情。其中有两次活动是这样进行的。

一次，"横渡"公司为了庆祝公司成立10周年举行大型宴会，拟邀请其他公司和客户出席。请柬在举行宴会前三天发出。宴会当日，有许多重要的客户因日程安排原因，无法出席。客人入席后，公司总经理向某一客户斟酒，他走到客人的左侧拿起客人的酒杯，为客人斟了满满一杯酒。宴会快结束时，公司总经理站起来发表了一番正式演讲，感谢客人的光临。

另一次，公司业务部经理策划了一次促销联谊活动，与会者有各界名人、供需厂商，业务部经理在联谊活动开始前几分钟，看到来的宾客个个风度不凡，突然灵机一动，向一位女员工借来发胶和梳子，把头发弄整齐，还振振有词道："这样做不是为了尊重客人吗？"

但几次活动下来，公司上下议论纷纷，公司的绩效不仅没有提高，反而还出现了滑坡。公司总经理业百思不得其解：公司这几次公关促销活动到底怎么了？

思考

① "横渡"公司的公关促销活动有哪些地方不符合礼仪要求？

② 你认为推销礼仪中化妆和着装有哪些要求？

③ 该案例给你哪些启示？

▶ 决策与计划

指导学生熟悉任务内容；以小组为单位制定任务完成计划，以角色扮演和陈述观点方式呈现任务完成结果。

▶ 任务实施

课堂活动：推销礼仪训练。

活动目的：充分认识推销礼仪的重要性并掌握几种主要推销礼仪的运用。

活动过程：

1. 热身游戏

（1）学会穿西装

请穿西装的同学走上讲台，站立2～3分钟，台下的同学认真观察，然后评议。

（2）良好的站姿训练

首先让同学们上台表演站立，大家依照站姿的基本要领指出其缺点。

2. 握手训练

请两位同学上台表演握手，大家根据其表现指出其缺点，并讨论握手的禁忌有哪些。

3. 介绍他人礼仪训练

假设你是一个沙龙的组织者，而且要为下列人士做相互介绍，想想你会选择什么样的介绍词。

（1）当众介绍嘉宾（根据给出材料组织嘉宾资料，其他嘉宾酌情自行确定）；

（2）需要王经理和吴董共同担当沙龙的主持人；

（3）周女士一直在寻找她先生留学时的好朋友，而这个人不但要来出席沙龙，而且你和他还很熟；

（4）李经理很想在家乡搞投资，而赵经理是他老乡，而且也有相同的愿望；

（5）你想让你的一个属下与孙董结交，并能与其搞好关系。

4. 握手礼仪训练

在下列情况下，见面的双方应该由谁首先伸出手来促成握手，并说明原因。请两位同学演示，其他同学作为观察者，指出不当之处。

（1）甲单位的张小姐和乙公司的董先生；

（2）公司的总经理和营销主管；

（3）退休的老李和其接任者小王；

（4）宴会主办者和嘉宾；

（5）有5年资历的公关经理和刚来的客户服务部副主任；

5. 名片礼仪训练

```
东南公司董事长    市妇女权益保护协会名誉会长
海成公司顾问      市书法家协会会员
市政协委员        市经理人协会常委会委员

              王  燚  先生
电    话：2435324        手  机：13012349728
公司地址：机场南路1号   家庭住址：延安路3号楼234
```

(1) 如果你是这位"王燚"先生，会这样设计名片吗？该如何改进？

(2) 如果这张名片是你接过来的，你是用左手接，还是用右手接，或是双手接的？你可能还会做什么？

(3) 如果这张名片是你索要得到的，而"王燚"先生您根本就不认识，请问你用的请求词是什么。

(4) 请两位同学演练过程，其他同学作为观察者，观察演练过程的不当之处。

6. 介绍模拟演练

(1) 背景资料

请根据情境要求回答下列问题。

如果你是某小城市建筑材料厂的经理，受命到全国建材年度论坛暨产品展销会上做报告、找资金。在大堂里等待开会的时候，不经意地听到旁边两个闲谈的经理人的谈话。他们都对某建材的生产技术表示出了浓厚的兴趣，而该技术正是贵厂的专利技术。

(2) 实训要求

面对如此情况，你是否有兴趣加入他们的谈话？如果有兴趣的话，你将如何做自我介绍？大会开始后，轮到你走上讲台的时候，你将如何做自我介绍？

➤ 检查评估与反馈

1. 检查学生工作任务是否完整完成。
2. 相关能力有哪些提高？
3. 任务目标是否完成？
4. 考评参与者表现及完成情况，记录成绩。

任务1 概要

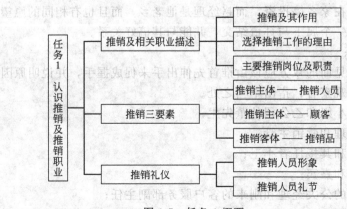

图1-7 任务1概要

巩固与提高

一、重要概念
推销　推销三要素　技术导向型推销人员　解决问题型推销人员
干练型顾客　寻求答案型顾客　产品整体概念　推销礼仪

二、复习思考题
1. 推销人员的基本素质有哪些？
2. 推销人员应该具有哪些基本的心理品质？
3. 推销人员为什么必须认真分析影响顾客购买行为的各种因素？
4. 顾客购买决策过程第五阶段推销人员应注意什么？
5. 影响组织购买者购买行为的因素有哪些？
6. 个人购买者和组织购买者有哪些不同？

三、实践与训练
课堂活动：自我介绍。
实训目的：
通过简短的介绍语言巧妙地让人记住自己的名字、性格、特长等，给人留下良好的第一印象。
实训过程：
1. 每个人准备好一段简短的自我介绍（不超过3分钟），内容包括姓名、个人爱好等基本信息，要求着装得体，介绍流畅，能给人留下良好的印象。
2. 特长或节目展示。要求每个人准备好一个节目，展示自己的特长和才能，节目形式不拘一格。

四、案例分析

（一）一次成功的推销

一次，台湾人寿保险推销员小金陪同仁去拜访陈医师，经过两次的拜访说明后，已打动了陈医师的心。但碍于他有个在证券公司上班的妹妹，同时又有另一家公司的业务人员也送来了计划书，因此，并未能使他下定决心。下午2：50分他们到达陈医师所在的医院，坐在外面的椅子上，却听到里面有人在谈话："我觉得还是买债券划得来，缴八万每年可领回将近一万！"

原来，另一家公司的业务人员已捷足先登。从谈话的内容得知不止对里面的业务人员不利，对小金他们也不利。门终于开了，陈医师送走了那位口齿伶俐的推销员同时看到了小金。

"我们是专程来看您的。"小金边说边走进办公室。

"我已经跟刚才那位业务员谈过了，我决定把那笔奖金拿来买债券，保险的事，待以后再说吧。"陈医师直截了当地回绝了。

"我知道，我们今天来也是想跟您谈买债券的事，这是我们配合陈医师想买债券所重新设计的计划，你可以用一半的钱买债券，一半的钱买家庭保险，这样不是两全其美吗？"

"我说过，我暂时不考虑买保险的事，这笔钱我还是决定买债券！"

"陈医师，我知道您想增添设备，为了这件事，你看，我把设计作了这样的调整，医药费用部分给您做了删减，而您的保险维持不变，保费已经减为原来的三分之二了。"

陈医师的身子微微前倾，眼光集中在小金为他重新设计的建议书上，好像刚才那句话打中了他的心。于是，小金把握住这最好的机会：

"陈医师，您每天这样辛苦，不外乎是想使您一生的事业能飞黄腾达，同样的，您子女一生的幸福也决定于您是否给了她足够的保障和安全感（小金停了一下，观察顾客的反应）。陈医师，这里有一份资料需要您填一下。"

"不！不！我想还是缓一下。"陈医师急忙制止。这时，正有患者来看病，小金只好暂时退到一边。一起来的同事拉了拉小金的衣袖说：

"你看我们是不是该告辞了，下次再来？"

"不，再坚持一下试试看！"一直等病人走完了，小金向前又说："陈医师，很抱歉，看您这么忙……"

"我看这样了，等下个月初我领到钱，我会打电话跟你联系的。"陈医师不等小金说完便抢着说。

"好吧，陈医师既然这么说，那么请您多考虑，多为您的子女着想。"这时，刚好他四岁的女儿进来。陈医师抱起他的女儿，小金一边收拾桌上的资料，心里想着"完了"，可又觉得不甘心，抱着最后冲刺的决心，小金对自己说："好，作最后的努力。"

"陈医师，这样了，也许我没有说得很完整，我重新为您解说一变。妹妹是不是可以……"小金把手指向护士小姐，陈医师明白什么意思，偏偏他的女儿不让护士抱，小金心里那个念头又出来了："算了吧！""不行，我一定要做最后的努力！"小金在心里呐喊着。

"陈医师，没关系，就这样说也可以，这是您的……"小金只说到第三句，根本还没谈到主题，奇迹发生了，只听陈医师说："这样了，我就一个月一个月缴。"多么美妙的一句话，小金是那么兴奋。

资料来源：改编自王荣耀．执著，向着成功．销售与市场，1996，10．

【问题与思考】

① 谈谈小金推销成功的关键是什么？
② 该案例对你有什么启发？
③ 小金推销过程中的哪些细节对推销成功至关重要？

（二）到手的订单为何丢了？

得知多乐多公司有一个电视推广计划，红杉树创意设计公司销售部经理 Echo 决定亲自出马前去拜访多乐多集团的总经理王总。王总不在，秘书周小姐接待了他，初次拜访很成功。

一周后，周小姐筛选出三家广告公司，最后让王总做出选择，红杉树公司名列其中。

9月初，Echo 带着广告建议书第二次去多乐多集团拜访。这一次王总接待了他，王总对他们的方案表示赞同。但对25万的报价有点异议，他重点指出："我们公司的副总李先生想通过网络广告的形式作产品推广，这样相对会比较便宜一些，可以节省大量费用。不过我还是比较认可贵公司的实力，因为现在中国人还是看电视的多一些。如果能够让我公司的产品被越来越多的消费者认可，贵一点也无所谓。"同时王总还承诺说，只需对建议书稍作修改便可签约。Echo 闻听非常兴奋，答应明天就将建议书修改好。不过让 Echo 略感不安的是王总马上要出差了。王总看出了 Echo 的担心，笑着说："没问题，我不在时，由副总李先生负责这个事情，我们已经开会决定了。"并让周小姐请李经理见个面，可惜李经理不在。于是王总说："没问题，这样吧，这个项目就由周小姐全权负责。明天就让周小姐到贵公司签订合同。"

第二天，周小姐如约来到红杉树公司取双方协定的合同，并承诺回到公司后马上签字盖章。但是，等了整整一个下午，多乐多集团的合同还是没有送到，Echo 坐不住了，打电话给周小姐，电话里周小姐抱歉地表示李副总说还要研究一下，她会尽快答复的。

此时，Echo 明白了，担心的事情变成了现实，一招不慎，全盘皆输！

资料来源：改编自孟昭春．成交高于一切．北京：机械工业出版社，2007．

【问题与思考】
① 案例中各人物所扮演的角色是什么？
② 红杉树公司有哪些失误？
③ 如果重来，红杉树公司应该怎么做为好？

任务1 自测题

一、单项选择题

1. 推销活动的客体是（　　）。
   A. 推销人员　　　B. 推销对象　　　C. 推销品　　　D. 附加品
2. 推销三要素中，最具有能动性的因素是（　　）。
   A. 推销人员　　　B. 推销对象　　　C. 推销品　　　D. 附加品
3. 推销的核心是（　　）。
   A. 推销员　　　B. 推销品　　　C. 顾客　　　D. 推销手段
4. 顾客在购买过程中小心谨慎，斤斤计较，总希望获得更多的利益的顾客类型是（　　）。
   A. 干练型　　　B. 防卫型　　　C. 寻求答案型　　　D. 软心肠型
5. 这类推销人员善于分析推销环境，拥有良好、平和的心态，心理素质较好，既不一味取悦于顾客，也不强行推销，讲求方法和技巧。这类推销人员属于（　　）。
   A. 顾客导向型　　　B. 强销导向型　　　C. 技术导向型　　　D. 解决问题导向型
6. 从现代推销学的角度看，哪类推销人员才可能成为伟大的推销家（　　）。
   A. 顾客导向型　　　B. 强销导向型　　　C. 技术导向型　　　D. 解决问题导向型
7. 既关心自己的购买行为，也注重与推销人员的关系，理智冷静，全面分析、客观判断，才能做出购买决定。这类顾客属于（　　）。
   A. 软心肠型　　　B. 防卫型　　　C. 干练型　　　D. 寻求答案型
8. 在推销方格中，（　　）型推销人员被称为强力推销型。
   A. （1，1）　　　B. （1，9）　　　C. （9，1）　　　D. （5，5）
9. 大学生从事推销工作，绝大多数是从（　　）做起。
   A. 销售代表　　　B. 助理销售代表　　　C. 销售主管　　　D. 区域主管
10. 推销对象是指（　　）。
    A. 推销员　　　B. 顾客　　　C. 推销品　　　D. 助推工具

二、多项选择题

1. 推销的三要素为（　　）。
   A. 推销人员　　　B. 推销对象　　　C. 推销品
   D. 忠诚顾客　　　E. 使用价值
2. 推销对象是推销活动中接受推销人员推销的主体，它不是指产品，而是指包括三种身份的顾客（　　）。
   A. 生产者　　　B. 中间商　　　C. 经销商
   D. 消费者　　　E. 辅助者
3. 在商务场合，下列介绍顺序哪项是不正确的（　　）。
   A. 将男性介绍给女性　　　　　　B. 将年长的介绍给年轻的
   C. 将女性介绍给男性　　　　　　D. 将级别低的介绍给级别高的
   E. 将公司外人员介绍给公司内人员

4. 下面对握手礼解释正确的是（　　）。
   A. 时间以三秒为宜
   B. 男推销人员见女顾客时，要主动握手
   C. 握手时应正视对方
   D. 握手的力度不宜过大
   E. 握手时拇指张开，四指并拢
5. 在推销人员服饰方面，应坚持着装的TOP原则，即（　　）。
   A. 时间　　　　　　B. 地点　　　　　　C. 目的
   D. 氛围　　　　　　E. 对象
6. 影响个人顾客购买行为的因素有（　　）。
   A. 文化因素　　　　B. 社会因素　　　　C. 个人因素
   D. 心理因素　　　　E. 经济因素
7. 完整的产品整体概念一般包括以下层次（　　）。
   A. 核心产品　　　　B. 形式产品　　　　C. 延伸产品
   D. 期望产品　　　　E. 潜在产品
8. 消费品是指为满足个人或家庭的生活消费而购买的商品或劳务，包括以下几类（　　）。
   A. 日用品　　　　　B. 选购品　　　　　C. 奢侈品
   D. 特殊品　　　　　E. 耐用品
9. 推销人员应掌握的业务知识主要有（　　）。
   A. 企业知识　　　　B. 产品知识　　　　C. 顾客知识
   D. 市场知识　　　　E. 法律知识
10. 推销人员的基本素质一般考察以下方面（　　）。
    A. 政治素质　　　　B. 业务素质　　　　C. 文化素质
    D. 心理素质　　　　E. 身体素质

三、判断题

1. 推销是指推销人员说服推销对象接受推销客体（推销品）的活动过程，是一种单向的说服过程。（　　）
2. 顾客导向型的推销人员，可能是一位业绩优良的推销人员，但不会成为伟大的推销家。（　　）
3. 握手应注意先后顺序，通常应由主人、年长者、身份地位高者、女性先伸手。（　　）
4. 几个人共同访问顾客时，长辈应先递名片或者被介绍者先递名片。（　　）
5. 送给顾客的礼物越昂贵，越容易得到顾客的认可。（　　）
6. 女性推销人员不可佩戴过多的首饰。（　　）
7. 推销是一项简单的工作，不需要经验，不要求身高长相，门槛低，所以大学生暂时找不到工作时，可以选择从事推销工作。（　　）
8. 推销人员推销的不是产品，而是产品带给顾客的利益。（　　）
9. 收到名片后应马上收起，放入裤子口袋内，妥善保管。（　　）
10. 在推销过程中，推销人员是主动的，而顾客始终是被动的。（　　）

四、简要回答下列问题

1. 遵守诚信原则和销售业绩之间是否存在矛盾？如果有，如何解决这个矛盾？
2. 管理学上有个公式1+1>2，其含义为团队协作力大于个体力量的简单相加。谈谈如何发挥团队协作力开展推销。

任务 2　接近顾客

学习目标

理论目标

理解寻找顾客的概念，掌握寻找顾客的原则及方法，学会审查顾客资格；知晓约见顾客前须准备的内容及约见顾客的主要方法，为推销洽谈打下良好基础。

实务目标

学习和掌握寻找顾客、约见顾客、接近顾客的主要方法，知晓相关程序及策略，能用所学实务知识完成"接近顾客"的相关技能活动。

案例目标

运用所学"接近顾客"的理论与实务知识研究相关案例，培养和提高在特定业务情境中发现问题、分析问题和解决问题的能力；灵活运用接近顾客的技巧，具备职业态度。

实训目标

了解实训目的，清楚实训内容，能够运用所学理论知识与实务知识解决实际问题。提高组织与领导能力、计划与协调能力，体会团队协作对达到目标的重要性，明白个人与团队的关系，锻炼语言表达和沟通能力。

导入案例

求教接近顾客

亚伯特·安塞尔是铅管和暖气材料的推销商，多年以来一直想跟布洛克林的某位铅管包销商做生意。那位铅管包销商业务极大，信誉也出奇的好。但是安塞尔一开始就吃足了苦头。那位铅管包销商是一位喜欢使人窘迫的人，以粗线条、无情、刻薄而感到骄傲。他坐在办公桌的后面，嘴里衔着雪茄，每次安塞尔打开他办公室的门时，他就咆哮着说："今天什么也不要！不要浪费你我的时间！走开吧！"

然后有一天，安塞尔先生试试另一种方式，而这个方式使安塞尔先生不仅建立了生意上的关系，交了一个朋友，还得到可观的订单。

安塞尔的公司正在商谈，准备在长岛皇后新社区办一间新的公司。那位铅管包销商对那个地方很熟悉,并且做了很多生意,因此,安塞尔去拜访他时说:"先生,我今天不是来推销什么东西的。我是来请你帮忙的。不知道你能不能抽出一点时间和我谈一谈?"

"嗯……好吧,"那位商人说,嘴巴把雪茄转了一个方向,"什么事?快点说。"

"我们的公司想在皇后新社区开一家公司,"安塞尔先生说,"你对那个地方了解的程度和住在那里的人一样,因此我来请教你对那里的看法。那里好呢还是不好呢?"

情况有些不同了,多年以来,那位铅管商向推销包销商吼叫、命令他们走开,今天这位推销员进来请教他的意见,一家大公司的推销员对于他们应该做什么,居然跑来请教他,使他觉得自己很重要。

"请坐请坐,"他边说边拉过一把椅子。接着用一个多小时,详细地解说了皇后新社区铅管市场的特性和优点。他不但同意那个分公司的地点,而且还谈了购买产业、储蓄材料和开展营业等全盘方案。他从告诉一个批发铅管公司如何去展开业务,而得到了一种重要人物的感觉。他从谈商务上的事扩展到私人方面,变得非常友善,并把家务的困难和夫妇不和的情形也向安塞尔先生诉苦一番。

"那天晚上当我离开时,"安塞尔先生说,"我不但口袋里装了一大笔初步的装备订单,而且也建立了坚固业务友谊的基础,这位过去常常吼骂我的家伙,现在常和我一块儿打高尔夫球。这个改变,都是因为我请教他帮个小忙,而使他觉得有一种重要人物的感觉。"

讨 论 题

① 安塞尔为何能够说服顾客?
② 他运用了什么样的接近顾客的方法?这种方法有什么样的特点?适合在什么状况下使用?

2.1 寻找顾客

相关资讯

推销接近是整个推销过程的开始,它包括寻找顾客、约见顾客、正式接近顾客三个环节。推销接近阶段的主要任务是寻找顾客,做好各种推销准备,有针对性地约见顾客,从而接近顾客,为推销过程的面谈阶段打下良好的基础。推销接近虽不能保证推销活动一定会成功,但推销接近的失败注定意味着推销全过程的失败。因此推销接近技巧的探讨有着深远的意义。

2.1.1 寻找顾客的概念及必要性

2.1.1.1 寻找顾客的概念

在推销活动中,推销主体是推销人员和顾客,但推销人员不可能坐等顾客上门,常常要主动出击,寻找准顾客。推销是向特定的顾客推销,每一种商品都有其特定的顾客群,寻找和确定这个顾客群,会使推销活动有更强的目的性和针对性,增加推销成功的几率。

所谓寻找顾客,是指推销人员在不确定的顾客群中,寻找并确定可能购买推销品的个人或组织的活动。因此推销人员应该首先根据推销品的特点,描绘出准顾客的形象,罗列出准顾客的条件,再按图索骥,发现企业真正的"上帝"。

2.1.1.2 寻找顾客的必要性

推销人员应该清楚,并非所有的组织和个人都需要企业的产品,由于时间、空间、自然、经济等原因,有些组织和个人推销人员没有接近的可能,有些容易接近的可能又没有推销价值,所以找到能够接近又具有推销价值的顾客,就成为推销人员一个富有挑战性的艰巨任务。它需要推销人员认真地进行调查研究、细致选择、分类,才有可能找到合格的顾客。很多推销人员不肯在这个阶段付出,对寻找顾客的工作重视不够,只是单纯地坐等顾客上门,结果却使推销业绩逐渐下滑,自信心逐渐地缺失,导致对自己的推销工作表示怀疑,这些都是没有认识到寻找顾客必要性的必然结果。

(1) 寻找顾客,可以不断补充新顾客,稳定顾客队伍

拥有一批忠实的顾客群对于企业来讲固然重要,但谁都不能保证这个队伍的稳定、不流失,老顾客常常会因为种种原因而流失,不断地补充这个队伍就成为推销人员的重要工作内容之一,否则,推销人员会发现,自己的销售额在逐日缩减。就好像一辆载满乘客的公共汽车,乘客不断地到站下车,新的乘客却没有一个上车,相信不久这辆车上的乘客便会空空如也。

(2) 寻找顾客,有利于明确推销目标,提高推销工作效率

寻找顾客的过程,实际上也是一个筛选合格顾客的过程,通过这个过程,剔除掉没有希望、没有条件成为企业顾客的个人或组织,使推销目标更加明确集中,避免"大炮打蚊子"的现象,可以节省推销人员的推销时间和精力、体力,使推销工作成效更高,取得事半功倍的效果。

同步案例 2-1

目标顾客的选择

某企业的一位推销员小张干推销工作多年,经验丰富,关系户较多,加之他积极肯干,在过去的几年中,推销量在公司内始终首屈一指。谁知自一位新推销员小刘参加推销员培训回来后,不到半年,其推销量直线上升,当年就超过小张。对此小张百思不得其解,问小刘:"你出门比较少,关系户没我多,为什么推销量比我大呢?"小刘指着手中的资料说:"我主要是在拜访前,分析这些资料,有针对性地拜访,比如,我对124名老顾客分析后,感到有购买可能的只有94户,根据以往经验,94户中21户的订货量不大,所以,我只拜访73户,结果,订货率较高。其实,我的老顾客124户中只有57户订货。订货率不足50%,但是节约出大量时间去拜访新顾客。当然,这些新顾客也是经过挑选的,尽管订货概率不高,但建立了关系,还是值得的。"从小刘这些话可见,他的成功之处就在于重视目标顾客的选择。

思考:谈谈目标顾客选择的重要性。小刘的做法对你有什么启发?

2.1.2 寻找顾客的原则

2.1.2.1 随时随地寻找顾客

推销人员应该提倡"推销生活化",随时随地都要留意可能成为你的目标顾客的人群,只有千方百计、想方设法寻找顾客,推销人员才能创造突出业绩,应该把寻找顾客作为一种习惯,如在火车上、飞机上、宴会期间、讲座、上班途中等,都应该留意身边的陌生人,他们可能就是你的潜在顾客。

2.1.2.2 妥善运用所有人际关系网络

每个人都有一个基本的人际关系网,这个网是推销人员宝贵的资源,应该加以妥善运用。

① 亲戚:记录下你所有的亲戚关系,你会发现,实际数远远多于你的想象;
② 工作关系:当前及以前你的上司、同事以及其他有工作往来的人;
③ 朋友:包括你的朋友和朋友的朋友;

④ 同学：包括小学、中学、大学的同学、老师、校友等；

⑤ 邻里关系：包括目前或以前的邻居、房东或房客，经常来往的商贩等；

⑥ 社团关系：同乡会、俱乐部等社团组织；

⑦ 其他关系；

⑧ 以上关系的连锁反应，即一个介绍两个，两个介绍四个……不断形成一个源源不断的潜在顾客群。

知识链接 2-1

寻找客户的小诀窍

一般来说，一些统计机构和协会性质的机构，是取得一般性数据库的良好渠道。比如，国家统计局就出售庞大的工商企业名录数据库，其中包括 500 多万企业单位和 700 多万事业单位的名录。

广东的台资企业协会，就掌握着数百家台资企业负责人的联系名录。当然，一套资料购买的价格约为 300 多元人民币。

在各类杂志、报纸和新闻中，经常可以留意到一些企业负责人的姓名，再加上一些小手段，凭借这些线索就可以打探到更为准确的联系数据资料。在这个过程中，注意不要侵权。最有效的方式还是人脉的介绍和转介绍。

销售精英经验谈 2-1

几种寻找顾客的方法

服务业和批发业的客户是明确的，不需要着意去找，可制造业和总代理的销售人员，虽然明白自己所处的行业，客户却不是很明确。特别是新的销售人员，没有客户的积累，需要从头做起，这就需要有一定的寻找客户的方法，下面我就根据自己的经验介绍几种方法。

（1）网络查询法　我们正处在互联网高速发展的时期，在销售中这个工具必不可少。a. 求购信息查询法，就是在 B2B 网站查询求购信息。b. 关键字查询法，也就是通过搜索引擎查询。c. 论坛查询法，也就是通过行业论坛查询，找到论坛中的客户。d. 博客查询法，也就是通过博客文章找到客户。

（2）通讯黄页和行业年鉴查询法　也就是通过各种黄页、年鉴查到企业的经营范围，进一步落实客户。

（3）广告软文媒体收集法　这种方式比较适合经常做广告的行业，比如保健品、药品的原料商可以和保健品药品成品生产商联系。

（4）行业展会收集法　通过行业展会收集客户资料。为节省费用，可发产品宣传单让客户找上门。

（5）主动出击短信收集法　这种方法投资少，客户有兴趣也可找上门。

（6）同行资源渗透法　也就是跟着同行找客户，有同行的地方和同行竞争，争取客户。

以上六种方法，是我营销多年的经验，只有想办法找到客户，才能想办法销售。希望这几种方法，对销售员朋友们有所帮助。

资料来源：业务员网. http://www.yewuyuan.com/bbs/thread-1910349-1-1.html.

2.1.3　顾客资格的审查

顾客资格的审查，是指推销人员对可能成为顾客的每个具体对象进行详尽的考察和分析，以确定该具体对象成为准顾客可能性的大小。顾客资格审查实质上就是对顾客的购买资格进行审核与认定。一般而言,只有那些对产品有真实需求,同时也有货币支付能力和购买决策权的顾客,才能成为现实意义上的顾客,才是合格的顾客。

作为企业合格顾客的人,应该从购买力(money)、购买决策权(authority)、需要(need)三个方面去考察,这就是通常所说的"MAN"法则。该法则具体表述如下。

购买能力	购买决定权	需要
M(有)	A(有)	N(大)
m(无)	a(无)	n(小)

M+A+N：是有希望的准顾客，是理想的销售对象；
M+A+n：可以接触，配以熟练的推销技巧，推销成功还是有希望的；
M+a+N：可以接触，并设法找到具有决定权之人；
m+A+N：可以接触，需调查其业务状况、信用条件等给予融资；
m+a+N：可以接触，应长期观察、培养，使之具备另一条件；
M+A+n：可以接触，应长期观察、培养，使之具备另一条件；
M+a+n：可以接触，应长期观察、培养，使之具备另一条件；
m+a+n：非顾客，停止接触。

下面具体谈谈顾客三个条件的审查。

2.1.3.1 顾客购买需要的审查

推销人员应通过已了解的资料和情况对潜在顾客是否真正需要自己推销的产品，以及他们对推销产品的需要数量做出正确的判断。进行这种判断或评价的目的是避免把顾客不需要的产品推销给顾客。带有欺骗性的、强加于人的推销不仅不符合推销人员的职业道德规范，也违反了推销的基本原则，最终会堵死推销人员的推销之路。

顾客购买需要的审查，主要要从三方面进行。

(1) 考察顾客是否需要

有些顾客需要是显性的，顾客自己很清楚自己的需要；而有些顾客的需要又是隐性的，可能连顾客自己也没有意识到自己的这种需要，这就需要推销人员的引导，诱发顾客认识到该种需要。

(2) 考察顾客什么时候需要

顾客往往对于自己的需要在时间上缺乏足够的认识，这时就需要推销人员来帮助顾客判断需要的时间，促使顾客当场下订单，既可以提高推销工作效率，帮助顾客解决问题，又能够提高推销成功的比率。

(3) 考察顾客需要多少

顾客常常对自己需要的数量模糊或保守，有时甚至因为某方面专业知识的缺失而考虑不周或无法确定购买数量，因此推销人员应该当好顾客的参谋，在购买数量方面为顾客提供可行的建议。

要真实地了解顾客的需要，推销人员就应该做到眼、耳、手、脑并用，善于积累和运用资料，善于观察和思考问题，善于分析问题和解决问题。用以下三种方法分析顾客的需要。

① 需要层次分析：主要审查推销品的档次是否与推销对象相符；
② 需要差异分析：主要审查推销品是否符合顾客的不同需要；
③ 边际效用分析：通过了解顾客对该种商品的持有状况，分析推销品能够给顾客带来的边际效用。

2.1.3.2 顾客支付能力的审查

支付能力是判断一个潜在顾客是否能够成为目标顾客的重要条件。单纯考察需求对于推销人员来说有一定的局限性，因为顾客的支付能力包括现实的支付能力和潜在的支付能力，具有购买需求和现实支付能力的顾客，才能成为企业的现实顾客，这类顾客是推销人员理想的推销对象。当然具有潜在支付能力的顾客，推销人员也不能忽视，因为他们是企业的后备顾客群，是推销人员更加广阔的推销市场。推销人员如果没有对顾客的支付能力进行考察，没有对顾客的资信情况做一个了解，就会付出很多无效劳动，降低推销工作效率，甚至会给企业造成经济损失。

(1) 对组织型客户支付能力的审查

组织类客户由于交易的规模大，涉及的金额多，钱货交易存在时间上的差异，稍有疏忽和不慎，不仅影响到推销效率，还关系到货款能否及时收回的问题，因此组织型客户支付能力的审查就显得尤为重要。组织型客户的支付能力就是客户对其采购的货物按期支付货款的能力。客户的支付能力是推销人员能否按期收到货款的客观基础。

从可操作性讲，推销人员对客户支付能力的审查主要是通过了解客户此项购买的资金来源及到位情况而对客户的支付能力状况做出判断。不同客户单位其资金来源渠道是不同的，不同渠道的资金来源，其支付保障性也有差异。资金到位情况决定了客户是具有现实的支付能力还是潜在的支付能力。

当一项订单的金额与客户业务规模相比属于小额订单时，或可做到钱货两清时，只要观察客户是否有足够的现金维持其正常业务开支就可对客户的支付能力做出判断。但当订单金额太大，以至客户需要专门为该项购买进行预算并在项目进行过程中筹集资金时，或当订单的执行周期较长并分为若干期支付货款时，推销人员就要对客户的支付能力进行专门的调查，既要了解资金的来源，又要了解资金到位的量及其真实性。可以通过其经营情况、求助于银行的资信调查、了解组织的规章制度、了解该组织的其他合作客户等来掌握其支付的可能性。也可以从其主管部门与司法部门了解、通过各种途径从客户内部了解或根据公众信息分析判断等。

(2) 对个人顾客支付能力的审查

由于我国个人消费信贷的范围较小，很多都属于现金交易，所以对个人顾客支付能力的审查主要是考察了解推销品与顾客的需要层次是否相符。可通过个人顾客的职业、受教育程度、住房情况、生活质量、子女求学工作、直系亲属的情况等了解个人顾客的支付能力。

2.1.3.3 顾客购买决策权的审查

在推销过程中，"找对人"是关键的一环，即要找到具有购买决策权的人或决策的核心人物，也就是要向"权力先生"推销，这样不仅可以提高推销工作效率，还能提高推销成交的可能性。在个人顾客购买决策中，推销人员要根据推销品的特点、家庭或购买者个人的特点，来分析判断在购买决策中的各种角色，找到"核心人物"开展推销工作。

在组织类顾客中，决定成交的往往不是一个人，而是一个决策层，在这个决策层中，每个人所起的作用是不同的，推销人员应该明确客户的所有制性质、决策运行机制、决策程序、规章制度、企业自主经营的权限等；还要审查具体人物在购买决策中的地位和角色、权限、声望、威信、人际关系及个人特点等，从而判断购买决策中的关键角色，以增强推销的针对性和成功率。

名家观点 2-1

你必须向那些有购买决策权的人表演推销技能，否则将是有害无益的。因为，如果你的销售对象没有权力说"买"的话，你就不可能卖出什么东西。没有什么比这更令人沮丧的了。当你在一个人面前施展完销售才能时,那个人说"谢谢你告诉我这些事情"或者说"产品不错,您可以向威廉先生宣传宣传,他是我们公司负责采购新产品的",千万不要指望别人为你推销产品,你必须和决策者直接会谈,这是事情的关键。

——推销大师 乔·吉拉德

2.1.4 寻找顾客的方法

2.1.4.1 "地毯式"访问法

"地毯式"访问法又称为普访寻找法、全户走访法。是指推销人员在特定地区内对可能成为企业顾客的组织、家庭进行普遍地、逐一地上门访问的形式,从而寻找并确定准顾客的方法。

这种看似笨拙的方法,却被美国推销人员认为是无往而不胜的成功方法,认为是寻找顾客的方法中最有成效的一种方法。它适用推销生活必需品,也可用于对生产者用户和中间商的推销。

这种方法在推销人员不熟悉推销对象的情况下,不失为一种寻找顾客的有效途径。它是建立在"平均法则"的基础上,假定在所有人当中,一定会有推销人员所要寻找的潜在顾客,这些潜在顾客的数量与访问人数成正比关系。在访问过程中,推销人员可以传播企业及产品信息,调查了解市场状况,对新推销人员还可以增加推销经验,锻炼吃苦耐劳的精神以及正确面对挫折的心理素质。

这种方法的使用有一定的盲目性,成功的可能性较低,容易使推销人员心理上产生挫折感,对意志不坚定的推销人员可能会打击其做推销工作的积极性。由于顾客全无心理准备,推销人员贸然前去访问,会引起顾客的不快和反感。

采用"地毯式"访问法,并不是毫无目标地瞎碰乱撞。在访问之前,推销员最好确定适当的推销范围,根据自己所推销的产品的特性和用途,进行必要的研究和选择。采用"地毯式"访问法的一个关键是要勤快。

2.1.4.2 中心开花法

中心开花法又叫做权威人士利用法,是指推销人员在一定的推销范围内发展具有较大影响力和号召力的核心人物或组织成为准顾客,然后利用这些核心人物的影响与协助把该范围内的其他个人或组织都变成自己的准顾客的方法。

同步案例 2-2

总统与帽子的故事

1960年,当从不戴帽子的约翰·肯尼迪即将入主美国白宫时,美国的帽子制造商和经销商要求肯尼迪"挽救制帽业",请求他在宣誓就职时戴一顶帽子。苦口婆心地劝说结果是肯尼迪仍旧拒绝戴帽子,但他同意到时候"手里拿一顶帽子",这已足以使帽子经销商们大大地松一口气了。

思考:美国的帽子制造商和经销商为什么请求肯尼迪在宣誓就职时戴一顶帽子呢?

利用中心开花法寻找客户,关键在于两点:一是要取得中心人物的信任和合作,使他们相信推销员的推销人格和所推销的产品;二是要选择顾客心目中的中心人物,若选择不当,可能会造成推销失误和损失。

2.1.4.3 连锁介绍法

连锁介绍法也叫做无限连锁介绍法,就是推销人员请求现有顾客为其介绍未来可能购买同种商品或服务的准顾客,以建立一种无限扩展式"顾客链条"。在推销过程中,连锁介绍法利用顾客的关系网,使推销人员单枪匹马的推销活动变成广大顾客本身的群众性活动,使推销工作具有坚实的群众基础,避免了推销人员主观判断的盲目性,可以赢得被介绍顾客的信任,推销的成功率较高。研究表明,由潜在顾客的亲朋好友及其他熟悉的人向其推销产品,影响力高达80%;向由现实顾客推荐的新顾客推销比向没有人推荐的新顾客推销,成功率要提高3~5倍。

连锁介绍法的最大优点是:针对性强,成功率高,成本费用低,可以避免推销人员工作的盲目性,使推销活动的效率提高。

连锁介绍法的缺点是:由于推销人员不可预知现有顾客能介绍哪些新顾客,因此难以做事先准备和安排,有时会打乱整个访问顾客的计划;再加上现有顾客并没有为推销人员介绍新顾客的义务,较易造成推销人员工作局面的被动。

名家观点 2-2

每一个新顾客都可能是一座金矿,最初的销售,无论怎样令人激动,也只是个开始。每个顾客,严格地说是你发展起来的主顾,可以成为一连串顾客的基础,它可以如几何图形般地发展起来,你必须赢得这些人。最优秀的推销员就是靠此而成功的,他们80%的销售额是来自这些顾客的帮助或再次成交。你的生意越大,就越要关注给予顾客的服务质量。在已尝到了成功的甜蜜后,很快又陷入困境的人,往往是在销售之后忽视顾客的人。

——美国寿险推销大王 乔·坎多尔弗

2.1.4.4 资料查询法

这是一种通过查阅各种信息资料获取准顾客的方法。推销人员可利用的资料有企业内部资料和企业外部资料。

企业内部资料有:企业财务账目、服务部门的维修记录、销售部门的销售纪录等。

企业外部资料有:电话簿、产品目录、工商企业名录、各类统计资料、信息书报杂志、各类广告及公告、政府及各级主管部门可供查阅的资料等。

资料查询法的优点是:利用查阅资料的方法寻找客户,可以减少寻找客户的盲目性,节省寻找的时间和费用;推销人员可以通过阅读相关资料对潜在客户进行了解,为推销访问做好准备;成本较低,比较可靠。

资料查询法的缺点是:大部分资料是经过整理后公开发布的,时效性差,加之有些资料内容简略,信息容量小,使这种寻找顾客的方法有一定的局限性。

同步案例 2-3

业绩两重天

有两位年轻的推销人员,小张和小李。

小张每天辛苦工作,很注重从报纸上寻找信息,积累了很多公司的名称和地址,然后便兴奋地跑过去,这些企业都是一些小企业,小张的拜访记录里甚至没有这些企业负责人的名单,从公司到推销目的地车程都在一小时以上。两个月过去了,小张没有得到一张订单。

小李则很幸运,他在一个客户那里发现了一个通讯录,上面有某市所有参加过MBA培训班的经理人的手机号码和公司地址,加起来有500人之多。他还在一个小区内发现了业主联合会的名单……于是他每天很轻松地拜访五位客户,居然能够保证每个月四万多元的资讯产品销售收入,提成有六千多元!不仅如此,公司还给了他一次四千元的公费旅游机会!

思考：你认为还可以通过哪些资料找到潜在顾客？

2.1.4.5 广告开拓法

广告开拓法也称广告吸引法，是指推销人员利用各种广告媒介传播信息，再通过反馈情报有针对性地寻找准顾客的方法。

乔殿元的广告效应

辽宁省新民县营子村帆布厂厂长乔殿元开始办厂的时候，产品没有销路。他到上海、广州等地进行推销，花了大量的钱，浪费了很多时间、精力，产品还是销售不出去。后来，他在《市场报》上刊登了一则招聘信息员的广告。不到两个月，省内外就有200多人来函应聘。乔殿元从中挑选了一批信息员并及时把产品说明书和所需原材料情况等资料寄给他们。很快，很多厂商来电、来函、来人进行业务洽谈，乔殿元取得了销售的主动地位，后与内蒙古霍凌矿供应处满意成交。

思考：乔殿元是如何利用广告效应进行推销活动的？

广告开拓法的优点是：使用起来简便、灵活，信息传递速度快；有的媒体费用比较低，能为企业节约大量的人力、物力和财力。

广告开拓法的缺点是：需要支付广告费用，针对性和及时反馈性不强。由于现在社会正处于"广告爆炸"的年代，许多客户对广告产品已经熟视无睹，甚至产生了逆反心理，这样会极大地影响广告宣传的效果。

2.1.4.6 委托助手法

委托助手法是指推销人员通过委托聘请的信息员或兼职推销员等有关人士寻找顾客，以便自己集中精力从事实质性推销活动的一种方法。这些接受雇佣、被委托寻找顾客的人士通常被称为"销售助手"或"猎犬"。

乔·吉拉德的猎犬计划

世界著名的推销大王，创吉尼斯世界纪录的美国历史上最伟大的汽车推销大王乔·吉拉德曾推销过13000多辆汽车。乔认为，干推销这一行，无论你干得多好，别人的帮忙总是有用的。乔做成的很多生意都是由"猎犬"（那些会让别人到他那里买东西的顾客）帮助的结果。乔的一句名言就是"买过我汽车的顾客都会帮我推销"。

在生意成交后，乔总是把一叠名片和猎犬计划说明书交给顾客。说明书告诉顾客，如果他介绍别人来买车，成交之后，每辆车他会得到25美元的酬劳。几天之后，乔会寄给顾客感谢卡和一叠名片，以后每年他至少寄一封附有猎犬计划的信件，提示顾客自己的承诺仍然有效。如果乔发现顾客是一位领导人物，其他人都会听他的话，那么乔会更加努力促成交易并设法让其成为"猎犬"。实施猎犬计划的关键是守信用——一定要付给顾客25美元。乔的原则是：宁可错付50个人，也不要漏付一个该付的人。

猎犬计划使乔的收益很大。1976年猎犬计划为乔带来了150笔生意，约占交易的三分之一。乔付出1400美元的猎犬费用，收获了75000美元的佣金。

思考

① 委托助手法对于推销员而言，作用体现在何处？

② 委托助手法的开展中，我们要注意什么问题？

采用委托助手的关键在于助手人选的确定。助手既要热心推销工作，又需要具有相关的专业知识，而且费用不能太高。一般来说，可以委托参加社会实践与推销实习工作的大专院校学生做推销助手。

推销助手法的优点是：可以节约推销人员的时间和精力，减轻推销人员的工作量，节约推销费用，提高经济效益。

推销助手法的缺点是：在实际推销工作中，理想的推销助手往往难以找到；再有，推销人员的推销业绩在很大程度上取决于推销助手的密切合作，如果推销人员与推销助手之间配合不力，或者推销助手同时兼职几家同类公司，往往容易泄漏商业机密，势必使推销人员处于被动的状态，不利于本公司产品的市场竞争。

2.1.4.7 个人观察法

个人观察法也称市场观察法，是指推销人员在潜在顾客经常活动的场所，通过对在场人员行为的观察和判断，来确定谁是准顾客的方法。

个人观察法运用的关键在于推销人员的职业素质。潜在顾客无处不在，有心的推销人员随时随地都能找到自己的准顾客。例如，有的推销人员整天驾驶着一辆新车在高档住宅公寓旁边的道路上转来转去，寻找旧汽车。当发现一辆旧汽车时，就想方设法与旧汽车的主人取得联系，将其视为自己的准客户。推销人员在利用观察法开拓市场时，不仅要积极主动，而且要耳、目、心并用，要善于察言观色，根据以往的经验来准确地做出判断。

个人观察法的优点是：可以培养推销人员的观察能力，有利于推销人员积累宝贵的推销经验，掌握直接面对顾客的推销技巧；由于推销人员深入市场进行观察，所以有利于推销人员把握市场动态和发展趋势，及时了解顾客的需求偏好，为企业调整产品结构提供第一手资料。

个人观察法的缺点是：仅凭推销人员的观察、分析来判断谁是理想的准顾客有时是不准确的。大多数顾客对唐突来访的推销人员都有一定的戒备心理，他们对购物过程中或日常生活中的推销类访问大都持反感态度，因此，对推销人员来说，个人观察法的成功率不高。

名家观点 2-3

一名优秀的推销员要学会随时随地搜集和调查周围潜在的客户，不能盲目行动，也不可犹豫不决，机会稍纵即逝，所以看准目标后就要马上行动。只有不断寻找机会的人，才能及时把握住机会。

——日本推销之神 原一平

2.1.4.8 网络寻找法

网络搜寻法就是借助互联网寻找潜在顾客的方法。它是信息时代的一种非常重要的寻找顾客的方法。与传统方法相比较，网上寻找顾客具有以下几个优点。

① 成本低，效率高；
② 方便供需双方互动；
③ "推"、"拉"兼备；
④ 可以在更大范围内寻找顾客；
⑤ 可以让产品说明声情并茂，吸引顾客的注意力。

除以上介绍的几种常用的寻找顾客的方法外，还有一些其他的方法，如宣传报道法、会议寻找法、电话寻找法、行业突击法等。无论何种方法都有其长处和特点，也有其不足，这就要求推销人员在实际推销活动中结合实际、勇于创新，大胆摸索出一套行之有效的寻找顾客的方法为己所用，做到取长补短，灵活运用。

➤ **决策与计划**

明确任务内容及要求，制定任务完成计划，完成过程中做好记录，准备陈述交流。

➤ **任务实施**

任务一

实训活动：制定寻找顾客方案。

活动目的：体会寻找顾客方法的运用，学会管理顾客信息，建立顾客数据库。

活动过程：

能够根据不同行业、不同产品选择寻找顾客的方法，能对顾客信息进行筛选和分析。

1. 确定每组所销售的产品，制定一个寻找顾客的方案，包括方法、范围和表格的设计。（要求：小组间选择不同行业的产品，如房地产、机械设备、药品、汽车、快速消费品行业等）
2. 至少用三种以上的方法寻找该产品的潜在顾客。
3. 各组将寻访顾客信息制作成顾客资料卡，建立顾客档案。
4. 小组间交流实训过程及结果。

任务二

课堂活动：销售健身俱乐部会员卡（可以和当地知名健身俱乐部合作）。

活动目的：潜在顾客并非稀缺，树立对销售工作的信心。

活动过程：

1. 了解当地健身俱乐部市场的大体状况。
2. 通过多种途径了解其经营项目、设备、服务情况和各种会员卡的价格。
3. 各小组集体讨论，分析市场状况，制定行动计划。
4. 小组间交流寻找顾客的方案（即健身俱乐部会员卡销售计划）。

➤ **检查评估和反馈**

1. 检查学生工作任务是否完整完成？
2. 学习目标是否达成？相关能力是否有所提高？
3. 按照评估标准评估任务完成情况并记录成绩。
4. 教师对任务完成过程及结果进行点评，对重点问题及普遍问题作出说明。

2.2 约见顾客

相关资讯

目前，随着通讯科技的发展，交流沟通的方式越来越多，如电话、邮件、QQ、MSN等，但任何一种方式的沟通也代替不了面对面的沟通，尤其是一些金额比较大的产品，必须要以面对面的沟通来完成销售，这就需要我们能有效地走好第一步——约见客户。约见顾客是推销工作中的重要环节，是指推销人员事先征得顾客同意会面的行动过程。通过约见，推销人员才能成功地接近准顾客，顺利开展推销面谈。

2.2.1 约见的意义及准备

2.2.1.1 约见顾客的意义

（1）可以增加接近顾客的机会

客观地讲，每个人都有自己的事情要做，任何人都不可能随时处于接待状态。因此推销人员一定要注意：推销产品，要事先约见顾客。一般情况下，只要顾客同意见面，接近与洽谈的机会就很大。

（2）有利于推销人员顺利地开展推销洽谈

事先征得顾客同意约见，首先可以使推销人员初步赢得顾客的信任与支持。其次，也可以使得洽谈双方事先做好充分的准备。

（3）有助于推销人员客观地进行推销预测

推销人员事先约见潜在目标顾客，确定拜访的时间、地点，通过这样的首次接触，推销人员可以对潜在目标顾客的性格、特点、爱好等做进一步的推测和了解，从而能对推销面谈中顾客可能提出的异议做出接近实际的预测。

（4）有助于推销人员节约时间和精力，提高推销效率

约见顾客能避免推销人员扑空。推销人员的每一分钟都是十分宝贵的。事先约见顾客，就可以合理安排推销时间，紧紧抓住每一个推销机会，提高推销工作的效率。

2.2.1.2 约见前的准备

推销人员要想赢得主动，就必须在每次拜访顾客前或在每笔业务洽谈前，做好充分的约见准备工作。

 销售精英经验谈 2-2

由于集团购买的特性，标的高，做成一笔是一笔，所以，在约见客户之前，有必要进行一次乃至数次的调查，对客户的基本情况有所了解。要搞清楚，他们最喜欢什么和最反感什么，知道这两点，在谈判时就不会处于下风。自然，能够约见到客户共进一次便宴，那是再好不过的事情，可以把陌生感完全消除，与未来的客户建立友谊，既然感情能够那么融洽，下一次的生意就容易多了。

约见的准备工作主要包括以下内容。

（1）深入分析顾客的有关资料，做到知己知彼

一般来说，推销人员要了解、分析顾客所在行业的状况和使用商品的状况，以及所在经营区域的市场潜力等。只有在充分了解这几个方面的情况下，才能制定出科学的销售策略（如决定顾客的拜访顺序和拜访频率、对不同行业的接触方法、对竞争产品的应对策略等）和合理的销售计划。

（2）关注所要拜访的顾客的需求

满足顾客需求是推销工作的宗旨。在做推销访问前，推销人员应站在对方的角度向自己多问问与销售有关的问题，设身处地地为顾客着想，这是拜访前准备工作的重点。

（3）找出买卖双方的共同点

推销人员在安排洽谈时间、拟定推销要点、制定业务洽谈计划时，都要以买卖双方的共同点为前提，否则将一事无成。

（4）对洽谈所要达到的目标进行分析，要求具有层次性

推销人员在确定洽谈所要达到的目标时，既要有主要目标，也要有次要目标；既要考虑目标的科学性，又要使目标具有一定的弹性，留有余地。首先要尽力实现主要目标，当主要目标不能被顾客接受时，切莫形成僵局，而是要当机立断，做出某些妥协和让步，并推出次要目标。这样，一定程度上可以防止推销人员在达不到主要目标的情况下放弃推销机会。

（5）对潜在顾客进行再识别

根据购买欲望和购买能力，可将潜在顾客分为三种：有购买欲望者、有购买能力者、既

有购买欲望又有购买能力者。在进行约见准备时，推销人员应对潜在顾客进行再识别，只有重点对购买欲望和购买能力同时具备的人发动攻势，才能收到预期的效果。约见前的准备工作还可以弥补顾客资格审查过程中的疏忽，增加推销活动的效率及安全性。

2.2.2 约见顾客的内容

约见工作的基本内容就是要确定约见对象、明确约见目的、安排约见时间和选择约见地点，也就是要确定"4W"。

2.2.2.1 确定约见对象（who）

这里的约见对象指的是对购买行为具有决策权或对购买活动具有重大影响的人。推销人员首先要弄清楚约见的对象究竟是谁。推销人员应设法约见决策人及对决策权有重大影响的人，避免在无决策权或无关的人身上浪费时间。同时推销人员还得想到，若要成功约见推销对象，还要善待推销中的"第三者"——接待人员或其他相关人员，他们从中扮演着"把门人"的角色，推销人员应该尽可能征得接待人员或其他相关人员的支持和帮助，才有可能顺利地约见推销对象。

同步案例 2-6

谁有决定权

一名江西推销员与湖北某电器公司的购货代理商洽谈业务，时间过了半年多，却一直没有结果。他百思不得其解，于是他怀疑自己是在与一个没有决定权的人士打交道。为了证实自己的猜疑，他给这家机电公司的电话总机打了一个匿名电话，询问公司哪一位先生负责购买电器订货事宜。他从侧面了解到把持进货决定权的是公司的总工程师，而不是那个同自己多次交往的购货代理商。

思考：在推销过程中，对于推销对象的确定，要注意什么问题？

2.2.2.2 明确约见理由（why）

任何人都不会接受没有理由的约见。约见顾客要有充分的理由，使对方感到约见的必要性和重要性。推销约见的目的虽然都是为了推销商品或服务，但具体到每一次访问约见的目的却有所不同，这要视推销活动的进展程度与具体情况而有所区别。约见的理由大概有以下几种：推销商品、市场调查、提供服务、走访客户、签订合同、登门求教、赠送样品、收取货款等。

2.2.2.3 确定约见时间（when）

约见顾客的主要目的之一就是与其约定一个面谈的准确时间。访问时间是否恰当，直接关系到整个推销工作的成败。

在确定约见时间这个问题上，应注意以下问题。

（1）尽量尊重顾客的意见，考虑到顾客的方便。

（2）根据访问目的来选择约见时间，以有利于达成访问目的为准。如，如果访问目的是收回货款，就应在明确客户账户资金到位的时间访问；如果访问目的是做市场调查，就应在市场行情变化较大、竞争对手推出新产品或新的营销活动之时进行拜访。

（3）根据访问对象的特点确定访问时间。如，当顾客为会计师时，访问的时间最好不要安排在月初或月尾；如果顾客为教师，拜访时间最好是下午4点左右放学以后；如果顾客是行政人员，则上午10点后到下午3点之间的时间较为合适。

总之在确定约见时间问题上的原则是：在约见的时间问题上，应在尽可能满足顾客要求的前提下，确定一个确切的时间，并且守信、守时，最好坚持每次都比约定时间提前5分钟到达约定地点。同时，以"二选其一"的指导思想确定时间，如"李先生，我什么时候拜访您方便呢？"与"李先生，我这个月20号上午10点还是21号下午4点钟来拜访您好呢？"同样是约定时间，前者顾客随时都可以"最近我都没有时间，以后再说吧！"一句话给推辞掉，推销人员很被动；而后者推销人员处于主动地位，若顾客一时反应不过来，便很有可能在给出的两个时间中选择一个，从而达到确定约见时间的目的。

> **知识链接 2-2**
>
> **约见客户的最佳时间**
>
> 下面几种情况，可能是推销人员最佳拜访约见客户的时间。
> ① 客户刚开张营业，正需要产品或服务的时候；
> ② 对方遇到喜事吉庆的时候，如晋升提拔、获得某种奖励等；
> ③ 顾客刚领到工资，或增加工资级别，心情愉快的时候；
> ④ 节假日之际，或者碰上对方厂庆纪念、大楼奠基、工程竣工之际；
> ⑤ 客户遇到暂时困难，急需帮助的时候；
> ⑥ 顾客对原先的产品有意见，对你的竞争对手最不满意的时候；
> ⑦ 下雨、下雪的时候。
>
> 在通常情况下，人们不愿在暴风雨、严寒、酷暑、大雪冰封的时候前往拜访，但许多经验表明，这些场合正是推销人员上门访问的绝好时机，因为在这样的环境下前往推销访问，往往会感动顾客。
>
> 资料来源：李海琼.现代推销技术.杭州：浙江大学出版社，2004.

2.2.2.4　确定约见地点（where）

约见的理由、对象不同，约见地点也应有所不同，其基本原则是方便顾客，有利于推销。约见地点可以是顾客的办公室、家庭、社交场所、公共场所等。

2.2.3　约见顾客的方法

常见的约见方法有以下几种。

2.2.3.1　电话约见

推销人员利用电话约见，具有迅速、方便、经济等特点，所以被广泛采用。但由于通电话只闻其声，不见其人，当顾客对推销人员缺乏了解时，容易因不信任而予以拒绝，所以必要时也可以采用一些补充手段，如先函寄有关产品、企业的资料后，再进行电话约见。在电话约见时要做到：时间要短、语气平稳、语言简练、吐字清楚、用词恰当、理由充分、重点突出、尊重顾客，要让对方充分表达自己的意见，一般情况下应坚持主动拜访顾客，一旦因推销品笨重，顾客又需亲自观看，而要求顾客前来时，更要注意语言的得体。

> **同步案例 2-7**
>
> **一次成功的电话约见**
>
> 业务员："陈先生吗？您好！我姓秦，是某公司的业务代表。您是成功人士，我想向您介绍……"
>
> 陈先生直率地说："对不起，秦先生，您过誉了，我正忙，对此不感兴趣。"说着就挂断了电话。

小秦放下电话，接着又打了半个小时，每次和客人刚讲上三两句话，顾客就挂断了电话。

张经理问他："小秦呀，你知道为什么顾客不肯和你见面吗？"

小秦心想：约见顾客难，大家都知道，我约不到，有什么稀奇。

张经理见他不吱声，便告诉小秦："首先，你应该说明来意，是为会面而打电话的。其次，捧场话讲得太夸张不行。你开口便给对方戴了个'成功人士'的大高帽，对方会立即产生一种反感。和陌生人见面，太露骨的奉承令人感到你是刻意推销，也容易给人产生急功近利的感觉。最重要一点，打电话是方便我们约见顾客。你要'介绍'产品，见面是最佳途径。隔着'电线'，有些事是说不透的。就算顾客愿意买，难道能电传支票给你吗？"

张经理说完，亲自示范给小秦看。

"李先生，你好，我姓张。我们没见过面，能和您谈一分钟吗？"他有意停一停，等待对方理解了说话内容并作出反应。

对方说："我正在开会。"

张经理马上说："对不起，那么我半个小时后再给您打电话好吗？"

对方毫不犹豫地答应了。

张经理对小秦说，主动挂断和被动挂断电话的感觉是不一样的，尽可能主动挂断，这样可以减少失败感。

半个小时后，张经理再次接通电话说："李先生，您好，我姓张。您叫我半个小时后来电话……"他营造出一种熟悉的回电话的气氛，缩短了距离感。

"您是做什么生意的？"

"我是某某公司的业务经理，是为客人设计一些财经投资计划……"

李先生借口说："教人赌博，专搞诈骗？"两人都笑了。

"当然不是，"张经理说，"我们见见面，当然不会立刻做成生意，但您看过资料后，印象会深些，今后你们有什么需要服务的，一定会想到我啊。"

李先生笑了笑，没说什么。

"这两天我在您附近工作，不知您明天还是后天有时间？"张经理问。

"那就明天吧。"

"谢谢，李先生，上午还是下午？"

"下午吧，四点。"李先生回答。

"好，明天下午四点钟见。"张经理说。

听完电话交流过程，小秦禁不住暗暗敬佩张经理，对电话约见顾客也有了更深层次的理解。

思考

① 小秦电话约见失败的主要原因是什么？
② 谈谈张经理示范电话约见的主要要点有哪些？
③ 在电话约见过程中应注意哪些问题？

资料来源：邱少波主编. 现代推销技能. 上海：立信会计出版社，2005.

知识链接 2-3

电话约访的拒绝处理

在电话约访的过程中，会碰到对方回绝你的情况，这时你要如何去应对，才能既不伤及对方的面子，又能把话题继续下去呢？其实，你只要按以下的方法去讲，就会很容易地达到面谈的目的。

第一步，要肯定对方的回绝；
第二步，一定要提到推荐人；
第三步，赞美对方；
第四步，将谈话拉回主题；
第五步，抛出一个选择问句，让对方做出抉择。

示例：处理对方回答"没时间"。

"是的，王大哥他特别跟我提过，说你事业有成，平时都非常忙，把时间安排得紧凑。所以为了不耽误你的事情，叮嘱我在与你见面之前，一定要打电话给你。你放心，我不会占用你太多时间，只要你给我二十分钟，我会给你一个有前景的事业，你看是星期三还是星期四方便呢？"

2.2.3.2 信函约见

信函约见的方法使用灵活、费用低廉，信息交流渠道容易沟通，并容易直接传入目标顾客手中，便于约见，因此被广泛采用。由于信函是借助文字进行信息传递，推销人员更要注意信函内容的真实性和艺术性，尽量做到传递信息的准确、真实。约见信函要以强调顾客利益为中心，以情取胜。约见信函文字要简明扼要、重点突出、言辞恳切、文句生动。使顾客阅后对来信产生浓厚的兴趣和高度的注意，由此产生乐于约见的兴致。

2.2.3.3 当面约见

当面约见是推销人员与顾客面对面约定见面的时间、地点、方式等事宜的方法。这种约见简单易行，极为常见，是一种较为理想的约见方式。

同步案例 2-8

一个推销员的面陈请求

"杨总工程师，我是上海仪器仪表公司的推销员。今年我们公司试制开发了一种质量控制仪，专供丝绸纺织行业的厂家使用，目前全国已经有18个省市200多个厂家采用。他们反应使用效果很好，可以减少次品率15％以上。其安装简单，使用方便。因此，我很想把这种质量控制仪推荐给你们厂家，现在您能否抽出半个小时，让我给您详细介绍一遍？"

思考：这个推销员是如何达到约见目的的？

2.2.3.4 委托约见

委托约见是指推销人员委托第三者（如：推销人员委托顾客的朋友、同学、亲戚、领导约见顾客）约见准顾客的一种方法，简称托约。

从现代推销学理论上讲，任何借助他人约见顾客的方法都属托约范畴，如委托第三者转交约见信函、便条或代传电话、口信等。除此之外，其他约见方式都属自约。托约中的第三者称转约人（或被托人、受托人），转约人一般都是与访问对象本人有一定社会联系或社会交往的人，尤其以与访问对象关系密切的人员或对其有较大影响的人士最为合适。

与自约相比，托约较易达到约见顾客的目的，有利于顺利接近顾客，开展推销面谈。受托人与访问对象的关系愈密切，约见的效果就愈好，便愈容易得到对方首肯。但是，如果被托人与约见对象关系一般，则不易引起重视，而且被托人有时会将转约一事遗忘，或不负责任而造成误约，这些都是托约的不足之处。

2.2.3.5 广告约见

在约见对象不明确或太多的情况下，推销人员可利用各种传播媒介进行广告约见。即使约见个别对象，在短时间内无法找到的情况下，也可以利用广告约见。比如，在报纸上刊登一则约见启事，或在电视中播放一个约见广告等。广告约见，可作为一种应急手段及时约见准顾客，覆盖面广，效率高，但其针对性较差，在约见对象少的情况下，会增加约见的平均费用，如果媒介选择不当，将会造成巨大浪费。

总之，推销人员采用的约见方法无论有多大差别，其目的、原则都是一样的。推销人员应根据具体的人和事，因时因地灵活采用一种或是几种方法，甚至自己创造出新的方法来达到目的。

➢ 决策与计划

教师布置并说明工作任务，小组集中讨论，熟悉任务内容，做好组内分工，制定任务完成计划。

➢ 任务实施

任务一

课堂活动：电话约见。

活动目的：确定约见目的，实现约见目标。

活动过程：

1. 背景材料：你是东风特汽（十堰）客车有限公司驻当地的销售代表，你得到一条消息，当地新成立了一家宏达运输公司，主要从事市内到郊区的客运业务，他们可能需要一批新客车，你通过电话黄页找到了他们的联系电话。

2. 通过网络或者走访当地相关人士，了解并熟悉东风特汽（十堰）客车有限公司产品情况。

3. 各小组进行分析讨论，确定约见方案。然后请两位同学，分别扮演客户和销售人员，看销售人员是如何进行与客户的第一次电话接触的。每一对表演者限时5分钟。其他同学为观察者。

4. 小组间相互点评，教师综合点评。

任务二

课堂活动：约见前准备及约见方法训练。

活动目的：理解约见准备工作的重要性，熟练运用约见方法实现客户约见。

活动过程：

1. 背景材料：你所在公司获悉当地某高校新建成实验大楼，最近准备通过招标方式采购近百万元教学实验设备，其中包括50万元的多媒体设备。你公司在多媒体设备业内知名度较高，产品技术性能优越。假如你是该公司的销售人员，为成功中标，你认为需要约见谁？约见前需做哪些准备，如何实现？

2. 各小组进行研讨分析，走访相关部门、人员，了解并熟悉多媒体产品，制定约见方案。

3. 小组间陈述交流约见方案，并模拟演练约见过程。

➢ 检查、评估与反馈

1. 上交文字材料，检查学生工作任务是否完整完成。

2. 通过任务的完成，学习目标是否实现？学生能力有哪些提高？

3. 按照评估标准评估每位学生工作态度、工作质量情况。

4. 整理并保存各位学生的策划方案，作为平时考核依据。

2.3 接近顾客

相关资讯

约见顾客之后，推销工作就进入了下一个阶段——推销人员直接接近顾客的阶段。所谓推销接近就是指推销人员按照约定的时间、地点会见访问对象。通过接近，推销人员与顾客就能在空间上缩短距离、在感情上消除戒备。

曾任美国总统的里根，不仅是位卓越的总统，也是一位伟大的沟通家，他说："你在游说别人之前，一定要先减除对方的戒心。"接近是从"未知的遭遇"开始的，任何人碰到从未见过面的人，内心深处总是会有一些警戒心，相信人人都不例外。

名家观点 2-4

接近客户，不是一味地向客户低头行礼，也不是迫不及待地向客户说明商品，这样做反而会引起客户逃避。我刚进入企业做销售时，我只会销售汽车。因此，在初次接近客户时，往往都无法迅速打开客户的"心防"。在无数次的体验揣摩下，我终于体会到，与其直接说明商品不如谈些有关客户太太、小孩的话题或谈些乡里乡间的事情，能否让客户喜欢自己才真正决定着销售业绩的好坏。因此，接近客户的重点是让客户对一位以销售为职业的业务主管抱有好感。

——日本丰田公司 神谷卓一

2.3.1 推销接近应在三个方面下工夫

所谓推销接近，是指推销人员为进行推销面谈，对目标顾客进行的初步接触或再次访问。推销接近这个环节在整个推销过程中占很短的时间。专家经过研究认为，每次推销接近时间平均约为 15 分钟。但这个环节占有十分重要的地位，它决定着是否能够顺利进入洽谈阶段。没有接近就没有推销。推销接近能否成功，直接关系到推销目标能否实现。

推销接近目的的达到，要在三个方面下工夫。

2.3.1.1 唤起顾客的注意

引起顾客的注意是推销接近的首要目的。由于各方面的原因，当推销人员如约拜访顾客时，顾客可能正忙于别的事务，注意力分散；或在推销人员向顾客介绍商品时，有外来干扰分散了顾客的注意力。这时推销人员可以从两个方面吸引顾客的注意。

① 用简明的语言揭示顾客的需要，从物质利益上吸引顾客。
② 有意识地向顾客提出某一问题，让顾客思考，以排除干扰，吸引顾客的注意力。

2.3.1.2 引起顾客的兴趣

顾客能否产生兴趣，主要取决于顾客能否清楚地认识到接受推销员的商品或服务后会得到某种好处。

2.3.1.3 采用语言技巧

具有技巧的语言，可轻松地使顾客自然地和自己把话题转入洽谈阶段，而没有"脱节"或"痕迹"。接近顾客的全部目的都是为洽谈的顺利进行打好基础。

销售精英经验谈 2-3

做好销售接近应做好的基本功

1. 练好口才——在陌生人面前打开你的嘴
① 将要讲的话全部写出来，不断地加以修改，使之精炼。
② 将写好的说辞再熟读、熟记。
③ 练习表演。
2. 每天结交新朋友——锻炼自己的勇气和交际能力
原则：不可存有因要做生意而去结识朋友的心态，你的目的是告诉人家你是要和人家交朋友的，至于销售，六个月以后再说吧。

2.3.2 接近顾客前的准备工作

俗话说：准备十分，业绩百分。为更好地了解顾客，为推销洽谈做好各方面准备，使推销人员在推销洽谈阶段做到心中有数，找到洽谈的切入点，避免因为对顾客的不了解出现不应有的问题，影响洽谈结果，推销人员必须重视接近顾客前的准备工作。

日本经济社以616名推销员为对象，就推销时间分配所做的调查表明：日本推销人员每天工作时间为9小时30分钟，其中收集新顾客资料的时间为1小时49分钟，占19%；美国推销人员每天工作9小时22分钟，其中收集顾客资料等所花费的时间高达34%。

知识链接 2-4

推销业绩与接近准备正相关

美国大西洋石油公司的一份调查资料显示：在交通、时间等条件相同的情况下，业绩优秀的推销人员用于接近准备的时间占全部推销活动时间的21%，而表现一般的推销人员用于接近准备的时间只占全部推销时间的13%，两者相差8%。这说明准备工作与推销业绩是有相关性的。

2.3.2.1 个人顾客推销接近前的准备工作

(1) 顾客姓名

推销人员在接近准顾客前，应尽可能地记住顾客的姓名与正确的读音、写法。否则，不仅会笑话百出，而且会引起顾客的反感。每个人对自己的名字都非常敏感，在与顾客接触过程中，应经常称呼顾客的名字，如某先生、某女士、某经理等。

(2) 年龄

不同年龄的人会有不同的个性差异和需求特征，因而会有不同的消费心理和购买行为。在接近顾客之前，推销人员应采取合适的方法和途径了解该顾客的真实年龄，便于分析、研究、把握顾客的消费心理，制定推销接近策略。如果能够知晓顾客的生日，则可根据业务情况，在顾客生日送上生日祝福，则能够拉近与顾客的感情。

(3) 性别

在接近一个准顾客时，应该了解到对方是男是女，从而制定不同的推销方案，用不同的方法与策略接近顾客。尤其不能望文生义地从姓名、职业、职位主观地判断其性别。

(4) 相貌特征

推销人员在接近准备阶段，应了解准顾客的音容、相貌、身体等重要特征，最好能拥有一张顾客的近期相片。人的体形与相貌总是反映着人的健康状况、性格特征、内在气质甚至文化修养、品质情操的。掌握了顾客的身体相貌特征，既可避免接近时出错，又便于销售人员提前进入接近阶段。

(5) 职业

随着社会经济的不断发展，人们从事不同职业的自由度大了，而且逐步形成了职业间的差异。有些职业的从业人员在价值观念、生活习惯与作风、购买行为、消费内容与方式和消费质量等方面，都有着比较明显的区别。

(6) 籍贯

了解顾客的出生地、成长地的关键是了解顾客的生活大致经历。中国人向来看重地缘关系，俗话说"老乡见老乡，两眼泪汪汪"，怀念乡土是人之常情。在推销中若能利用同乡关系与顾客攀亲交友，发展人际关系，对接近顾客大有裨益。其中，顾客爱人的籍贯也应注重，因为我国还有"半个老乡"的说法。

销售精英经验谈 2-4

别把推销变成"骚扰"

一个优秀的推销人员必须同时是一个优秀的调查员。你必须去发现、追踪和调查，直到摸清客户的一切，使他感到在 10 年前你就是他的老朋友。这样，当你踏进客户的办公室时，面对一切你都会游刃有余，能在最短的时间内缩短你与他们之间的心理距离。但是，现在许多推销人员经常毫无准备地走进一个个他一无所知的单位；他随便叩开一个部门的房门，生硬地问一句："请问负责业务的是哪位？"或者"我想向贵单位推销一种产品，请问是哪个部门负责？"这种推销与其说是工作，还不如说是"骚扰"！这种推销会有人接受甚至欢迎吗？可能在他还没有见到专门的负责人之前，就早已被不胜其烦的小姐或先生"扫地出门"了。

(7) 学历（顾客所毕业的中学、就读哪所大学、学的什么专业等）

学历应包括顾客的最高学历资料、技术职称等级等。最高学历，既可成为推销人员接近顾客、赞美顾客的背景，又是寻找共同话题的突破口。人们以自己的知识与经验而自强自立。如果推销人员轻视这些，将给推销工作带来不可逆转的损失。

知识链接 2-5

（一）与顾客"同步"

人际沟通有三个要素：话题、语调和身体语言。那么如何发挥各个要素的作用，提高沟通的效果呢？要领就是模仿，通过投其所好、制造和谐气氛达到沟通目的，应尽可能与沟通对象保持一致。说白些就是对方习惯用什么方式，你就用什么方式配合。

1. 话题模仿

谈顾客感兴趣的话题，尊重顾客的想法与看法，形象地说，就是"对准频道"。每一个人都有一个最喜欢的频道，只有你发送的信息对准了这个频道，他才能接收，才能引起共鸣。如果顾客喜好炒股，你跟他谈篮球，他信基督，你谈伊斯兰，他马上会对你没兴趣，你就很难再向他推销产品了。"酒逢知己千杯少，话不投机半句多"，说的就是这个道理。

2. 语调、风格模仿

语调模仿的作用，在于有意识地创造一种感情融洽的气氛，以便对方更好地接受你。语调包括说话的语气、声调、声音大小和语速快慢。风格模仿要求我们说话时，遣词用句、说话的气度、做派等方面要与对方的情况相配合。如果对方说话慢、声音低，你说话快、声音大，不模仿是怎么也谈不到一块的。再比如：为什么两个人吵架可以越吵越激烈，而从没有看到一个大声吵、一个小声吵，可以持续吵下去的。前者就是因为吵架双方都在模仿，所以"投机"，后者双方不模仿，就没有"默契"。

3. 身体语言、姿势模仿

当一对恋人在公园里散步的时候,步伐是不是很合拍?绝对不会一个步子又小又快,另一个步子又大又慢。同样的道理,两个人融洽交谈的时候,他们的姿态和举止大致是相似的。要么采取差不多的坐姿或站姿,要么步调和谐地散步。所以要想"对准频道",站姿、走姿、头的位置和动作、手势等,都可以去模仿,以营造一种和谐融洽的交谈气氛。

(二)与对方同步法

原一平在推销生涯中,总结出与对方同步的重要性,这个方法有利于多元化地开展推销洽谈。

原一平认为,与对方同步就是模仿对方。

- 情绪同步 掌握对方的情绪,可以使谈话轻松。
- 共识同步 与对方共识同步,可以建立友好的谈话气氛。
- 生理状态同步 这种同步的建立可以使对方看到你就好像看到镜中的他一样,自然就喜欢上你了,有利于你开展工作。
- 语调与语速同步 亲和力建立的重要性在于与对方语调、语气、语速的同步。
- 文字语言同步 观察对方用语的习惯,从而达成同步。

(8) 经历

对于推销员来说,了解推销对象的经历将有助于约见时与其寒暄,拉近双方间的距离,在恰当的时间再提出你拜访的目的,成交也就水到渠成了。一位推销员了解到顾客和自己一样,都曾在部队里当过话务员,于是当他和顾客一见面,就谈起了收发报,双方谈得津津有味,最后在愉快的气氛中达成了交易。

(9) 民族

我国是一个多民族的国家,各民族都有自己独特的习俗。推销人员不能认为,在以汉族为主的地区,人人都是汉族人。了解准顾客的民族属性,准备好有关各民族风俗习惯的材料,是接近准顾客的一个好方法。至于到少数民族地区去开展推销活动,更要入乡问俗、入乡随俗,切不可做出有违于民族风俗习惯的事。相互尊重对方的民族习惯是长期合作的重要基础。

(10) 兴趣爱好

了解顾客的兴趣爱好,不仅有利于针对性地向顾客推销商品,以投其所好,而且有利于寻找更多的共同话题接近顾客,融洽谈话气氛,并且可以避免冒犯顾客。

(11) 需求内容

这是顾客资格审查的重要内容之一,同时也是接近顾客前准备工作的重要方面。推销人员应尽量了解顾客需求的具体情况,如购买需求的特点、动机、购买决策权限以及购买行为的规律性等,便于有针对性地做好推销工作。

(12) 地址

顾客的住址、办公地点和经常出入、停留的地方的地址,对推销人员而言是很重要的资料。在接近准备阶段,一定要不厌其烦地核对清楚。例如,邮政编码、区名、街道名、楼宇名、门牌号码以及周围环境特征。联系电话、传真机、手机号码等都要搞清楚,以便节省接近拜访时间。

名家观点 2-5

如果你想把东西卖给某人,你就应该尽自己的力量去收集他与你生意有关的信息……不论你推销的是什么东西,如果你每天肯花一点时间来了解自己的顾客,做好准备,铺平道路,那么,你就不愁没有自己的顾客。

——推销大师 乔·吉拉德

2.3.2.2 组织顾客推销接近前的准备工作

法人顾客,也称组织顾客,是指除个体顾客以外的所有准顾客,包括工商企业、政府行政机关、事业社团组织与军队购买者。现仅以工商企业顾客为例,说明对组织顾客应准备的主要资料。

(1) 基本情况

基本情况包括组织顾客机构的名称、商标、规模、地点等。推销人员还应了解组织顾客所有制性质、注册资本、职工人数、交通条件及通信联络方法等;了解组织顾客的机构规模,推知该机构对产品的需求量和支付能力;了解组织顾客机构的所在地,同时也可根据该地的运输条件确定相应的推销品价格。

(2) 生产经营情况

组织顾客的生产经营情况对其购买行为有着较为直接的影响。在接近组织顾客之前,推销人员应尽可能全面地了解其生产经营情况,包括生产经营规模、范围、生产力、资信与财务状况及发挥的水平、设备技术水平及技术改造方向、企业的市场营销组合、市场竞争以及企业发展方向等方面的内容。

推销人员应该利用分类方法,对顾客生产经营状况进行了解与分类,并且注意满足大顾客的需求。为此,推销人员可以了解顾客产品线的宽度、产品线的长度、产品线之间在材料来源方面的关系等,了解顾客企业的设备生产能力,目前已经达到的生产能力和潜在的生产能力,从中寻找推销产品的机会。

(3) 采购惯例

一般来说,不同的组织顾客表现为各自传统的采购惯例,包括采购对象的选择及购买途径、购买周期、购买批量、结算方式等方面的内容,还有政府统一采购、招标采购、电子商务采购等。在准备工作的过程中,推销人员要对组织顾客的采购惯例进行认真、全面细致的分析,再结合推销品的特征和性能,确定能否向顾客提供新的利益以及组织顾客推销品采购的可能性。

不同性质的法人机构,其采购惯例和在购买决策时考虑的主要因素会有很大区别。如,政府购买主要考虑领导人的意图、组织的级别、财政会计制度等,而企业较多考虑是产品的质量、价格、规格、内在构成及适用性等。在购买行为决策程序与方法上,它们之间也存在着较大的差别。目前我国法人机构的性质有许多种类,不同性质的法人机构有不同的采购习惯和要求,推销人员要充分了解,有针对性地做好准备工作。

(4) 组织人事情况

推销人员不仅要了解组织顾客的近远期目标、规章制度和办事程序,而且还要了解它的人事状况、人际关系以及关键人物的职权范围与工作作风等方面的内容。因为对组织顾客的推销,实际上是向机构决策人或执行人推销,而绝非向机构本身推销。但是,机构本身复杂的组织人事关系,对推销能否成功有着重要的影响。所以,在接近组织顾客之前,了解和掌握机构的组织人事情况,有针对性地开展推销接近工作,对促进推销活动的进一步顺利进行显得非常重要。

(5) 机构联系方式

应了解组织顾客团体总部所在地及各分支机构所在地详细地址、邮政编码、电报挂号、传真机号码、电脑网址,具体顾客的电话、手机号码,以及前往约见与接近时可以利用的交通路线及交通工具，进入的条件和手续等情况。

（6）其他情况

对影响顾客购买的其他情况也要了解。例如，购买决策的影响因素有哪些？目前进货来源有哪些？维持原来的购买对象与可能改变的原因是什么？目前顾客与供应商的关系如何？发展前景如何？目前竞争对手给顾客的优惠条件是什么？顾客的满意程度如何等。

 销售精英经验谈 2-5

准备十分，业绩百分

我做销售已经有5年之久了，之前一直都是从事工程机械方面销售的，现在转做节能服务，凭借我这几年的销售愚见，我认为在确定目标后我们从内心应该先对自己说：既然是我们的客户，我们应该倾注百分之百的精力去完成这件事情，我是个追求完美的人，我看准的事情我会想方设法地去实现，有种誓死不回头的决心（有的时候不是好事情），接下来我会从各种渠道了解客户的各个方面的信息，在销售中信息分为收集资料和了解需求，而资料是已经确定的事实，我们能够收集到的准备数据，而需求是未来的事情，是个变数。具体所需要收集的资料有以下几种。

① 客户的现状、业务、规模、性质、地址、网址、现有设备相关产品的使用情况、用途、品牌、数量、使用年限；

② 组织结构、与推销相关的部门名称和人员构成；

③ 部门内部的汇报和配合及各个部门之间的汇报和配合；

④ 主要负责人的个人信息、姓名、地址、联系方式、经历、爱好、年龄、家庭情况、子女、喜欢的运动；

⑤ 客户的工作范围、性格特点、客户内部的人员关系；

⑥ 竞争对手在客户内部的合作历史、产品的优势和劣势、竞争对手销售人员的姓名和销售特点。

其中最重要的就是注重客户的家庭情况、家乡、教育、兴趣爱好、生日和行程表。

以上为拜访客户前应该做的准备工作，收集这些资料的方式有很多种，一般的销售人员会选择用网络的方式去收集这些数据，但是我的习惯会直接去厂家拜访，从底层寻找突破口，从厂家的内部找寻一个眼线，那么这些问题将都会迎刃而解，能更加熟悉我们的"战场"地形。

资料来源：业务员网，http://www.yewuyuan.com/bbs/thread-1962090-1-1.html，16/01/2012.

2.3.2.3 老顾客推销接近前的准备工作

（1）顾客最近的基本情况

应该注意和重视在与顾客见面之前对老顾客原有情况的重温准备。对原来档案中的资料进一步审查是否有变动。因此，各项资料都应逐一审查，并加以核对。例如，经营与财务状况有无变化，最近有无涉嫌诉讼案件、经济案件，银行信用账号是否变动等。

（2）顾客反映的情况

对于熟人而言，推销人员再一次拜访接近前，应该了解老顾客（无论是个人顾客还是组织顾客）上一次成交后情况的反映。顾客反映的内容是多方面的，主要包括产品质量、使用效果、供货时间、产品价格、售后服务等。重新检查上次成交后有无需要订正的地方，有无需要加以处理和补充的事情等。

同步案例 2-9

尴尬的约见

销售人员小马打电话约见从前的老顾客某医院郝院长，内容如下。

小马："郝院长，您好！好长时间没见了，今晚有空吗？我请您吃饭。"

郝院长："不，谢谢。"

小马："我们公司从国外刚进口一种新的心脏起搏器，我想向您介绍一下。"

郝院长："有业务就想起找我啦？"

小马："当然，我们是老朋友了嘛。"

郝院长："我恐怕让你失望了。"

小马："为什么？"

郝院长："一年前我就改任书记，从事党务工作了。"

思考：小马的约见失败错在哪儿？对你有什么启发？

2.3.3 推销接近的方法

完成约见工作后，推销人员便可以按照预先约定的时间和地点会见访问对象。推销人员正式接触访问对象的第一个步骤，在推销学中称为接近，它是推销面谈的前奏，和面谈紧密相连。

从现代推销学理论上讲，接近准顾客的目的主要在于引起准顾客的注意和兴趣，使买卖双方顺利转入面谈阶段，促成交易的建立。购买对象的注意和兴趣是推销成功的必要条件，高度的注意和浓厚的兴趣有利于形成良好的会谈气氛。即使在转入面谈之后，推销人员仍要设法保持准顾客的注意力和兴趣，一旦其注意力分散，兴趣减退或消失，便会导致推销面谈失败。

要达到接近的特定目的，必须有很好的接近方法。下面就几种常用的接近方法介绍如下。

2.3.3.1 介绍接近法

这种方法是推销人员通过自我介绍或他人介绍来接近访问对象。自我介绍，主要是通过自我口头介绍以及身份证件与名片来达到接近准顾客的目的。他人介绍，是借助与访问对象关系密切的第三者的介绍来达到接近的目的。其形式有信函介绍、电话介绍或当面介绍。

介绍接近法的作用主要在于推销人员向准顾客介绍自己的身份，以求得对方的了解和信任，消除其戒心，为推销面谈创造宽松的气氛。尽管该方法不能使准顾客对推销品产生兴趣，但与对方初次相见时却是不可缺少的。

2.3.3.2 产品接近法

这是推销人员直接利用推销品引起准顾客的注意和兴趣，进而转入面谈的一种接近方法。这种方法的最大特点就是让产品做自我推销，让顾客接触产品，通过产品的自身吸引力，引起顾客的注意和兴趣。"嗯，这东西真好，什么价？"只要顾客如此一问，推销便成功了一半。

该方法适用于一些轻巧的、便于携带的产品（包括无形的技术产品），而且这些产品应具备一定的特色，否则难以吸引顾客。对于一些体积庞大而又笨重的商品，一般不适宜采用该方法。因为这些商品推销人员不便携带，如机电设备等。

同步案例 2-10

好的产品会说话

有位儿童用品业务员介绍他采用产品接近法推销一种新型铝制轻便婴儿车的前后经过。

非常有趣。"我走进一家商场的商品部,发现这是在我所见过百货商店里最大的一个营业部,经营规模可观,各类童车一应俱全,我在一本工商业名录里找到商场负责人的名字,当我向女店员打听说他在后面办公室里,于是我来到后面。一跨进那间小小的办公室,他就问:'喂,有何贵干?'我不动声色地把轻便婴儿车递给他。他又说:'什么价钱?'我就把一份内容详细的价目放在他面前,他说:'送60辆来,全要蓝色的。'我问他:'您不想听产品介绍吗?'他回答说:'这件产品和价目已经告诉我所要了解的全部情况,这正是我所喜欢的购买方式。请随时再来,和您做生意,实在是痛快!'"

思考:我们如何利用产品接近法来更好地接近顾客?举例说明。

知识链接 2-6

产品接近法满足了顾客的心理需求

从推销心理学角度讲,产品接近法符合顾客认识和购买商品的心理过程。一般说来,人们在决定购买之前总希望彻底了解商品及其各种特征,包括产品的用途、性能、造型、颜色、味道、手感等。有些顾客还喜欢亲手触摸和检查产品,甚至动手试试,或者干脆拆开,看个究竟。产品接近法正是利用了一般消费者的上述心理。产品接近法给顾客提供一个亲手摆弄产品的机会,充分调动顾客五官肢体的积极性,发挥其视觉、嗅觉、听觉、味觉、触觉的功能,直接引起顾客的注意和兴趣。只要顾客笑口一开,面谈立即开始。现代心理学认为,操弄或操作是人类的基本动机之一。既然人们喜欢操弄产品,推销人员何不让他们开开眼界操作操作呢!在利用产品接近法接近顾客时,推销人员就是要让顾客先睹为快,先闻为快,先摸为快,满足其操弄和探求的心理。一旦顾客因此心情愉悦,推销接近也就大功告成。

2.3.3.3 表演接近法

这种方法是利用各种戏剧性表演技法来展示产品的特点,从而接近准顾客,亦称马戏接近法,是一种古老的推销术。在现代推销环境里,此方法仍有重要的利用价值。

比如,一位消防用品推销员见到准顾客后,并不急于开口说话,而是从提包里拿出一件防火衣,将其装入一个大纸袋,旋即用火点燃纸袋,等纸袋烧完后,里面的衣服仍然完好如初。这一戏剧性的表演,使准顾客产生了极大兴趣,没费多少口舌,这位推销人员便拿到了订单。

表演接近法实际上是把产品示范过程戏剧化,以增加对顾客的吸引力,使之产生兴趣,为推销面谈铺平道路。

2.3.3.4 利益接近法

这种方法是推销人员首先强调推销品给顾客带来的利益,从而引起顾客的兴趣,达到接近的目的。例如,一位锅炉推销员对准顾客说:"使用我们制造的高效节能锅炉,你厂的能耗将比现在下降30%。"

利益接近法符合顾客购买商品时的求利心理,直接告诉顾客购买推销品所能获得的实际利益或经济效益,诱发顾客的兴趣,使推销洽谈顺利进行。但是,使用这种方法时,必须实事求是,讲求推销信用,不可浮夸,更不能无中生有,欺骗顾客。

2.3.3.5 调查接近法

这种方法是推销人员借调查之机接近准顾客。从现代推销学的观点来看,推销洽谈的过程,也就是调查的过程,即了解和发现准顾客存在着哪些问题,有什么愿望和要求,然后向其提供解决问题、满足愿望和要求的最佳方案。因此,这种接近方法一般容易被对方接受。

例如："方厂长，为了解决贵厂产品质量的稳定性问题，我想了解一下，在烘干机上需要加装几台高精密温度控制仪？"准顾客正为产品质量不稳定犯愁，听推销人员如此一说，顿时喜上眉梢。

在运用调查接近法时，调查内容要明确，要有针对性，要保持和推销品的关联性，保证在调查之中达到推销商品的目的。

2.3.3.6 赞美法接近法

是指推销人员利用人们的求荣心理而夸奖、恭维顾客，满足顾客心理需要而达到接近顾客的目的。推销人员应注意顾客在某方面的优点，真诚地赞美，既满足顾客心理，又达到接近顾客的目的，并形成良好的气氛。但赞美必须注意分寸，要诚心诚意地赞美，态度要诚恳、语气要真挚，赞美要尽量切合实际，赞美顾客内在品质和修养更容易被接受，转述别人的赞美会起到双重作用，产生不一样的效果。切忌不要过分吹捧或迎合某些顾客的低级情趣。

卡耐基的赞美

卡耐基在《人性的弱点》一书中讲了这样一个故事：一天，卡耐基去邮局寄挂号信。在他等待的时候，发现这家邮局的一位办事员态度很不耐烦，服务质量很差劲。因此，他便准备用赞美的方法使这位办事员改变服务态度。当轮到他称信件重量时，卡耐基对办事员称赞到："真希望我也有您这样的头发。"听了卡耐基的赞扬，办事员脸上露出了笑容，接着便热情周到地为他服务起来。自那以后，卡耐基每次光临这家邮局，这位办事员都会笑脸相迎。

思考

① 试分析案例中卡耐基的赞美技巧？

② 相似的情况你有没有在日常生活中遇到过？请谈一谈你赞美对方的动机是什么，通常又会有怎样的效果？

2.3.3.7 馈赠接近法

是指推销人员在不违反有关规定的基础上，利用馈赠礼品，吸引顾客注意和兴趣的方法。但馈赠之前应了解顾客，不可盲目送礼，要做到投顾客所好。如果礼品与产品有关或相同，那么礼品既是有效的接近手段，又是有力的促销手段，就更为理想。

有效的接近方法

布得歇尔保险公司的销售人员在上门销售之前，首先给顾客寄各种保险说明书和简单的调查表，并附上一张优待券，写明："请您把调查表填好，撕下优待券后寄回给我们，我们便会赠送两枚罗马、希腊、中国等世界各国古代硬币（仿制）。这是答谢您的协助，并不是要您加入我们的保险。"销售人员总共寄出30 000多封信，收到23 000多封回信。销售人员便带着仿古钱币按回信地址上门拜访，亲手把硬币送给顾客。由于顾客现在面对的是前来送硬币的销售人员，自然不会有戒心，在道谢后，就高兴地从各种古色古香的硬币中挑选两枚自己喜欢的留下。销售人员这时就会不失时机地渗入销售话题。据说该公司因这次活动获得6000名顾客加入保险，在当时曾引起轰动。

思考：谈谈这个案例对你的启发？你认为接近顾客应注意什么？

2.3.3.8 问题接近法

这种方法是推销人员直接向准顾客提问，利用所提的问题来引起其注意和兴趣。提问时，可先提出一个问题，根据顾客的反应再继续提问，步步紧逼，接近对方。例如"张厂长，你认为贵厂目前的产品质量问题是由于什么原因造成的？"产品质量自然是厂长最关心的问题，推销人员这一提问，无疑将引导对方逐步进入面谈。

推销人员也可以一开始就提出一连串的问题，使对方无法回避。例如，美国某图书公司的推销员常采用下述提问来接近准顾客："如果我送你一套关于个人效率方面的书籍，你能读一读吗？""如果你读了之后非常喜欢这些书，你会买下吗？""如果你没有发现其中的乐趣，你可以把书塞进这个包里给我寄回吗？"在运用问题接近法时，所提问题应是对方最为关心的问题，提问必须明确、具体，不可含糊不清、模棱两可，否则便难以达到接近的目的。

2.3.3.9 好奇接近法

这是利用准顾客的好奇心理达到接近目的的方法。在与准顾客见面之初，推销人员可以通过各种巧妙的方法来唤起顾客的好奇心，引起顾客的注意和兴趣，然后把话题转向推销品。

某推销员一见准顾客便说："听说贵公司的经营近来出现了问题，我这里有份资料，能够帮助贵公司摆脱困境。"这使愁眉不展的公司经理产生了好奇心，因而对这份资料极感兴趣。国外一位科普书籍推销员见到顾客时说："这本书可以告诉你，丈夫的寿命与妻子有关。"顾客立即好奇地拿起来翻阅，从而达到接近的目的。现代心理学表明，好奇是人类行为的基本动机之一，人们的许多行为都是好奇心驱使的结果。好奇接近法正是利用了人们的好奇心理，引起买方对推销品的关注和兴趣，促使推销面谈顺利进行。

2.3.3.10 求教接近法

这是利用向准顾客请教问题的机会来接近顾客的方法。从心理学角度讲，人们一般都有好为人师的心理，总希望自己的见地比别人高明，以显示出我比你强，尤其是高傲自大的人更是如此。对于这样的人，采取虚心请教的方法，以满足其高人一等的自我表现心理，十分有效。

例如："王总，在计算机方面您可是专家。这是我公司研制的新型电脑，请您指教一下，在设计方面还存在哪些问题？"受到这番抬举，对方只好接过电脑技术资料信手翻翻，一旦被电脑先进的技术性能所吸引，推销便大功告成。

以上我们论述了十种接近准顾客的方法。此外，还有震惊法、搭讪聊天法等。总之，在实际推销工作中，推销人员应灵活运用各种接近方法，既可以单独使用，也可以配合使用。推销人员在推销活动中，还可以根据实际情况，自创一些行之有效的接近准顾客的方法。

➢ 计划与决策

教师布置、说明本次任务，明确要求与注意事项，各小组集中讨论任务完成步骤并做好分工，制定任务完成计划。

➢ 任务实施

任务一

实训任务：集齐50名陌生人签名。

实训目的：学会接近准顾客，在陌生人面前敢于开口。

实训过程：

1. 本次实训需要3～4课时，或者利用课余时间完成。
2. 各小组划定区域，防止集中于市区中心位置。
3. 详细记录完成过程中的细节及感受。
4. 教师检查完成情况，询问各小组有没有发现其他组违规现象。

5. 小组间交流完成心得。

实训要求：完成地点选择市区较繁华地点，活动过程中注意安全。不允许在校园内请同学或校友完成签名，也不允许在大学城请其他高校学生完成。

任务二

课堂活动：接近顾客模拟。

活动目的：提升应变能力，实现任务目标。

活动过程：

1. 背景材料

广西南宁奥力龙科技有限公司位于南宁国家级高新技术开发区，是一家集高新技术开发、生产、销售、服务于一体的公司。南宁卡琦创新技术研究所是高新技术开发区工业园内的一家以高新技术、新成果转化为新产品、新项目的孵化型企业。奥力龙公司与卡琦研究所按照"资源整合、优势互补"的原则，共同开发了奥力龙品牌系列吸水干发产品，该产品的面市，完全打破了传统电吹风一统干发消费品市场的格局，给消费者以时尚、环保、省时、省电且不伤头发的全新干发方式，从而孕育了一个巨大的商机。奥力龙坚信"让顾客喜欢，让经销商赚钱"是最古老但最实用的市场法则；奥力龙明白，在奥力龙事业的构建过程中，经销商资源和人力资源是最珍贵的，公平合理、互惠互利的合作精神将让奥力龙快速干发、护发概念成为消费新时尚，同时两家公司真诚的合作将使利润源源不断。

奥力龙系列干发产品，采用高新技术超细纤维纺织面料制成，不含化学成分，该面料最大的特色是具有超强的吸水性，其吸水速度、吸水量是纯棉毛巾的5倍以上，耐用性是普通毛巾的3倍，手感柔软、舒适、色泽亮丽，为个人护理之佳品，可满足用户在各种场合洗发后干发的需要，已成为海内外畅销的时尚高新技术产品。该产品属于消耗性个人护理产品，市场前景十分广阔。我国有人口13亿，以奥力龙干发毛巾在中等城市销售为例，以200万人口计算，假如有5%的人购买该产品，则其数量为10万，而如果有10%、20%或者更多的人购买呢？其市场潜力可想而知。基于这一产品巨大的市场开发潜力，根据市场导向制订相应的营销策略攻占市场，大有可为。奥力龙系列干发产品包括奥力龙V180干发毛巾、奥力龙V180干发帽、奥力龙V60宝宝干发毛巾、洁肤美容巾、浴袍等十多个品种，并有多种颜色可供选择。

广西南宁奥力龙科技有限公司销售部销售代表小姜要约见××超市采购部经理王超，就本公司奥力龙系列干发产品进入该超市的两个卖场销售进行洽谈。

2. 人物安排

人物一：奥力龙公司销售代表小姜；

人物二：××超市（当地知名大型超市）采购部经理王超；

人物三：××超市采购部经理秘书刘娜。

3. 任务要求

掌握各种接近顾客的技巧，学习撰写销售访问计划，通过模拟练习电话约见客户；充分了解和熟悉自己的公司及其产品，包括竞争对手和市场上同类产品的优缺点，明确本公司及其产品的优势及不足。

4. 对潜在客户的情况进行了解

① ××超市概况；

② ××超市在当地有两家分店，营业效益良好，正准备开第三家分店；

③ 采购部经理王超，本市人，30岁，为人开朗，重感情，做事认真，工作一丝不苟，已经在该超市工作两年，准备年底结婚；

④ 卖场已有同类产品上架，但均无大品牌，营业额一般；

⑤ 采购部经理秘书刘娜，本市人，26 岁，比较丰满，不算漂亮，工作认真，是王超的得力助手，但她喜欢和熟人打交道，对待新的厂商比较冷淡。

5. 撰写销售访问计划

奥力龙销售代表小姜需要撰写销售访问计划，内容包括拜访对象的基本情况；接近客户的方法；客户可能提出的要求和问题；如何向客户提问和暗示；根据客户的要求和问题列出有关商品的特征、优势和对方能获得的利益；用何种证据证明所说的内容；访问可能出现的情况；采用何种方式结束拜访等。

6. 电话约见客户

① ××超市采购部经理王超不在时，面对经理秘书刘娜，模拟对话；

② 王超接到电话后需要了解小姜的拜访目的，此时，如何进行对话；

③ 王超在时，刘娜接到电话并转达后，王超指示小姜与第三者（采购部职员）见面洽谈。此时，小姜如何说服王超答应亲自洽谈；

④ 王超在时，刘娜接到电话并转达后，王超说"最近很忙，见面的事情过一阵子再说吧。"此时，小姜该怎么办？

7. 总结评价

8. 活动感想

➤ 检查评估与反馈

1. 检查学生工作任务是否完整完成。
2. 通过任务的完成，学习目标是否实现？学生能力有哪些提高？
3. 按照评估标准评估每位学生工作态度、工作的质量情况。
4. 整理并保存各位学生的策划方案，作为平时考核依据。

任务 2 概要

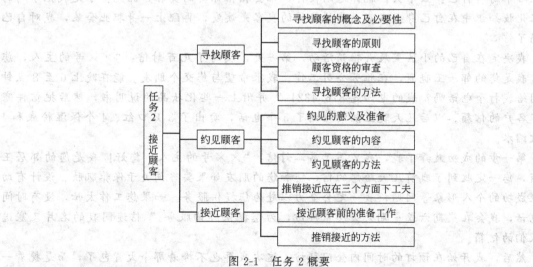

图 2-1　任务 2 概要

巩固与提高

一、重要概念

寻找顾客　约见顾客　推销接近　"地毯式"寻找法　赞美接近法

问题接近法　好奇接近法　求教接近法

二、复习思考题

1. 寻找顾客的必要性是如何体现的？
2. 寻找顾客的方法有哪些？
3. 约见顾客的"4W"内容是什么？
4. 约见顾客的方法有哪些？
5. 接近顾客的方法有哪些？

三、实践与训练

1. 写出10句接近顾客的话。
2. 为婚纱公司提供至少6个寻找顾客的渠道。

四、案例分析

一位"雅芳"小姐的经历

我曾经是某外贸公司的办公室文员，由于公司生意不景气，我辞掉了公职，加盟雅芳公司，做了一名职业推销员。加入了一个新的行业，一切都必须从头开始，我为自己没有客户而发愁，不得不每天挎着一个大背包，里面装满了各种眉笔、唇膏、粉饼等化妆品，一家家地敲着陌生人的大门。可是能开门见我的人很少，多数人只是在门镜里看了看，就很不客气地在门里说："我不需要，快走吧！"一连几个月收入虽然有所提高，但仍不足以维持温饱，这深深刺痛了我那颗骄傲的心，我不相信在别人干得有声有色的行业中，自己只是一个"脓包"，我一定有办法开创自己的新天地。

我把仅剩的五百元钱投入到一个美容学习班，系统地学习各种化妆品的知识以及化妆技巧，并在美容院实习了整整一个月，保养皮肤的各种技法都烂熟于心。这时再重新审视镜中的自己：干燥而毫无生气的头发随便地挽在脑后，白皙的皮肤上长着两颗刺眼的痘痘，平平的眉毛配着大而黑的眼睛，眼中尽是无奈的神情，厚厚的嘴唇紧抿着，活脱脱一副倒霉相。我在心中骂着自己：丑丫头，就你这副模样，谁会相信你卖的美容产品呢！于是我把学到的美容化妆知识先在自己身上实践，巧施粉黛的我容光焕发，再配上一身职业套装，我对自己充满了信心。

我决定在自己的小区里展开推销活动，第一天，我写了几百封信："××号的主人，您好！我是您的邻居王晓丽，在雅芳公司工作。我很希望与您交个朋友。能在晚上6至8点钟之间给我打个电话吗？我的电话是87654321。"并附上一些化妆品的说明书，然后把信件塞进了各户的信箱。以后几天晚上陆续接到了5个电话，卖出了3只口红、4个保湿粉底和1瓶收缩水。

第一步的成功鼓舞了我，我又写了第二封信："××号的主人，您好！我是您的邻居王晓丽，您一定收到了我前几天给您的信，您和您的朋友如果要咨询关于保养肌肤、设计有助事业成功的个人形象等问题，我一定会全力以赴为您提供服务。如果您工作太忙，没有时间打电话，我会在星期六或星期天去您家拜访，为您提供咨询服务。"信连同我的名片又塞进了人们的信箱。

然后，我开始在预订的时间内登门拜访。这次我再也不挎着那个大背包了，而是挽着一只精巧的皮包，包里除了一个笔记本和一全套美容化妆品外，我还带上了一些价值五元钱的小礼物——一支小护手霜。我敲开房门的第一句是："您好，我是您的邻居王晓丽，我跟您约好了来拜访您的。非常感谢您能给我几分钟时间，作为答谢，这里有一支护手霜送给您。"这样我就很容易获准坐下来与主妇们谈谈保养皮肤之道，教给她们一些化妆技巧，把我的整套化妆品取出来让她们挑选，并在笔记本上记下她们想购买的品种，第二天保证送货上门。

就这样做了三个月,我的推销成绩较最初有了很大进步,但我仍觉得销售增长的速度太慢了。怎样才能提高效率呢?我苦思冥想了很长时间也不得要领。后来在儿子的家长会上我偶然得知有一位孩子的妈妈是某单位的工会主席,姓王,我突然有主意了,决定试一试。

在每天接送孩子上下学时,我故意去得早走得迟,在校门口站着暗暗观察那位工会主席,发现她每天都匆匆忙忙,似乎工作很忙,有时还不能按时接孩子。有一天下着大雨,工会主席迟到了。看着孩子们一个个被家长接走了,她的孩子很着急。我就主动上前安慰他,告诉他说:"阿姨可以送你回家。你先给妈妈打个电话,告诉她不要着急,康明(我的儿子)的妈妈送你回家。"小家伙照办了。我把他送到家,记住了他家的地址。

第二天接孩子时,那位工会主席特意找到我表示感谢,我很客气地说:"没什么,咱们都是当妈妈的,最知道又要忙工作又要照顾孩子的苦处啊!"于是我们从孩子的教育到自己的工作,从做女人的烦恼到当今社会的竞争等,聊了半天。后来两个孩子成了好朋友,工会主席自然也成了我的顾客。

但是这只是我计划的一个开端。我知道她的单位每个月都会有一次工会活动日,这一天由工会主席安排活动。于是,我请求她能否在活动日这天为女职工安排一次美容讲座,她爽快地答应了。

为了这次美容讲座,我请了一位美容师做我的助手。我先讲了皮肤的肌理、护肤的常识、美容化妆的技巧和服装色彩的搭配。然后有人问了有关皮肤的一些问题,好在平时我注意翻看医学书刊,医学知识加上美容知识使我能圆满回答这些问题。最后我又把大家分为两组,我和美容师分别给每个人做全套护肤美容和化妆,边做边讲解,并针对每个人的肤质特点提出建议。全部工作完成后,各位女士你看看我,我看看你,惊喜地发现化妆后的同事比平时漂亮多了,大家互相赞美着,气氛达到了高潮。我趁机宣传雅芳化妆品是世界知名品牌,它质量可靠,色彩时尚,款式品种繁多,无论何种肤质都能找到适合的一款等。当场就有一半人登记购买产品。

当天晚上,我来到工会主席家表示感谢,她客气地说:"我还要谢谢你呢,你替我组织了一次很好的工会活动。说实话,我们工会的活动总是搞得有声有色,这在局里都是有名的。"

我忙接上说:"是啊,有您这样一位开明领导,那是职工的福气呀。王主席,听说你们局挺大的,都有哪些单位呀?"

她兴致勃勃地数出一大串单位。

我看着她若有所思地说:"那些单位的工会主席肯定不如您年轻。"

"噢,何以见得?"

我肯定地说:"只有心理年轻的人才会对美容化妆感兴趣。不管您岁数是不是比她们小,您心理年轻,人看上去就年轻。"

她高兴地笑了。

我又乘机说:"王主席,您能不能帮我个忙,给我介绍一下那些工会主席呀?只要告诉我名字就行了。"

我取出随身携带的小本子,记下她告诉我的名字、单位。我一边写一边故意自言自语道:"焦化厂、炼钢厂……都听说过,都在什么地方呀?如果知道电话就好了。"

她看了我一眼,说:"帮人帮到底吧。"于是起身去找电话本。

我忙拿出事先准备好的一瓶香水放到桌子上,说:"您那么肯帮忙,我一定要有所表示,我觉得这瓶香水味最合适您,松木味,淡淡的,请您试试。"

她高兴地收下香水,给了我一串电话号码。

我抄完号码后,又大胆地说:"王主席,您能给他们打电话帮我约个时间见面么?"我心理清楚,这有些强人所难,她一定不会帮这个忙的,不过没有关系,我正等着拒绝呢。

果然,她犹豫了一下,拒绝了我的请求。

我故意表现得非常失望,嘴上却说:"没关系,我自己去找他们吧。王主席,我找他们的时候,提到您的名字,您不会反对吧?"

她似乎松了一口气,说:"可以。"

我大功告成,又与她闲聊了一会儿,告辞出来。

第二天,我按照名单上的号码开始打电话。"炼钢厂么?您是工会的张主席吧?您好!有色金属公司的王主席请我给您打电话。我是雅芳化妆品公司的王晓丽,最近我帮助王主席的单位搞了一次工会活动,效果非常好,王主席让我给您介绍一下,您能不能抽一点时间咱们见个面呢?"

通过这种方法,我发展了几个公司的大量顾客,她们之中有的人买全套化妆品,有的人只买单件,无论怎么样,我对她们一视同仁,不厌其烦,周到服务,大家对我非常感谢。因此我的顾客像滚雪球一般越来越多,销售量直线上升,收入也有了极大的提高。

资料来源:郭奉元. 现代推销技术. 北京:高等教育出版社,2001.

【问题与思考】

① 王晓丽采用了哪些方法来寻找顾客?采用了哪些方法去约见顾客?有哪些约见技巧?

② 王晓丽使用了哪些接近顾客的方法?

③ 如果你是王晓丽,你还会采用哪些方法来寻找顾客?

④ 王晓丽是如何让老顾客推荐新顾客的?你认为让老顾客为你介绍新顾客的关键有哪些?

任务 2 自测题

一、单项选择题

1. 在顾客资格审查中,对符合条件 M+a+N 的顾客,应采取(　　)。

   A. 是有希望的准顾客

   B. 可以接触,配以熟练的推销技巧,有成功希望

   C. 可以接触,并设法找到具有决定权的人

   D. 可以接触,需调查其业务状况信用条件等给予融资

2. 建立在"平均法则"的基础上,假定在所有人当中,一定会有推销人员所要寻找的潜在顾客,这些潜在顾客的数量与访问人数成正比关系。这是(　　)寻找顾客方法的理论基础。

   A. "地毯式"访问法　　B. 中心开花法　　C. 资料查阅法　　D. 连锁介绍法

3. 在寻找顾客的基本方法中,中心开花法成功的关键在于(　　)。

   A. 中心人物　　　　B. 介绍方式　　　　C. 说服　　　　D. 购买者

4. 一位锅炉推销员对顾客说:"使用我们制造的高效节能锅炉,能使贵厂的能耗比现在降低 30%。"这是(　　)。

   A. 调查接近法　　　B. 利益接近法　　　C. 产品接近法　　　D. 表演接近法

5. 推销人员直接把产品、样品、模型摆在顾客面前,以引起顾客对其推销的产品足够的注意与兴趣,进而导入洽谈的接近方法是(　　)。

   A. 调查接近法　　　B. 利益接近法　　　C. 产品接近法　　　D. 表演接近法

6. 一天天下大雪,推销人员去拜访客户,下面是推销人员见到客户后说的第一句话,较为恰当的是(　　)。

   A. 这雪下得路上真难走　　　　　　　　B. 这天气冷得人都不想出门

C. 外面真干净呀，让人心情都愉快　　　　　D. 天气阴得让人心情都不好

7. 你正用电话去约一位客户以安排拜访时间，总机小姐把你的电话转给他的秘书小姐，秘书问你有什么事，你应该（　　）。
   A. 告诉她您希望和他商谈　　　　　　　　B. 告诉她这是私事
   C. 向她解释你的拜访将带给他莫大的好处　　D. 告诉她你希望同他谈论你的商品

8. 推销人员向客户邀请面谈时，最为恰当的询问方式是（　　）。
   A. 您看什么时间我们面谈一下？　　　　　B. 您什么时间比较方便？
   C. 我明天上午有时间，您看怎么样？　　　D. 您看是今天下午方便还是明天上午？

9. 推销人员到顾客办公室访问时，不应当出现下列哪种行为？（　　）
   A. 先按门铃，得到允许后方可进入　　　　B. 在场的其他人与自己无关
   C. 在顾客办公室不乱动他人物品　　　　　D. 在顾客办公室不东张西望

10. 推销接近是推销人员正式开展面谈的前奏，是整个推销过程的一个重要环节。推销接近一般包括（　　）、约见顾客与正式接近顾客三个环节。
    A. 寻找顾客　　　B. 电话约见　　　C. 熟人介绍　　　D. 了解顾客信息

11. 推销人员委托第三者约见顾客的一种方法，是（　　）。
    A. 广告约见　　　B. 委托约见　　　C. 电话约见　　　D. 信函约见

12. 推销人员利用令人震惊的事物来引起顾客的兴趣和注意，进而转入洽谈的接近方法是（　　）。
    A. 馈赠接近法　　B. 震惊接近法　　C. 赞美接近法　　D. 产品接近法

二、多项选择题

1. 顾客资格审查应从以下方面进行（　　）。
   A. 购买力　　　B. 市场容量　　　C. 需要　　　D. 决策权　　　E. 个人性格

2. 连锁介绍法寻找顾客的主要优点有（　　）。
   A. 针对性强　　　B. 成功率高　　　C. 成本费用低
   D. 可以避免工作的盲目性　　　E. 工作效率高

3. 约见顾客的基本内容包括（　　）。
   A. 确定约见对象　　B. 明确约见理由　　C. 安排约见时间
   D. 选择约见地点　　E. 介绍产品

三、判断题

1. 寻找潜在顾客是维持和提高营业额的必要手段。（　　）
2. 较之本单位内部寻找推销对象和在现有顾客中寻找推销对象两种工作思路，从市场调查走访中寻找潜在客户是在更大的范围和更广的视野内寻找推销对象的方法。（　　）
3. 所谓文献调查法，是指推销人员通过查阅各种现有的资料来寻找顾客的一种方法，这种方法也称为间接市场调查法。（　　）
4. 利益接近法是指推销人员把一些小巧精致的礼品赠送给顾客，进而和顾客认识并接近，借以达到接近顾客目的的一种方法。（　　）
5. 约见顾客是推销人员运用各种方式、方法、手段和策略向顾客传递信息并说服顾客购买的过程。（　　）

四、简要回答下列问题

1. 电话约见顾客的要点及注意事项。
2. 谈谈搭讪聊天接近法的话题都有哪些？两位同学一组，演练搭讪聊天接近法的使用。

任务3 推销洽谈

学习目标

理论目标

领会推销洽谈的概念,知晓推销洽谈前准备的重要性,清楚洽谈前准备的内容,从理论上掌握推销洽谈叙述、倾听、提问和答复的技巧、FABE介绍法和SPIN法则等基本技能。

实务目标

学习和把握推销洽谈的原则,能够运用推销洽谈的基本技巧实现洽谈目标,学习和把握基本的电话推销技巧并灵活运用,掌握相关"知识链接"及程序性知识。能用所学实务知识完成"推销洽谈"的相关技能活动。

案例目标

运用所学"推销洽谈"的理论与实务知识研究相关案例,培养和提高在特定业务情境中发现问题、分析问题和解决问题的能力;提高推销洽谈技巧,具备应有的职业态度,提高语言表达能力。

实训目标

了解实训目的,清楚实训内容,能够运用所学理论知识与实务知识解决实际问题。提高组织与领导能力、计划与协调能力,体会团队协作对完成目标的重要性,明白个人与团队的关系,锻炼语言表达和沟通能力。

导入案例

不明情况,吓跑客户

陈太太是一位年轻的妈妈,她受过高等教育,所以对孩子的教育情况特别关心。儿子六岁这年,她准备给儿子建一个小小的书房,需要一套适合小孩子的书桌和书柜。她首先选择的是一家全国知名家具的代理商。

销售人员十分热情,他一见到陈太太,就迫不及待地介绍:"您真的很有眼光。正如您现在所见到的,这套家具的设计是一流的,而且材料质地上乘,这么豪华的家具放在您的家里,一定可以大大提升您的品味。"

陈太太只是冷淡地答了一句:"这个我倒不是很重视。你能给我讲讲它的具体构造吗?

比如说高度、边角之类的……"

销售人员热情地回答:"当然可以,这套家具设计十分独特,其边角都是采取欧洲复古风格,里面还有好多小抽屉……"

陈太太打断了他的话:"这似乎并不是我最感兴趣的,我比较关心……"

销售人员立刻接过她的话说:"我知道您想说什么!这套家具采取了最典雅的象牙紫色,而且是用上乘的木料,外面还有保护层,我敢保证它的使用寿命绝对在20年以上。"

陈太太笑了笑说:"我更关心是否适合给孩子用。"然而没等她说完,销售人员便抢过她的话说:"我完全理解您的担忧。我们公司特别为这套家具配置了一些防护措施。这样小孩子就不能在上面乱涂乱画了。而且,这还会是一件非常有价值的收藏品。此外,它还很漂亮,可以作为室内装饰品。如果您买全套的话,我们可以给您优惠价……"

陈太太打断了他的话:"对不起,我想我不需要了,谢谢你。"

资料来源:孟昭春. 成交高于一切——大客户销售十八招. 北京:机械工业出版社,2007.

讨 论 题

① 这位销售人员的失误在哪里?
② 你能从中吸取什么教训?
③ 如果你是销售人员,你会如何接待陈女士?

3.1 推销洽谈前的准备

相关资讯

3.1.1 推销洽谈的原则

推销人员在成功地接近顾客之后,就转入推销洽谈阶段。洽谈也称面谈,它是产品推销过程中,推销员运用谈判技巧去说服顾客接受产品的过程。洽谈,既是推销活动的必要环节,也是推销活动成功的重要手段。高效率的推销企业,无一不把提高洽谈水平、洽谈能力作为推销人员培训的主要内容。

为了顺利完成上述任务,达到推销洽谈的目的,推销人员可以灵活采用多种方法和技巧去说服顾客。但无论采取何种方法或技巧,洽谈中均应遵循以下基本原则。

3.1.1.1 针对性原则

即推销洽谈应该服从于推销目的,具有明确的针对性。为此推销人员应做到以下几点。

(1) 针对顾客的购买目的和动机开展洽谈

顾客的购买目的在于追求推销品的使用价值,其购买动机多种多样,有的求名,有的求美,有的求实等。在洽谈中,推销人员应就推销品的使用价值,针对顾客的具体动机进行推销。

(2) 针对顾客的个性心理开展洽谈

顾客个性心理各异,而顾客个性心理对推销洽谈的影响不容忽视。只有针对不同个性心理的顾客采用不同的洽谈策略,才可能取得洽谈的实效。

(3) 针对推销品的特点开展洽谈

推销人员应根据推销品的特点设计洽谈方案,突出产品特色,增强洽谈说服力。处在激烈商品竞争市场条件下的推销人员，要想有效地使顾客区别市场上的同类产品，必须善于分析、说明产品特性，推销与众不同的观念和产品，使自己处于有利地位。

3.1.1.2 鼓动性原则

推销面谈既是说服的艺术，也是鼓励的艺术，面谈的成功与否，关键在于推销人员能否有效地说服和鼓动顾客。推销人员应该从以下方面努力，以使洽谈富有鼓动性。

（1）以自己的信心和热情去鼓舞和感染顾客

推销人员的鼓舞力量来源于对本职工作、对顾客和对推销品的信心和热爱，只有热爱本职工作并坚信自己的工作有益于顾客，相信顾客需要自己的帮助，而且自己的推销品能满足顾客的需要（企业应保证推销品能让推销人员树立起信心），才有可能去鼓动顾客的购买信心与热情。情绪常常可以左右购买决策，顾客的情绪往往受推销人员情绪的影响和感染，推销人员应以极大的热情去感染顾客，以激发其购买热情。

（2）以自己丰富的知识去说服和鼓舞顾客

推销洽谈必须以丰富的推销知识为基础，离开了丰富的推销知识，所谓推销信心、推销热情便成为一句空话，鼓动和感染顾客将是一种幻想。

（3）使用鼓动性的推销语言进行洽谈

在洽谈中，推销人员既要善于用逻辑语言去准确地传递理性信息，更要善于运用情感性语言去生动形象地传递非理性信息。非理性的感情因素在购买活动中常常起着重要作用，影响着顾客的购买决策，因此情感性语言往往具有更大的感染力和鼓动性，更容易打动顾客的心。

3.1.1.3 参与性原则

即推销人员应设法引导顾客积极参与推销洽谈。顾客参与洽谈的程度直接影响着顾客接受、处理、反馈信息和制定购买决策的水平。顾客的积极参与也是促进推销信息的双向沟通，增强洽谈说服力的必要条件。推销人员应努力做到以下两点。

（1）与顾客同化，消除顾客的戒备心理

推销人员应与顾客打成一片，加深对顾客的了解，去寻找与顾客相同或相似的因素以影响顾客，使顾客产生认同感，创造出良好的推销气氛，消除顾客的心理防线，提高洽谈效率。

（2）认真听取顾客意见

既然要顾客参与洽谈，就应该认真听取顾客意见。认真聆听，既是尊重顾客的起码要求，也是进行成功洽谈的基本技能。认真聆听，能使顾客产生一种心理上的满意感，有利于顾客积极参与洽谈并做出购买决策。

在坚持参与性原则的同时，推销人员须注意掌握洽谈的主动权，要在控制洽谈局面和发展进程的前提下，充分调动顾客的积极性，以保证洽谈不致因顾客的参与而改变方向。

同步案例 3-1

巧妙的发问

问：您的心情我非常理解，如果我在哪个环节没有给您讲清楚，请您指教。
答：我觉得这个计划对我没什么用。
问：我了解您的感受，那您认为什么计划更适合您呢？
答：现在这个必须是身故才赔，我想退休的时候能多拿点钱。
问：那我给您重新设计一份养老保险计划书，过两天送过来，您看怎么样？

答：那好吧，来之前给我打个电话。
问：您觉得退休的时候应当领多少钱呢？
答：那当然是越多越好了。
问：其实大家都希望这样，以您目前给我的预算，您60岁时每年可以领取6000元人民币至终身，您觉得少不少呢？
答：是少了点，可我现在就能负担这么多。
问：那您的意思是就先保这些，以后等经济情况好的时候再加保是吗？
答：那也不是，到时万一领不到几年我就不在了，那交了这么多年的本钱就拿不回来了，岂不是亏了吗？
问：您的想法我明白，这个问题大可不必担心，您可以选择60岁一次性领取的方式，这样您就不会觉得亏了。
答：哦，这种方式还可以。
问：我可不可以请教您几个问题？
答：请随便问。
问：您觉得这份计划对您是不是很重要？
答：是比较重要。
问：那么今后由我为您服务，您不介意吧？
答：当然。
问：那么请您在这儿签字。
答：现在就签？
问：您签了字，这份计划会在今天午夜24点准时生效，我觉得这对您很重要，您说是吗？
答：是这样，好吧。

思考

① 谈谈这个推销洽谈中是如何运用顾客参与性原则的？
② 谈谈你对"推销洽谈过程是和顾客进行对话的过程"的理解。

3.1.1.4 诚实性原则

即推销人员切实对顾客负责，诚实进行洽谈，不玩弄骗术。现代推销是诚实的推销，诚实是现代推销人员起码的行为准则，唯有诚实，才能取信于顾客并赢得顾客。在现代推销环境中仍信奉欺骗性推销，终会碰得头破血流。

名家观点 3-1

在推销的过程中，如果推销员忽略了商品的缺陷，那只是让他的推销工作更加艰难。因此，永远不要把产品的缺陷当作一项秘密。因为这是一种欺骗行为，也许客户已经知道这个缺陷，但你在介绍的时候并没有明说，对方会认为你在有意隐瞒，势必导致你的信誉丧失。

——全球推销员的典范，被誉为"世界上最伟大的推销大师"汤姆·霍普金斯

坚持诚实性原则包括以下三方面内容。

(1) 讲真话

讲真话也就是要真实地向顾客传递推销信息，以争取顾客的信任并有利于顾客在正确判断分析的基础上做出购买决策。

(2) 卖真货

推销信誉靠卖真货才能树立，而信誉是推销的法宝，以假充真，以劣充优，只会害人害己。在造假仿冒技术也日益高明的今天，保护消费者的利益，很大程度上要靠推销人员把关，推销人员对此绝不能掉以轻心。

（3）出实证

实证包括推销人员身份证明和推销品证明两方面。真话真货要靠实证来证明，只有出示真凭实据，才能打消顾客对于推销人员、推销品和推销信息的种种疑虑，坚定顾客的购买决心。因此，实际推销中，推销人员必须适时向顾客出示真实可靠的推销证明，以增强推销洽谈的说服力。

同步案例 3-2

用真诚赢得顾客

北京的一家书画古玩商店里来了两位香港地区的顾客。接待他们的营业员凭借自己的经验判断他们购物是为了经商。果然这两位顾客说明他们是挑货回港销售的。

这位营业员对他们说："我们一定使您满意。您能通过从我们商店买回去的商品赚钱，我们也高兴。"顾客听了很舒服，心理距离一下子拉近了不少。他们选了一种绿色玉炉，营业员却对他们说："据我们所知，这种货在香港销路不太好，我给你们挑一种粉红色的，既便宜又好销。"

顾客见他诚心实意，又是内行，就信任地委托他选了 7000 元的商品。客人回港后，只用 4 天就将所购货物一销而空，随即就打电话托他再挑 2 万元的商品，速发香港。

思考：如何在推销过程中贯彻诚实性原则？

3.1.2　推销洽谈的准备

3.1.2.1　做好推销洽谈准备工作的意义

（1）做好推销洽谈准备工作，有利于在推销洽谈中分清主次，突出重点

在实际推销活动中，推销人员不能以同一方式面对所有顾客，也不能以同一模式与所有顾客进行推销洽谈。这要求推销人员在正式洽谈之前，认真做好推销洽谈准备工作，针对不同的顾客，将不同的洽谈内容分清主次，采取不同的方式展开重点洽谈。例如，有些推销洽谈可以用强调商品的经济性作为重点，有些推销洽谈可以用强调商品的可靠性作为其重点。这里需要指出的是，推销人员应该充分利用准备工作中所掌握的有关资料，针对每一位特定的顾客制定具体的推销洽谈计划，明确推销洽谈要点，以利于提高推销工作效率。

（2）做好推销洽谈准备工作，有利于减少推销洽谈中的失误

在推销洽谈中，推销人员要善于根据不同顾客的个性、特点等具体情况，注意迁就顾客，投其所好，避其所恶，但又要做得恰如其分，这就必须在推销洽谈前充分了解顾客的个性、习惯、需求、爱好、厌恶以及生理缺陷等。例如，有些顾客讨厌在交谈时抽烟，如果推销人员因不了解这一情况而在洽谈时抽烟，就可能影响推销的成功。再如，推销人员在推销洽谈中，若发现某位顾客经常将秃顶掩藏于礼帽之中，在洽谈时就要小心，不要伤害对方的自尊心。显然，如果推销人员认真做好推销洽谈准备工作，事先充分了解顾客的有关情况，则有利于减少推销洽谈中的失误。

（3）做好推销洽谈准备工作，有利于推销人员增加信心，积极主动地开展推销洽谈

如果推销人员心中无数，谈起话来就只能是穷于被动地应付，甚至百语百不慎，而招致顾客的反感，只得相对无言，坐失良机。而那些经验丰富的推销人员在对顾客各方面情况作了充分了解之后，便胸有成竹，信心百倍地去与顾客展开推销洽谈。由于他们对顾客的情况

了如指掌,对自己的推销发言和推销重点深信不疑,因而谈起话来滔滔不绝。而顾客一旦接受了推销人员,继而受推销人员自信心的感染,也会逐步接受推销人员所推销的商品。可见,做好推销洽谈准备工作有助于推销人员信心十足地开展推销活动。

从以上分析可以看出,做好推销洽谈准备工作意义重大。这在推销顾客不熟悉的商品、贵重的高档商品、结构复杂的商品、无形商品时,显得尤为重要。

 销售精英经验谈 3-1

销售洽谈的原则

销售洽谈应坚持以下原则。

① 不要把对方当成"敌人"、"对手",而要把冲突当作相互了解和成长的机会;
② 认为妥协比胜利更重要,寻求满足谈判各方需求的途径,达成双赢的局面;
③ 知己知彼:考虑自己可以妥协的部分、对方的立场和目标,了解对方的真实意图;
④ 让别人认识到你的立场、理由、观点;
⑤ 需要和欲求的区分:必须坚守的和可以放弃的,及其变通办法;
⑥ 建立好的谈判气氛;
⑦ 说出你现在和将来想要的,对双方都是有利的;
⑧ 求同存异,一个问题、一个问题地解决,让谈判继续下去,不要破坏谈判。

3.1.2.2 推销洽谈准备的内容

(1) 制定推销洽谈计划

为了保证推销洽谈工作顺利进行,必须制定严密可行的推销洽谈计划。推销洽谈计划包括以下内容。

① 推销洽谈目标

推销洽谈目标有三个层次。

a. 必须达成的目标。它是指推销人员期待通过推销洽谈所要达成的下限目标。当顾客提出的条件低于这个目标时,就不能再作让步了。

b. 立意达成的目标。它是指推销人员要尽量争取达到、只是在万不得已的情况下,才考虑放弃的目标。

c. 乐意达成的目标。它是指推销人员希望通过推销洽谈所要达成的上限目标、是推销人员想要获得的最高利益的目标。这种目标在必要时可以放弃、是一种理想目标。

在推销洽谈之前,推销人员应对自己的目标有一个清楚的认识,并科学确定推销洽谈目标。

② 推销洽谈要点

一般来说、在每一次推销洽谈中,最有力的推销洽谈要点只有三四个。推销人员在明确最有力的推销洽谈要点时,首先要找出可以成立的推销洽谈要点,然后再找出自己通常使用的推销洽谈要点,最后确定最合适的推销洽谈要点。这里需要指出的是,确定最合适的推销洽谈要点时,要因推销对象的需要而异。例如,同是一种型号的计算机,做教学用机,应突出耐用、质量过硬的特点;做数据计算,就应强调运算速度。这样才能做到有的放矢,获得良好的推销效果。

③ 顾客的基本情况

顾客的基本情况包括:顾客的姓名、年龄、职务、性格特点、偏见、爱好及工作作风等;顾客是否有权购买、是否有支付能力等。此外,还应包括顾客的需要以及变化情况、顾客的主要购买动机、购买态度、购买阻力。只有熟悉顾客的这些基本情况,推销人员才能制定相应的对策。

④ 推销品的各种功能及推销服务情况

主要包括能提供哪些推销品和多种推销品的性能、质量、包装、规格以及各种服务项目等。特别要仔细研究推销品的最新特色，明确它能为顾客带来的好处。搞清楚推销品的各种功能及推销服务情况，有利于推销人员把所推销的商品和服务与顾客的需要联系起来，诱发顾客的购买动机。

另外，推销洽谈计划还应该明确推销洽谈的具体时间、具体地点以及在推销洽谈中将采用的洽谈方法等。

(2) 推销洽谈的心理准备

① 推销人员的自信心

自信是成功的第一步。优秀的推销人员在推销产品前，一定会先了解产品和供求等各方面的状况。在推销产品时，对产品充满自信，相信产品是最适合顾客的；同时，对自己充满信心，相信自己是最优秀的，相信自己能够推销成功。信心使推销洽谈有力，顾客购买产品才会减少顾虑。通常，顾客不会购买不爱自己产品、无自信心的推销人员的产品。推销洽谈的犹豫，会使顾客对产品产生怀疑。

② 推销人员的意志力

意志力是人们自主意识对心理活动及行为的约束。它要求人们在遇到困难与挫折时，仍能保持心理活动的指向与集中。无论推销人员获得信息多么准确可靠，对推销洽谈考虑得多么细致周密，在实际推销洽谈中都不可避免地会遇到一些始料不及的问题。面对这些问题，如果推销人员产生了畏难情绪和逃避心理，那么，推销洽谈很难有成效。因此，推销人员要有坚强的推销意志，以不灰心、不气馁的心理状态去与顾客进行推销洽谈。只有这样，在遇到困难和挫折时，才能胆大心细、临危不慌、沉着应对。

③ 推销人员的真诚热情

与人交往，诚信为本。买与卖、商品与货币存在天生的矛盾。作为其代言人的推销人员在和顾客交往之前，就已经有了矛盾。特别是顾客心里会有一道天然屏障：他为赚我钱而来，他是什么人？设计什么"圈套"？时刻要提防上当受骗。

为消除障碍，推销人员初次见面最好不要先谈产品和买卖，应首先推销自我，取信于人，取信于顾客，微笑社交，注意风度。然后，与顾客站在一个立场上分析问题，评议产品，以求得共识，拆除屏障。

④ 推销人员的谈吐仪表要恰当

高雅、风趣的谈吐，使人耳目一新，并乐于倾听。不俗的谈吐建立在广博的知识基础和恰当的语言技巧上。要做到这一点，推销人员要广学博览，加强语言技巧训练，了解顾客心理、察言观色、投其所好，在洽谈前，应洽谈计划，重要的问题阐述应有提纲或先打腹稿。

推销产品前首先应推销自己，推销自己就要重视自身的仪表和风度。仪表堂堂、风度朗朗，不仅来自不俗的穿着，而且来自长期的自身修养与广博的知识。推销人员应该努力学习，长期积累。

(3) 推销洽谈的物品准备

为了增强推销洽谈的说服力，推销人员需要随身携带一些物品，这些物品主要有以下几种。

① 推销品

推销人员应尽可能地随身携带一些推销品。如果在推销洽谈中将推销品直接演示给顾客看，则最为真实有效，这是其他物品所无法比拟的。因此，作为一名推销人员，应善于利用推销品本身来说服顾客。

② 推销品模型

在推销品难以携带的情况下，推销人员也可以利用推销品模型来代替，让顾客看一看、摸一摸、试一试。这在一定程度上能对顾客产生真实可信的推销实物刺激效应，增强顾客的购买信心。

同步案例 3-3

不同的铸砂

有一天，某铸砂厂的一位推销员走进某铸铁厂的采购部。

在做了礼貌的问候后，推销员一声不吭地在采购部经理面前摆上两张报纸，然后从包里取出一袋砂，抖落到一张报纸上，弄得灰尘四起。

屋子里的人自然不高兴，但是他们还没有表现出来，推销员先开口了："这是贵厂目前所使用的铸砂，是我刚从你们车间取回来的。"

接着，推销员从包里取出另一袋砂，抖落在另一张报纸上，却一点灰尘都没有，同时，他说："这是我们厂生产的铸砂。"

鲜明的对比，让采购部人员都惊讶不已，虽然他们已经明白这个人是搞推销的，但还是忍不住请他介绍这种新的铸砂，就这样，这位推销员顺利地接近客户并签订了一份大订单。

思考：在推销洽谈开始前，我们应该做好哪些物品的准备工作？

③ 文字资料

需要带的文字资料主要有产品说明书、产品价目表、公司简介、产品种类等。利用文字资料作为推销洽谈的辅助手段有其固有的好处：一方面它成本低廉，简便易行；另一方面它对推销品的介绍比语言详尽、全面、系统，有较强的说服力。不过，文字资料受文字作用的局限，一般比较正规、机械，难以做到因人而异地介绍。因此，在利用文字资料进行推销洽谈时，应扬长避短，充分发挥其应有的作用。

④ 图片资料

图片资料主要有图表、图形及照片等。生动、形象的图片能产生良好的说服力和感染力，使顾客通过视觉加深印象，直接引发顾客的购买欲望。如果再配以文字说明，图文并茂，则更具真实感和诱惑力。

⑤ 推销证明资料

在推销洽谈之前，推销人员应尽量收集和准备各种有说服力的推销证明资料，供在推销洽谈中随时出示。不同推销证明资料可以从不同侧面有效地证明推销品的可靠性，它有利于顾客在心理上产生安全感，从而增强顾客购买的信心。

⑥ 其他携带品

包括名片、合同书、计算器、笔记本等，有条件的可以携带有关推销品的录音、录像资料。

同步案例 3-4

知识＝业绩

张明是湖北某县一家罗网厂的推销员。一次，他听说湖南某地有个塑料厂，于是他想，制造塑料得用过滤筛，于是急急忙忙登上火车，马不停蹄地赶到那里。待他说明来意，对方哈哈大笑，说："我们厂生产的是白色塑料，不用过滤。有带颜色的塑料，才需过滤。"张明扫兴而归。没过多久,张明到某橡胶厂推销罗网,正好厂方有购买需求,张明大喜。对方业务负责人问:"你们厂能生产多大拉力的网?最高含碳量是多少?能经得起多高的温度……"张明瞪大眼睛,半天说不出所以然来。他只知道罗网是过滤用的,真不知道还有这么多讲究。对方说:"你连这个都不懂,怎么做推销,怎么签订合同?"张明这才明白,光靠能吃苦是远远不够的。后来,他下苦功学习,掌握了各种金属材料的含碳量、拉力、受压能力、耐酸、耐热性能等科学知识,从此张明的推销业绩直线上升。

思考:根据张明的经历谈谈知识储备在推销中的重要作用。

(4) 推销洽谈的策略准备

为了有效地进行推销洽谈,推销人员必须恰当地运用各种洽谈策略。对此,在推销洽谈之前,要适当地准备多种洽谈策略。在准备推销洽谈策略时,应注意以下几方面的问题:第一,要根据不同的推销对象而选择不同的洽谈策略;第二,要根据推销洽谈所处的不同阶段而选择不同的洽谈策略;第三,要根据业务性质与内容来选择洽谈策略。

推销人员常用的推销洽谈策略有以下几种。

① 以柔克刚策略

以柔克刚策略是指推销人员对咄咄逼人的顾客,暂不急于做出可否的反应,采取以静制其动,以逸待其劳的策略,以持久战磨其棱角,挫其锐气。然后,伺机反守为攻,反弱为强。在推销洽谈过程中,有时会遇到自信心很强,态度傲慢的顾客。这些顾客总想指挥或控制推销人员。对于这样的顾客,以硬碰硬固然可以,但往往容易形成推销人员与顾客情绪的对立,危及洽谈预期目的的实现。多数情况下,可以运用以柔克刚的策略。

推销人员在运用以柔克刚的策略时,一方面要有坚持持久战的精神准备,采用迂回战术,按自己事先筹划好的步骤一步一步地把顾客牵制住;另一方面要坚持以理服人,举止谈吐要做到有理、有节、有利。

② 利益诱导策略

所谓利益诱导策略是指推销人员通过说明和证明自己的推销品能给顾客带来的利益,来诱导其采取购买行动的策略。这里所说的"利",不应仅仅理解为"钱"。它可以是一笔钱、一种地位,也可以是一种机会、一种享受等。因为现代社会中的价值标准是多元化的,所以推销人员在推销洽谈中所展现的推销品的利益也是多样的。

在运用利益诱导策略时,推销人员要尽可能地把所有的利益都说出来,并针对不同顾客的需要而对其最关心的利益加以强调。这是因为:其一,顾客可能对产品提供的利益不甚了解,特别是新产品;其二,如果顾客是内行,有的利益没说出来,顾客可能以为推销人员所推销的商品不如同类其他商品好;其三,推销人员列出的一系列利益不是对所有的顾客都有同等的影响,需要针对不同的顾客强调不同的利益,因为不同的顾客具有不同的关心焦点。需要特别强调的是,推销人员决不能用虚假的利益来诱导顾客,因为这是明显的短期行为,会因此而失信于顾客。

③ 以退为进策略

是指推销人员在遇到棘手问题时,可采用以退为进的策略与顾客周旋,以此摆脱困境。也就是推销人员在推销洽谈中为了实现自己的目标,可以先在某些方面做出一些让步,以促使顾客做出更大让步的策略。推销人员的这种"退"只是手段或策略,而"进"才是真实的目的。

使用这一策略时应注意以下几个问题。

a. 在商品价格、数量及交货期等方面给自己留下"退"的余地;

b. 隐藏自己的要求,设法让顾客先表明其观点、条件;

c. 推销人员每一次小小的"退"都要让顾客做出一定的努力，以使顾客倍加珍惜，防止顾客得寸进尺；

d. 如果推销人员发现自己的"退"对自己不利时，也可以反悔。因为洽谈还不是正式协定，一切都可以重新开始。

知识链接 3-1

有计划地妥协

我们中国自古就有"你敬我一尺，我还你一丈"、"滴水之恩，涌泉相报"的观念。

如果谈判过程中让客户知道他得到了什么好处，让他产生"你敬我一尺，我还你一丈"的感觉，让他产生一种责任感、义务感，他就会多考虑你带给他的好处，而不考虑你赚了他多少钱，那谈判的结果就可想而知，这也是我们很多商家渴望的。

有步骤妥协策略：先有计划地主动做出一个让步，以迫使对方也做出让我们满意的让步，从而达到自己目的的策略。

第一步，在合理范围内，先提一个比较大的、极可能会遭到拒绝的请求。第二步，在对方拒绝了这个请求之后，你再提出一个小一些的、你真正感兴趣的请求。第二个请求不必很小，只要比前一个请求小就可以了。成功的关键在于，这看似一种让步、妥协。

在达成协议的谈判过程中，如果在对方的要求下我们终于答应放弃自己原来的立场，做出一些妥协和让步，则对方会觉得更合理，然后会对方案产生更大的好感。运用有计划妥协策略的谈判者，不仅更可能让对方答应自己的要求，而且还可以获得对方对达成协议的更高的满意度，更加努力地履行自己的诺言，而且对方还会自愿在将来做出更多的承诺。

在实际工作中具体操作如下。

① 对谈判对手不要表现得太过热心。

② 你的第一反应应该是否定的。

③ 提出不可能的要求。道理同第二条。

④ 不要接受第一个提案。道理同第二条。

⑤ 总是准备停止谈判。前提是你了解对方的底线，你要做好前期的准备和调查，而随时准备停止谈判只是让对方感觉到压力并按我们的要求答应条件而已。即使对方不答应，我们一旦觉得继续谈判能使对方高兴，也就是我们的妥协又得到了回报。

⑥ 坚持到底，80%的收获来自最后的谈判部分。

因为有上面的规律，所以我们更应该坚持自己的观点直到最后，因为即使你让步了，不到最后时刻，对方还会要求你再妥协，那你的妥协就没起到作用，因此有计划妥协策略最关键一点就是妥协就要产生回报，不要为妥协而妥协。

④ 沉默策略

推销人员用这种策略来对待态度傲慢、爱自我表现、自高自大的顾客，不失为一个十分有力的谈判工具。这里所说的沉默是指推销人员在推销洽谈中轻易不开尊口，而注意静观顾客的表演。但在运用沉默策略时，要注意审时度势，如果运用不当，其效果会适得其反。例如，在议价中的沉默，顾客会认为是默认。再如，沉默的时间较短，顾客会认为推销人员慑服于其恐吓，反而增加了顾客的洽谈力量。

同步案例 3-5

弄 不 懂

有三位日本代表赴美定购商品。美方公司做了精心安排，先用挂图、电脑资料、视听设备介绍产品,然后用幻灯片播放产品简报,历时几个小时。而日方代表却始终呆若木鸡地坐着,一声不吭。最后,美方代表满怀希望地问道:"你们觉得怎样?"

一位日方代表彬彬有礼地说:"我们不懂。"美方代表显得有些失望,问:"哪儿不懂?"

另一位日方代表说:"全都不懂。"美方代表露出了沮丧的神情,又问:"从什么时候开始不懂?"第三个日方代表说:"从关灯放幻灯片开始,我们就不懂了。"美方代表没气了,问:"那么你们希望怎么办?"日方代表说:"我们希望再来一遍。"如此反复多次,日方代表始终"弄不懂",美方代表锐气大减。在接下来的磋商中,日方代表反守为攻,取得了满意的结果。

思考:本案例中,日本代表使用了怎样的推销洽谈策略?

⑤ 缓冲策略

它是指推销人员在推销洽谈气氛比较紧张时,适时采取调节手段,使之缓和的策略。由于推销人员与顾客的利益不同,性格各异,对一些问题的看法和理解就难免不一致甚至产生冲突,因而在推销洽谈中时常会出现一些摩擦。在这种情况下,推销人员灵活地运用缓冲策略,无疑有助于推销洽谈的顺利进行。

缓冲的主要手段如下。

a. 谈些双方较容易达成一致意见的议题;

b. 在紧要关头安排一个电话或其他借口,调节洽谈气氛;

c. 让顾客复述或解释问题;

d. 让顾客埋头静心研究一下推销人员所提供的有关资料;

e. 临时休会,让顾客休息,以便缓解或消除其不平衡感。

⑥ 最后通牒策略

运用最后通牒策略的最坏结果是导致推销洽谈的破裂,这种结果既不符合现代推销观念的要求,也不是推销洽谈的目的。因此,只有在特定情况下,才能使用该策略。

a. 当推销人员处于强有力的地位,不用担心推销洽谈破裂时采用;

b. 当推销人员已将自己的条件降至最低限度而无法再降时采用;

c. 当推销人员确信自己所提的最后条件在顾客的接受范围之内时采用;

d. 当推销人员在使用过其他各种方法而均不奏效时,只有最后通牒是唯一有可能使顾客改变立场时采用。

为了有效地运用最后通牒策略,推销人员应注意:说话的语气要和缓,使顾客感到你是迫不得已的;可以引用法律条文及其他依据来加强说服力度;洽谈时要有耐心,注意给顾客留有一定的思考时间。

同步案例 3-6

最后通牒策略的运用

意大利某电子公司欲向中国某进出口公司出售半导体生产用的设备,派人来北京与中方谈判。双方在设备性能方面较快地达成了协议,随即进入了价格谈判。中方认为其设备性能不错,但价格偏高,要求降价。较量一番后,意方报了一个改善3%的价格。中方要求再降,意方坚决不同意。中方还价要求降价15%。

意方听到中方还价条件,沉默了一会,从包里翻出了一张机票说:"贵方的条件太苛刻,我方难以承受,为了表示交易诚意,我再降2%,贵方若同意,我们就签约,贵方若不同意,这是我明天下午2:00回国的机票,按时走人。"说完站起来就要走,临走又留下一句话:"我住在友谊宾馆×楼×号房,贵方有了决定,请明日中午12:00以前给我电话。"

中方在会后认真研究了该方案,认为5%的降价不能接受,至少应该要降7%。如何能再谈判呢?中方调查了明天下午2:00是否有飞往意大利或欧洲的航班,结果没有。第二天早上10:00中方让翻译给该宾馆房间打电话,告诉他:"昨天贵方改善的条件反映了贵方交易的诚意,我方表示赞赏,作为一种响应,我方也愿意改变条件,只要贵方降10%。"意方看到中方一步让了5%,觉得可以谈判了,于是希望马上与中方见面。中方赶到宾馆谈判并建议在此之前双方已各让了5%,最后一让也应该对等,建议将剩下5%的差距让一半,即以降价7.5%成交。最终意方同意了中方的建议。

思考
① 请问最后通牒策略的使用条件是什么?
② 试分析在该洽谈中中方有没有做得不当的地方,为什么?

➤ 决策与计划

各小组熟悉任务内容,制定任务完成计划;在讨论过程中做好记录,准备小组交流的内容及陈述方式。

➤ 任务实施

任务 案例分析

实训活动:案例分析"'不可能的任务'——一次成功的超市入场洽谈实录"。

实训目的:领会推销洽谈前准备工作的重要性及洽谈策略的运用。

实训过程:
1. 以小组为单位,熟悉案例内容,注意细节
2. 小组讨论,以"问题与思考"为重点,同时详细谈谈该洽谈实录对你的启示
3. 小组间交流
4. 教师进行总体点评
5. 案例资料

"不可能的任务"——一次成功的超市入场洽谈实录

与超市打交道,大概每个供应商都有自己的苦衷。入场、维护、促销、结款……几乎每个环节都充满了艰辛。有时候超市的"无理"与"强硬"让供应商有一种牙被打掉以后合着血咽到肚子里的痛苦和辛酸。有些小企业,往往处于两难境地,产品不进超市吧,没有知名度,销售额上不去,老百姓也信不过;进超市吧,稍有不慎就会掉入超市设下的一个个巧妙的陷阱,签下一份不平等条约,名目繁多的这个费那个费,一年下来,别说挣钱,不赔就算不错了。其实这也不难理解,同样的产品有几十、几百甚至上千家厂商可以供货,大型超市每个城市就那么多,在与厂家的关系上是典型的"买方市场",这是目前中国市场无法改变的现实。

无论怎样,企业都必须面对。在与超市打交道的各个环节中,入场洽谈是重中之重,特别是小企业,手中没有多少砝码,这一关如果过不好,什么进场费、年节费、店庆费、DM费……再加上什么60天月结之类的结算陷阱,以及定期半价促销,还要把你的价格压到最低,到年底一算账,又为超市做了义务贡献,真是欲哭无泪。所以,您的产品如果想进超市,就必须好好研究一下如何过入场洽谈这一关,为自己争取到最大的利益,达到一个双赢的局面。我两年前曾在北方某省会城市担任一家小型乳品企业的总经理,亲身经历一次超市入场洽谈,通过努力,最终以最小的代价顺利进入超市。

一、背景

当时，企业成立不久，以贴牌生产的方式与邻省一家乳品企业合作，生产袋装酸奶。我方拥有自己的牌子，提供包装，对方为我加工。由于该企业的酸奶在邻省同类产品中销量第一，质量和口感都很不错。而我方提供的包装无论是设计还是材料在同类产品中也是很好的，所以产品应该有较强的竞争力。唯一的缺憾就是上市的时间特别紧张，公司决定产品在"六一"正式上市，同时展开大规模的促销活动。当时由于种种原因留给我们的只有不到一周的时间，按照计划，在这么短的时间内必须完成4个大超市的入场工作，难度的确不小。因为以当地的情况来看，按照超市的正常审批程序，再加上洽谈条件的多次磋商，入场时间谈十天半个月都是有可能的。而且在入场的同时还要上促销，时间确实太紧。

对于我来讲，做食品行业是第一回（此前一直在保健品行业），与超市打交道这也是第一回，心里也没有多少把握。尽管公司的销售部张经理以前做过超市工作，但与具体负责乳品这一块的人员没有直接打过交道，与超市的关系也不是很硬。我决定由我和张经理一起组成攻关小组，去解决这道难题。

二、筹划

孙子曰："夫未战而庙算胜者，得算多也；夫未战而庙算不胜者，得算少也。多算胜，少算不胜，而况于无算乎。"在我以前的销售体会中，很多失败的例子都是事前没有做好充分的准备。这是拜访客户以及与客户洽谈的前提，省了这一道程序，失败者十有八九。所以我不敢掉以轻心，做了比较充分的准备。

1. 时间与拜访顺序的安排。

由于时间很紧，在一周之内必须马不停蹄。先定好两个原则：第一，尽量事先在电话里约定，以提高效率；第二，在洽谈陷入僵持的时候尽量不要死缠硬磨，而是迅速拜访下一个目标。对于前者，可在第二天再次拜访。

在顺序上，究竟先攻哪个超市让我绞尽脑汁。万事开头难，如果第一个超市以优惠的条件顺利拿下，对以后的攻关是个极大的帮助，不但可以鼓舞士气，而且它的条件可以成为攻下下一个超市的参照以及手中的砝码，因为超市之间都在互相比较。所以，这头一个必须是知名度和规模比较大的，排名比较靠前的，这样对下面的超市才会有说服力。我最终选择了在该城市排名第四的超市（A超市）。注意绝不可选择第一或第二，因为难度太大，几乎无法在短时间内攻下。

2. 了解超市洽谈主管的情况

"知己知彼，百战不殆"。这是战场与商场永恒的法则。尽管时间紧，但还是通过多种渠道了解了部分情况。例如A超市的主管H先生很专业，对供应商的产品很挑别，年轻气盛，脾气大，不好对付。

所以，应付这样的对手，你必须十分专业，必须让他折服，才能达到目的。

3. 仔细考虑产品入场的难点以及对方有可能提出的问题

根据我公司产品的情况，质量、口感、包装在同档次的产品中应该很有竞争力，尽管各超市的乳品排面都很紧张，超市入场应该没有什么问题。难点应该是价格问题（我公司产品的价格平均高出其他产品15%左右）和入场费用及其他费用的问题。

针对价格，我一口气想了9条理由。

① 属于委托加工，要付加工费，不能视同厂家对待；

② 产地在外省，有长途运输费用；

③ 包装在同类产品中档次最高，选用的材料贵；

④ 包装委托深圳专业设计公司设计；

⑤ 产品量足，比同类产品要多出一些，在包装上反映很明显；
⑥ 产品质量、口感不错，好产品自然有好价格；
⑦ 投入大量的广告宣传及市场推广费用，成本增加；
⑧ 按照大品牌的正规方式来操作，产品肯定能火起来；
⑨ 对产品具有强大的信心：在目标售点若三个月内销不到同档次产品前三位，则自动撤货。

针对入场费用及其他费用的问题，在让对方感到我们非常专业的同时，多强调我们是刚开始创业的小企业，困难很多，希望超市对我们多多支持，在产品销售情况逐渐好起来后，我们对超市也会予以支持等。总之，希望得到对方的充分理解。

三、受挫

按照预定的计划，我与销售部张经理前往 A 超市。离开公司的时候，大家都用期盼的眼光看着我们，我心里明白此行只许胜不许败，否则，对我们这个刚创业的企业是个很大的打击。而且，如果不顺利，就要影响我们的全盘计划。

一路上，我一直跟张经理开着玩笑，心情放得很轻松。这时候，我不再与他探讨洽谈的事情，而是说一些无关紧要的东西，尽量能在一种轻松而不是很紧张的状态下面对即将到来的考验。

我对张经理说，无论发现什么情况，都不要自己乱了阵脚。保持镇定和平静是洽谈中最重要的事情。如果你在一个暴怒的人面前能不动声色，他一定对你刮目相看。

见到 A 超市负责乳品的 H 先生，果然与了解到的情况一样，傲气而冷漠。大概很多供应商对这样的面孔见得很多，除了点头哈腰的恭维，还能怎么样呢？按照事先的约定，由张经理先跟他谈，而且也没有介绍我。大概不到十分钟，谈话就有结束的趋势。

"现在的排面很紧张，你们的产品虽然看上去不错，但现在竞争也很激烈，能不能卖好很难说……"

"你们过几天再来吧！"

我想，这样的话对很多供应商来说再熟悉不过了。一般地，第一次拜访也就只能如此了。

在张经理与他谈话的过程中，我一直在静静观察他，结合我事先了解到的情况，对策已经在我脑海里形成。

这时，张经理看着我，意思是怎么办？走还是不走？

四、转折

在 H 先生准备起身送客的时候，我对他说，H 先生，我能不能跟你谈一下。张经理赶快介绍这是我们公司的总经理，也许是见过太多的老板，他几乎无动于衷，说等下次再说吧，而且还有些不耐烦。

"我只耽误你 5 分钟，如果 5 分钟之内你对我的话不感兴趣，那我们自己走人。"我站起来，很冷静而且严肃地告诉他。这是我事先想好的一招，叫做"出人意料"法，因为他见惯了厂家对他很尊敬，但突然有个人以这样的口气跟他说话，他一定会很惊奇。而且，对付这样比较硬的对手，你不能太顺着他，一定要镇住他才会有下面的机会。果然，不出我所料，他明显愣了一下。我又趁热打铁："我听说 H 先生在专业上很有造诣，我只是想跟你交流一下，你不会拒绝我吧？"这叫"激将法"。

"好吧，好吧！"他同意了。我猜想，当时他一定在想看你 5 分钟能说出点什么来？

"H 先生，据我所知，本市的袋装酸奶虽然品种很多，但在包装、质量、口感上能上点档次的产品没有几个，你同意吗？"

"是这种情况！"

"我想，贵超市也希望在这类产品中能有一个好产品，一方面，可以吸引顾客，另一方面，也是你的业绩嘛！"

"是啊，是啊！"

在洽谈中，刚开始的时候，一定要你对手多说"是"，你要选择一些对方无法否认的事情来讲，这样，会慢慢一步步把对方引进你布置好的套路中。听说美国人喜欢用这一套，叫做"麻醉法"。

"其实，我们在做这个产品的时候，虽然是个中档次的产品，但我们还是把品位定得很高，如果你有兴趣，可以比较一下。"

这时候，他才仔细拿起样品看着。刚才我注意到张经理递给他样品的时候，他根本就没有放在眼里，只是随手扔在桌子一旁。

"包装还不错，是比其他产品要好一些。"

他已经开始有点认同了。这时候，必须迅速"诱敌深入"。

"你知道，酸奶的口感很重要，现在顾客都很挑剔，我不知道我们的产品口感能不能过你这一关？"我接着说。言外之意，你快尝一尝吧！

同时我又对张经理说，去买几个纸杯来。

"买什么啊，这里有啊！"H先生赶忙说。他觉得有些不好意思了，其实这正是我故意让张经理去"买"纸杯的用意。

H先生的确很专业，他像品咖啡一样，在嘴里仔细眼着。

"口感的确不错，而且牛奶的浓度也很高，只是甜度似乎有些高。"

我要的就是这句话。于是我对张经理说，多倒几杯，给大家都尝一尝。张经理又拿出几袋样品，给周围的几个人挨个送了一杯。

当然，大家同样的赞美是我预料之中的。自然，整个洽谈已经有了质的转折！

五、畅谈

"你的确很专业，甜度的问题很好解决，这是可以调整的。看来，你专门研究过酸奶。"我开始不住地赞美他，这是增加亲和力的有力武器。

"那是，搞这个工作嘛，就要专业一些啊！不过呢，我一直很喜欢喝酸奶，连我们家里也都喜欢喝！"

这真是个天大的喜讯。发现了对方的兴趣，而且你对这兴趣又很有研究，下面的事情就好说了！

因为有过做策划的经历，使我在做新的工作时，会找来大量的相关资料研究，在最短的时间内成为这个行业的"专家"。至少，在一般人看来，你就是专家。我想，这也是任何一个销售人员的基本功。

于是，我们开始畅谈有关酸奶的发展，从过去人们的认识到未来的趋势，从酸奶的营养谈到"长寿食品"的由来，从市场的现状到解决的途径，从生产工艺到新的菌种……

时间不知不觉过去了1个多小时，期间有一些其他厂家的人员来找他，都被回绝了。

从5分钟到一个多小时，我觉得里面蕴含着两个字：专业！在我看来，任何一个有素质的人，面对很专业的人士时，一般都会肃然起敬，随着你谈话的深入，你在他眼里的分量会越来越重。从刚开始对我们的不屑，变成现在的尊敬，我从他眼里已经感觉这次一定会旗开得胜！

由此我想到，作为一个销售人员，在别人眼里，你应该是你那个行业的"专家"，你讲出来的话应该是很有分量的，这样，才会得到对方的尊重和重视。然而，就我所知，我遇到的销售人员能称"专家"的没有几个,有些甚至连一些基本的常识都不是很明白,比如销售酸奶的不懂得酸奶有什么营养,对人体有什么好处,不懂得酸奶的基本生产过程(其实一点都不复杂),不懂得好坏酸奶的区别……你怎么能让你的客户信服你?

六、进入主题

做业务,时时刻刻都不要忘了自己的目的。我们不是来聊天的,目的只有一个:以最小的代价签合同、入场。

在谈兴正浓的时候,我开始把话题引入正题。

"H先生,难得遇到跟你这样聊得来的人,今天我特别高兴。但现在有个烦心事情……"

"王总,什么事情,你尽管说!"显然,他已经把我当作朋友了。

于是,我把公司一周内的入场计划告诉他,而且要在"六一"全面促销。

"这个好说!"说着他从抽屉里拿出了合同。这个动作我都没有想到,看来如果你成功地推销了自己,后面的事情真是不难。

他说出入场费是多少,我说太高了吧。我语音还没落,他说你别急,这是报价。看看,他已经为你操心了。

"那你能给我们优惠多少呢?"我问道。

他想了想,报出个数字。我知道这个费用已经是我们可以接受的范围了。我给张经理使个眼色,张经理不失时机地说:

"再低一些吧!听说你们给××产品的入场费比这还低。"

"哪有的事,你们别听别人乱说。"

"我们也是刚开始创业的小企业,资金很紧张,你看能不能再给支持一下?"我继续加压。

他又想了想,说:"入场费实在是没办法低了,这样,我给你们免个费用,不能免的店庆费和年节费给你们按最低算。"

看着我们还不善罢甘休的样子,他又很无奈地说:"你们资金紧张,我给领导说,入场费不用交现款,在货款中扣吧。"

这个问题上已经超过我们预想的优惠条件,我们暗自窃喜。

但是,最最棘手的问题来了。

"你们的价格不行,太高,必须降低!"

价格这一关,是必须要面临的,况且我们是同档次产品中价格最高的。超市要我们降价是预料之中的事情。

"H先生,我们产品的价格是高,我不否认。但是,我们的价格高有它的道理。"

于是,我把事先准备好的9条理由一条一条娓娓道来。结果,我还没有把全部理由说完,对方已经"投降"了,我对不降价的坚定语气和有备而来已经使他感觉到价格问题无法动摇。

更重要的是,我又坚定地说"如果我们的产品在贵超市三个月内销不到同档次产品的前三位,我们就自动撤货"。

这样的信心也给了H先生信心,因为他给予我们这么优惠的条件也得给上面有个交待。

在后面,账期及其他问题都迎刃而解。

七、获胜而归

"你们把合同带回去,盖好章子送过来。"填好必要的项目后H先生说。

我知道,按照一般规律,审批还要一段时间,因为还要部门经理等签字,还要牵扯到另外一些部门。可是我们没有这样的时间等待，而且，我必须尽早拿到这份有极强参照意义的合同，因为后面还有几个超市等着我们去攻克！

我对他说："章子我们带了，而且最好能麻烦 H 先生现在就给我们办一下，我希望早一点拿到合同，因为还有在贵超市做上市促销活动的准备工作！我希望'六一'能在贵超市有个开门红！"

"啊？"他很吃惊，我猜想可能很少有这样的先例：第一次拜访就要把事情搞成不可。

"王总，你看，这……"他确实有些为难。但我当时感觉，他能办到。

于是我笑一笑，说："我知道让你为难了，但我也重任在身啊！就算你帮我一个忙，日后需要我做点什么尽管开口！忙完了中午请你吃饭，我们再好好聊聊。"

"第一次跟你这样的人打交道！"他也笑着调侃，答应了。

他拿着合同，我经理然后又跑其他部门。我们在他办公室等待的时候，张经理悄悄对我说："真是不可思议！"

最终，我们下午拿到了合同。

【问题与思考】

① 在推销洽谈前做了哪些推销准备工作？
② 洽谈者在推销洽谈时使用了哪些洽谈策略和洽谈技巧？
③ 洽谈者能在不利的洽谈环境下获得胜利的原因何在？
④ 详细指出洽谈中王总的语言技巧有哪些？

> 检查评估与反馈

1. 检查学生任务是否完整完成。
2. 专业能力、社会能力和方法能力有哪些提高？
3. 按照评估标准评估每位学生的工作态度、工作的质量情况。
4. 整理并保存参与学生的评定情况记录，作为平时考核依据。

3.2 叙述、倾听的技巧

相关资讯

3.2.1 推销洽谈的叙述技巧

在推销洽谈中，叙述是推销人员介绍己方情况、阐述己方对某一问题的观点和看法的重要手段，也是推销过程中常用的沟通形式。叙述语言表述能力至关重要。简洁明确、论点清晰、表达充分的叙述，才能够有力地说服顾客，协调双方的目标和利益，保证推销洽谈的成功。

说话总是要表达某种内容、某个观点，在这个前提下，推销人员的语言技巧就是关键因素，小则可能影响推销人员与顾客的关系，大则关系到推销洽谈的成功与否。推销人员在洽谈中要交流信息，但又不能信口开河，推销人员不但要准确表达自己的观点与见解，而且要表达得有条有理，恰到好处，这就需要有叙述的技巧。

3.2.1.1 推销人员在叙述时应注意以下方面

① 正确选用入题方式。入题方式多种多样，例如，以关心的方式、以赞誉的方式、以请教的方式、以炫耀的方式等。但无论采取什么方式入题，都应使顾客有兴趣与推销人员继

续洽谈。

② 叙述主题要明确，千万不能漫无边际地离题发挥，否则会引起顾客的厌烦和反感。

③ 叙述的内容要简明扼要，不拖泥带水，不重复啰嗦。

④ 语言要通俗易懂，表达清楚，千万不能词不达意。同时，应尽量运用语调、声音、停顿及重点重复等叙述手段及方法，以增强叙述的感染力。

⑤ 使用的材料要真实可靠，叙述的数据要准确具体。

⑥ 在推销洽谈结束前，最好能给顾客一个正面的评价，对顾客表示感谢、肯定对方行为是极为必要的。

3.2.1.2　推销洽谈中叙述的语言技巧

（1）转折用语

推销洽谈中推销人员遇到问题难以解决，或者有话不得不说，或者接过顾客的话题转向有利于自己的方面，都可使用转折语。例如，"可是"、"虽然如此"、"然而"等。这种用语具有缓冲作用，可以防止气氛僵化，既不致使对方感到太难堪，又可以使问题向有利于推销人员的方向转化。

（2）解围用语

当洽谈出现困难时，为突破困境，给自己解围，推销人员就可以运用解围用语。例如，"这样做肯定对双方不利"，"再这样拖延下去，只怕最后结果也不妙"……这种解围用语，如果运用恰当，往往能收到良好的效果。只要双方都有谈判诚意，顾客可能会接受推销人员的意见，促成谈判的成功。

（3）弹性用语

对不同的顾客，应"看菜吃饭"。如果顾客很有修养，语言文雅，那么推销人员也要采取相似的语言，谈吐不凡。如果顾客语言豪爽、耿直，那么推销人员就无须迂回曲折，可以打开天窗说亮话，干脆利索地摊牌。

总之，在洽谈中要根据对方的学识、气度修养，随时调整说话的语气和用词。

知识链接 3-2

介绍商品的有效方法——FABE 法则

FABE 模式是由美国奥克拉荷大学企业管理博士、中国台湾中兴大学商学院院长郭昆漠总结出来的。FABE 推销法是非常典型的利益推销法，而且是非常具体、具有高度、可操作性很强的利益推销法。它通过四个关键环节，极为巧妙地处理好了顾客关心的问题，从而顺利地实现产品的销售。

1. feature（特性）：产品特质、特性等最基本的功能，即一种产品能看得到、摸得着的东西，这也是一个产品最容易让客户相信的一点。

2. advantage（作用）：从特性引发的用途，就是这种属性将会给客户带来的作用或优势。

3. benefit（好处）：是指作用或者优势会给客户带来的利益，对顾客的好处（这种利益会因顾客的不同而异）。

4. evidence（证据）：包括技术报告、顾客来信、报刊文章、照片、示范等，通过现场演示、相关证明文件、品牌效应来印证对推销品的一系列介绍，所有作为"证据"的材料都应该具有足够的客观性、权威性、可靠性和可见证性。其标准句式是："因为（特点）……，所以（作用）……，对您而言（好处）……，您看（证据）……"

使用举例：（因为）我们的冰箱使用了世界上最先进的电机（特点），所以特别省电（作用),对您而言,购买了我们的冰箱,您每月电费开支将大大减少,一年下来,也可以省下不少钱呢。(证据,利用销售记录)这款冰箱卖得很好,您看,这是我们的销售记录,我帮您试机您看看。

FABE法则应灵活运用,为了达到较好的介绍效果,特性、作用、好处、例证的介绍没有顺序要求。

3.2.2 推销洽谈中的倾听技巧

在与顾客推销洽谈时,不少推销人员总以为做交易就要有个"商人嘴",于是口若悬河,滔滔不绝,不给顾客表达意见的机会。这样一来,很容易引起顾客的反感。实际上,在推销洽谈中,潜心地倾听往往比滔滔不绝地谈话更为重要。香港推销家冯两努先生说过,上帝之所以让人长一张嘴巴,两只耳朵,就是让人少说多听。推销人员需要以帮助顾客的积极态度真正"听懂"顾客,了解顾客在"话里"和"话外"表达的问题与期望,同时让顾客感到企业的重视与关怀,为解决问题奠定良好基础。乔·吉拉德认为"不要过分地向顾客显示你的才华,成功推销的一个秘诀就是80%使用耳朵,20%使用嘴巴。"

名家观点 3-2

要想成为最优秀的推销员,学会倾听是当务之急,以下是我归纳出来的一些技巧。

① 要真诚地聆听客户的谈话,不要假装感兴趣,因为他对你所说的话,会通过你的表情呈现出来,如果你对他的话没有适当回应,那么他就会对你彻底失去兴趣,如此你的推销将无果而终。

② 不要在顾客说话的时候写东西。

③ 当顾客说话时,不要显示出排斥的心理,这是一种很愚蠢的行为。当你心里感觉面前的人说话"很没水平"或者"他的房间很乱"等,即使脸上带着微笑,顾客还是会感觉出你的排斥心理。如果你遇到这种情况,不妨换一个话题,这样才对你有利。

④ 不要任意打断顾客谈话,不要试着加入话题或纠正他。

我知道这对推销员来说很难,但不能让顾客认为你对他的话题不感兴趣。

——美国首屈一指的个人成长权威人士布莱恩·崔西

最难对付的是三缄其口的顾客,对推销人员没什么好说的。只要顾客开口说话,推销人员也便有了观察了解顾客真实意图的机会。推销人员只要认真倾听就会探索到顾客的心理活动,观察和发现其兴趣所在,从而确认顾客的真正需要,不断调整自己的推销计划,突出推销要点。

洽谈中要想获得良好的"听"的效果,应掌握四大倾听技巧。

3.2.2.1 专心致志地听

精力集中、专心致志地听,是倾听艺术最重要、最基本的方面。心理学家的统计证明,一般人说话的速度为每分钟180到200个字。而听话及思维的速度,大约要比说话快4倍多。所以,对方的话还没说完,听话者大都理解了。这样一来,听者常常由于精力富余而开"小差"。也许恰在此时,顾客提出了要推销人员回答的问题,或者传递了一个至关重要的信息。如果因为心不在焉没有及时反应,就会错失推销良机。

3.2.2.2 有鉴别地倾听

有鉴别地倾听,必须建立在专心倾听的基础上。因为不用心听,就无法鉴别顾客传递的信息。例如"太贵了",这几乎是每一位顾客的口头禅。言外之意是"我不想出这个价",而不是"我没有那么多钱"。如果不能辨别真伪,就会错把顾客的借口当作反对意见加以反驳,从而激怒顾客,令顾客感到有义务为他的借口进行辩护,无形中增加了推销的阻力。只有在摸清顾客真正意图的基础上,才能更有效地调整谈话策略,有针对性地做好说服顾客的工作。

3.2.2.3 不因反驳而结束倾听

当已经明确了顾客的意思时,也要坚持听完对方的叙述,不要因为急于纠正顾客的观点而打断顾客的谈话。即使是根本不同意顾客的观点,也要耐心地听完他的意见。听得越多、就越容易发现顾客的真正动机和主要的反对意见,从而及早予以处理。

3.2.2.4 倾听要有积极的回应

要使自己的倾听获得良好的效果,不仅要潜心地听,还必须有反馈的表示。比如点头、欠身、双眼注视顾客或重复一些重要的句子,或提出几个顾客关心的问题。这样,顾客会因为推销人员如此专心地倾听而愿意更多、更深地暴露自己的观点。

同步案例 3-7

你真的明白倾听的艺术了吗?

有一次美国知名主持人林克莱特访问一名小朋友,问他说:"你长大后想要当什么呀?"小朋友天真地回答:"嗯,我要当飞机驾驶员!"林克莱特接着问:"如果有一天,你的飞机飞到太平洋上空,所有引擎都熄火了,你会怎么办?"小朋友想了想:"我会先告诉坐在飞机上的人绑好安全带,然后我挂上我的降落伞先跳出去。"当现场的观众笑得东倒西歪时,林克莱特继续注视着这孩子,想看他是不是自作聪明的家伙。

没想到,接着孩子的两行热泪夺眶而出,这才使得林克莱特发觉这孩子的悲悯之情远非笔墨所能形容。于是林克莱特问他:"为什么要这么做?"小孩的回答透露出一个孩子真挚的想法:"我要去拿燃料,我还要回来!我还要回来!!"

思考:你认为主持人真的明白倾听的艺术了吗?在倾听过程中他犯了什么错误?

➤ 决策与计划

向学生说明工作任务,引导学生熟悉任务内容,激发学生的兴趣;根据任务完成要求,制定任务完成计划。

➤ 任务实施

任务一

课堂活动:如何卖曲别针。

活动目的:探索推销人员在陈述产品的特色和好处方面的技巧。

活动过程:

1. 自备曲别针一枚(可以自己假定其特点),推销给你的任课老师。
2. 根据课时情况,选定 5~6 人进行。
3. 班级同学共同讨论以下问题。
(1) 如果你是一名顾客,你希望哪种销售陈述:
① 解释了产品是什么?
② 解释了产品可以用来做什么?
(2) 如果你从来没见过这种产品,你会买它吗?
(3) 如果所有销售人员卖的产品都很相似而且价格也很相似,你会从谁那儿购买,说明理由。

4. 教师对活动情况作点评。

任务二

课堂活动：企业及产品介绍。

活动目的：叙述技巧练习。

活动过程：

1. 以个人为单位，通过查阅资料，准备 500～600 字的企业介绍及产品介绍，利用 PPT 做辅助手段，向参会的经销商（假设你的同学便是）介绍你的企业和产品。根据课时情况，请 5～6 位学生做陈述，其他同学为观察者。

2. 根据陈述者表现，请作为观察者的同学做点评。

3. 教师做总体点评。

任务三 "听"与"说"的游戏

课堂活动："听"与"说"的游戏。

活动目的：认真倾听别人发言并进行归纳总结，简洁、明确、正确地表达自己的观点。

活动过程：

1. 背景材料：私人飞机坠落到荒岛上，只有六人存活，他们是：

① 孕妇：怀孕 8 个月；

② 发明家：正在研究新能源（可再生、无污染）；

③ 医学家：多年研究艾滋病的治疗方案，已取得突破性进展；

④ 宇航员：即将远征火星，寻找适合人类居住的新星球；

⑤ 生态学家：负责热带雨林抢救工作；

⑥ 流浪汉。

2. 请六位学生分别扮演六位存活者。

3. 逃生工具只有一个只能容纳一个人的橡皮气球吊篮，没有水和食物。针对自己应该乘坐气球先行离岛的问题，各自陈述理由。先复述前一个人的理由再重申自己的理由，最后决定可先行离岛的人是复述别人逃生理由较完整并陈述自己先逃生理由较充足的一个。

➤ **检查评估与反馈**

1. 检查学生任务是否完整完成。

2. 专业能力、社会能力和方法能力有哪些提高？

3. 按照评估标准评估每位学生工作态度、工作任务完成质量情况。

4. 整理并保存参与学生的评定情况记录，作为平时考核依据。

3.3 提问、答复的技巧

相关资讯

3.3.1 推销洽谈常用的提问技巧

在推销洽谈中，提问是一种非常有效的方式。它可以引起顾客的注意，使顾客对这些问题予以重视；还可以引导顾客的思路，获得推销人员所需要的各种信息。推销人员如果善于运用提问的技巧,就可以及早触及与推销有关的问题和揭示顾客真正动机的有益内容,从而有效地引导洽谈的进程。

很多推销人员,还没弄清顾客的真正需求,一见到顾客就"突突突"放机关枪,这是做推销的大忌。著名销售专家孟昭春说:"当你说句号时,客户的心门将关闭;当你说问号时,客户的心门将打开。"作为一个推销人员,倘若你想要的结果没有得到,请不要怪顾客,而是要自己找原因,问一问自己:我是不是句号用得太多了?

名家观点 3-3

成功者与不成功者最主要的判别是什么呢?一言以蔽之,那就是成功者善于提出好的问题,从而得到好的答案。

——世界潜能大师 安东尼·罗滨

1. 求索式问句

这种问句旨在了解顾客的态度,确认他的需要。如"您的看法呢?""您是怎么想的?""您为什么这样想呢?"通过向顾客提问,可以很快探明顾客是否有购买意图以及他对产品所持的态度。

2. 证明式问句

有时候,顾客可能会不假思索地拒绝购买。推销人员应事先考虑到这种情况并相应提出某些问题,促使顾客做出相反的回答。如,"您们的冷却系统是全自动的吗?""您的仓库很大吗?"等。顾客对这些问题做出的否定回答等于承认他有某种需求,而这种需求亟待推销人员来帮助解决。

3. 选择式问句

为了提醒、敦促顾客购买,推销人员的推销建议最好采用选择问句,这种问句旨在规定顾客在一定范围内选择回答,往往可以增加购买量,比如:"您买两盒还是三盒刀片?"这种问句显然比直接问"您需要多少刀片?"效果要好。假如顾客根本不想买,这样的选择问句也往往可以促使他至少买一盒。

同步案例 3-8

陈明利的现场三分钟成交演示

陈明利是新加坡乃至东南亚的保险销售皇后,在一次保险业销售论坛上,孟昭春与陈明利女士在没有任何准备的情况下,现场进行销售演练(假设孟昭春是比尔·盖茨,陈明利是保险销售员),场面精彩非凡,以下是当时的对话。

陈:比尔先生,我知道您是全世界最有钱的人,您的钱几代人都花不完,您知道您为什么这么成功吗?

孟:会赚钱。

陈:没错,您不但会赚钱,我听说您还是全世界最具有爱心的人,可是您是不是也承认,生意有起有落,您也经历过一些风浪,经历过一些低潮,是吗?

孟:对。

陈:那么,当您经历低潮的时候,您有没有想过,您对这个世界的爱心还是希望能够继续做下去?

孟:是。

陈:不管您这个人在不在世了,是不是?

孟：对。

陈：那么，如果比尔先生，我能够提供给您一个计划，就是说您不用自己掏口袋里的钱，而且，即使您不在世了，也会有很多穷人因为您，而得到帮助。您愿意听听吗？

孟：当然。

陈：那么，比尔先生，您觉得做慈善用多少金钱才够？

孟：是我资产的一半。

陈：资产的一半，非常好。那么，比尔先生，现在这个情况就是，您只要投保一份您资产一半的保额的保险，而这个保险是以您的名义，不管您人在不在世，这份保单都将会提供给全世界不幸的儿童。并且，因为您的不在，全世界因为失去您这位巨人，会有好多儿童永远永远、世世代代地怀念您的爱心基金，您觉得这个计划好不好？

孟：好的，谢谢。

思考：试分析陈明利的销售技巧及对你有什么启发？

4. 诱导式问句

这种问句旨在引导顾客的回答符合推销人员预期的目的，是争取顾客同意的一种提问方法。该法通过提出一系列问题，让顾客不断给予肯定的回答，从而诱导顾客做出决定。提问的技巧就在于推销人员只有不断地使顾客多说"是"，才能抓住时机，步步深入，引导顾客做出一个又一个的决定。

知识链接 3-3

扑克牌游戏

在西方一些国家或地区，各行各业的营销人员如果没有接触过扑克牌游戏是不允许从事销售工作的，因为他们强势推销的行为会大批量地替公司得罪客户，损害公司形象。扑克牌游戏的原理是主持人通过控制营销人员的注意力，逐渐达到目的。

具体操作：主持人拿出一副扑克牌，把大王和小王抽出来，然后让销售人员从剩余的牌中随意抽出一张，抽出的一张不给营销人员看。假设抽出来的这张牌是红桃5，请看下面的对话。

主持人：请问你至少打过一次或两次牌，对吗？

营销员：对。

主持人：在这52张扑克里一共有两种颜色，一种黑色，一种红色，对吗？

营销员：是的。

主持人：如果让你从中任选一种，你会选择黑色，还是红色？

营销员：我选择黑色。

主持人：谢谢，那剩余的一定是红色，对吗？

营销员：是的。

主持人：在红色的扑克牌中，也分为两种花色，一种是红桃，一种是方片，对吗？

营销员：对。

这些话当然都是废话，但是废话也要问，因为要先求小"yes"，先问小问题，让客户一回答，就是"yes，yes，yes"，没有别的答案可回答。

主持人：如果让你从中选择一种，你会选择红桃还是方片？

营销员：我选择方片。

主持人：好，那剩下的一定是红桃，对吗？

营销员：对。

主持人：谢谢你，在红桃的牌中，一共有13张，对吗？
营销员：对。
主持人：13张牌中又分为王后组和数字组，王后组J、Q、K，数字组1、2、3、4……10，对吗？
营销员：对。
主持人：在王后组和数字组中，你会选择哪一组呢？
营销员：我选数字组。
主持人：好，在数字组中，也可以分为两组，一组是大数组：6、7、8、9、10，一组是小数组：1、2、3、4、5，在这两组当中，你选大数组还是小数组？
营销员：我选小数组。
主持人：在小数组中的1、2、3、4、5，最大的一张牌是什么？
营销员：是5。
主持人：你真聪明，你刚才抽出的就是红桃5。

3.3.2 SPIN销售法

针对大额产品销售具有金额相对较大、顾客心理变化大、做决定周期比较长等特点，美国Huthwaite公司的销售咨询专家尼尔·雷克汗姆与其研究小组分析了35000多个销售实例，与10000多名销售人员一起到各地进行工作，观察他们在销售会谈中的实际行为，研究了116个可以对销售行为产生影响的因素和27个销售效率很高的国家，耗资100万美元，历时12年，于1988年正式对外公布了SPIN模式——这项销售技能领域中最大的研究项目成果，引起了人们对销售技巧认识的一次新的革命，推动了销售技巧的进一步完善。

在此期间，尼尔·雷克汗姆测量了经SPIN培训过的第一批销售人员签单率的变化，结果表明：被培训过的人在销售额上比同一公司的参照组的销售人员提高了17%。

SPIN销售法，简单地说，就是在推销过程中，与潜在顾客的交流应按照以下顺序展开，使顾客自己发现问题，以及由此导致的严重后果，并产生强烈的解决问题的欲望，通过交流，使顾客自己认识到应该通过推销人员来解决以上问题。

1. 背景问题（situation questions）

即有关买方现在的业务和状况的事实或背景。如"你们用这些设备有多久啦"或"您能和我谈谈公司的发展计划吗"。尽管背景问题对于收集信息大有益处，但如果过多，则会令买方厌倦和恼怒。因此，询问的时候要把握两个原则：①数量不可太多；②目的明确，问那些可以开发成为明确的需求、你的产品或服务可以解决该难题的问题。

2. 难点问题（problems questions）

即发现客户的问题、难点和不满，而卖方的商品和服务正是可以帮助客户解决他们的这些问题、难点和不满的问题。如"这项操作是否很难执行"或"你担心那些老机器的质量吗"。难点问题为订单的开展提供了许多原始资料。因为难点问题有一定的风险性，所以许多缺乏经验的销售人员很难把握提问的时机。

3. 暗示问题（implication questions）

即扩大客户的问题、难点和不满，使之变得清晰严重，并能够揭示出所潜伏的严重后果的问题。如"这个问题对你们的远期利益有什么影响吗"或"这对客户的满意程度有什么影响吗"。暗示问题就是通过积聚潜在顾客难题的严重性，使它大到足以付诸行动的程度。询问暗示问题的困难在于措辞是否恰当和问题的数量是否适中，因为它往往使潜在顾客心情沮丧、情绪低落。如果还没有提问过背景问题和难点问题，过早引入暗示问题往往使潜在顾客产生不信任甚至拒绝。

4. 需求—效益问题（need-payoff questions）

销售人员通过问这类问题，描述可以解决顾客难题的对策，让顾客主动告诉你，你提供的这些对策让他获利多少。如"如果把它的运行速度提高 10% 对您是否有利呢"或"如果我们可以将其运行质量提高，那会给你怎样的帮助呢"这些都是典型的需求—效益问题。

需求—效益问题对组织购买行为中的那些影响者最有效，这些影响者会在推销人员缺席的情况下担当起推销人员的角色，将推销人员的对策提议交给决策者，并通过自身的努力给决策者施加一定的影响。

推销人员最易犯的错误就是在积聚起问题的严重性之前过早地介绍对策，在潜在顾客没有认识到问题的严重性之前会为推销人员的需求开发设置障碍。因此，问需求—效益问题的最佳时机是：在推销人员通过暗示问题建立起买方难题的严重性后，而又在描述对策之前。

在每笔生意中，出色的推销人员较之一般推销人员所问的需求—效益问题要多 10 倍。

如果只把把 SPIN 模式看成一个公式，那推销人员永远也掌握不了它的精髓；把 SPIN 模式看作是一个灵活的会谈路径图，勤于思考和领悟，不断提高使用技巧，假以时日，它就可以如帮助成千上万其他人一样帮助推销人员成就事业。

同步案例 3-9

节电设备的 SPIN 销售演示

卖方：你们工厂安装了节电设备没有？

买方：没有。

卖方：你们工厂的电费一年大约是多少？

买方：800 万元左右。

卖方：电费的开支在你们运行成本中占据多大比例？

买方：除去物料和人工开支外，就是电费，居第三。

卖方：据我所知你们在控制成本方面做得相当不错，在实际操作过程中有没有困难？

买方：在保证产品质量和提高职工待遇的前提下，我们一直致力于追求生产效益最大化，因此在控制物料和人工的成本方面着实下了一番功夫，确实取得了一定的效益，但在控制电费的支出上，我们还是束手无策。

卖方：那是不是说你们在民用高峰期也要支付超常的电费？

买方：是的，尤其是每年的 6、7、8 三个月的电费高得惊人，我们实在想不出还有什么可以省电的办法啦。事实上那几个月我们的负荷也并不比平时增加多少。

卖方：除了电费惊人，你们是否注意到那几个月电压也不稳？

买方：的确是这样，工人们反映那几个月电压往往偏高，也有偏低的时候，不过并不多。

卖方：为防止民用高峰期电压不足及减少供电线路的损耗，电力部门供电时会以较高的电压传输，电压偏高对你们费用的支付意味着什么？

买方：那肯定会增加我们实际的使用量，使我们不得不支付额外的电费。

卖方：除了支付额外的电费，电压偏高或不稳对你们的设备比如电机有什么影响？

买方：温度升高缩短使用寿命，增加维护和修理的工作量和费用。严重的可能直接损坏设备，使生产不能正常进行，甚至全线停产。

卖方：有没有因电压不稳损坏设备的情况发生？最大的损失有多少？

买方：有，去年发生了两起，最严重的一起是烧毁一台大型烘干机，直接损失就达 50

万元。

卖方：如此说来，节约电费对你们工厂控制成本非常重要？

买方：是的，这一项支出如能减少那就意味着我们的效益增加。

卖方：稳定电压对你们来说是不是意义更为重大？

买方：是的，这不仅可以维持生产的正常运行，还可以延长我们设备的使用寿命。

卖方：从你所说的我可以看出，你们对既能节约电费又能稳定电压的解决办法最为欢迎，是吗？

买方：是的，这对我们来说至关重要，我们非常需要解决电费惊人和电压不稳的问题，这样不仅使我们降低成本增加效益，而且还可以减少事故发生频率，延长设备的使用寿命，使我们的生产正常运行。

思考：在该销售对话中，推销人员是如何运用SPIN销售法的？分别指出哪些属于背景性问题、难点性问题、暗示性问题和需求—效益型问题？

3.3.3 推销洽谈的答复技巧

在推销洽谈中回答顾客的问题，是非常讲究技巧的。因为推销人员的答复不仅要使顾客满意，还要尽可能地使推销局面朝着有利于推销人员的方向转化，推销人员对自己回答的每一句话都负有责任，因为顾客可以把他的回答理所当然地认为是一种承诺。这就给推销人员带来一定的精神负担与压力。因此，推销人员水平的高低很大程度上取决于他答复问题的水平。

掌握推销洽谈中答复的技巧，应注意以下要领。

1. 不要彻底答复对方的提问

推销人员要将顾客的问话范围缩小，或者对回答的前提加以修饰和说明。比如顾客对某种商品的价格表示关心，顾客直接询问这种产品的价格，如果彻底回答顾客，把价钱一说了之，那么在进一步洽谈过程中，推销人员可能就比较被动了。倘若这样回答："我相信我们的产品会令你们满意的，请先让我把这种产品的性能说一下好吗？我相信你们会对这种产品感兴趣的……"这样回答，就明显地避免了把顾客的注意力一下子吸引到价格问题上来。

2. 不要确切回答对方的提问

推销人员回答顾客的问题，要给自己留有一定的余地。在回答时，不要过早暴露自己的实力。通常，可先说明一件类似的情况，再拉回正题，或者利用反问把重点转移。

3. 减少顾客追问的兴致和机会

顾客如果发现推销人员的漏洞，往往会刨根问底地追问下去。所以，回答问题时要特别注意不要让对方抓住某一点继续发问。为此，借口问题无法回答也是一种回避问题的方法。

4. 让自己获得充分的思考时间

推销人员回答问题必须谨慎从事，对问题要进行认真的思考，要做到这一点，就需要有充分的思考时间。一般情况下，推销人员对问题答复的好坏与思考时间成正比。正因为如此，有些顾客会不断地催问，迫使推销人员在对问题未进行充分思考的情况下仓促作答。遇到这种情况，推销人员更要沉着，不必顾忌顾客的催问，而是转告对方你必须进行认真思考，因而需要时间。重复顾客的问题不仅会使顾客觉得推销人员很重视他，还可以为自己赢得思考的时间。

5. 不轻易作答

推销人员回答问题，应该具有针对性，有的放矢，因此必须认真思考问题的真正含义。同时，有的顾客会提出一些模棱两可或旁敲侧击的问题，意在以此摸推销人员的底。对这类

6. 有时可将错就错

当顾客对推销人员的答复作了错误的理解，而这种理解又有利于推销人员时，则不必更正顾客的理解，而应该将错就错，因势利导。推销洽谈中，由于双方在表述与理解上的不一致，错误理解对方讲话的情况经常发生。一般情况下，这会增加推销人员与顾客信息沟通的难度，因而有必要予以更正、解释。但是，在特定情况下，这种错误的理解能够为谈判中的某一方带来好处，因此推销人员可以采取将错就错的技巧。

总之，推销洽谈中的答复技巧不在于回答对方"对"或"错"，而在于应该说什么、不该说什么和如何说，这样才能产生最佳效果。推销人员应该懂得，"正确的答复未必是最好的答复"这个道理。

➤ 决策与计划

明确任务内容及完成要求，制定完成任务计划，按照计划做好组内分工及协作，完成过程中做好材料记录，准备陈述交流。

➤ 任务的实施

任务一

课堂活动：SPIN 销售法训练。

活动目的：熟练掌握 SPIN 销售技巧。

活动过程：

1. 两位同学为一组，一位扮演推销人员，一位扮演顾客，根据课时情况，决定参与人数的多少。其他同学为观察者。

2. 以防电热水器、锅炉设备、某地段（根据当地情况确定）住宅楼盘、某领域机械化作业工具等为例，使用 SPIN 销售法进行推销演练。

3. 演练过程中，作为观察者的同学对演练情况做好记录。演练结束，进行点评。

4. 教师进行总体点评。

任务二

课堂活动：提问的技巧。

活动目的：体会提问在销售过程中的重要性，练习提问技巧。

活动过程：

1. 以下是某旅行社销售人员向某公司李总推销新马泰七日游的过程，分析该推销人员的推销过程，有什么不妥之处吗？

推销人员："李总，你好，我是某某旅行社的销售员。我们公司是全国最有信誉的公司。最近我们公司推出了很多好的旅游项目，其中有一个旅游项目是新、马、泰7日游。那么，李总，对于你来讲，你正好可以利用7天长假的时机去新、马、泰游玩7天。我们公司在7日游过程中首推的促销价是在这个价的基础上打八折。这对于你来讲是个大好的机会，你可以趁机与你的太太和孩子一起去度假。新、马、泰是好地方，风光山水无限美好，最大的特色是佛教文化，最刺激的亮点是人妖表演……"

2. 假如你是这位推销人员，找一位同学扮演李总，请你做一个推销示范；根据课时情况，请3～4位学生来演练。其他同学作为观察者，做好记录。

3. 师生共同分析、点评推销活动过程中提问技巧优劣。

➤ 检查评估与反馈

1. 检查学生工作任务是否完整完成。

2. 专业能力、社会能力和方法能力有哪些提高？
3. 按照评估标准评估每位学生工作态度、工作任务完成质量情况。
4. 整理并保存参与学生的评定情况记录，作为平时考核依据。

3.4 推销洽谈的议价技巧

相关资讯

价格是影响交易成败的重要因素之一，在商品价格磋商中，顾客处于明显优势，他的一句"价格太高"足以使推销人员的辛苦付之东流。

推销人员要在价格商谈中扭转劣势，让顾客乐于接受你的价格，较好的方法是借语言表达的多种方式，在顾客心理上造成"这个商品值这个价"的效果。

"求实"、"求廉"始终是顾客购买商品的根本动机，他们总希望少花钱，买得"划算"。

"划算"是顾客心理上对商品价格的期望，他追求的"划算"无外乎是买到质量好的商品，得到优惠的价格，推销人员给予了他额外的服务等。因而，在报价中，推销人员以商品质优、价廉、货真价实，"值"这个价的思想不断影响顾客，使其产生买得"划算"的喜悦，从而乐于接受这个价格。

3.4.1 灵活运用报价方式

3.4.1.1 "三明治"报价方式

这种报价是在价格的前后施以保护措施，以减缓价格对顾客的强烈刺激，即像三明治一样，把价格夹在中间。

如："这个商品卖八元钱。"（价格直接刺激顾客）

"这是上海产的优质产品，值八元钱，用起来很方便。"（价格在中间，减缓刺激）

直接报价顾客接受的是价格信息，而"三明治"式报价，顾客接受的是"优质"、"八元"、"方便"多种信息，而在记忆刺激上，前、后两头的"优质"、"方便"更快、更深地留在了顾客头脑中，在顾客考虑价格时自然地左右着顾客的思想，使他产生"值"这个价的印象，从外界改变了顾客对价值的看法。

价格前后的措词，可由商品本身质量和顾客购买后的好处和利益组成。

表现商品质量的词有：正品、优质、金奖产品、进口产品、畅销产品及代表商品信誉的厂名、产地、品牌和产品本身的名称、内容等。如：

"正品，值8元。"

"国家金奖产品，32元。"

"这是美的电扇，185元。"

表现购买好处和利益的词有：安全、舒适、方便、优惠价、一次性削价、送货上门等附加利益。如：

"使用简便、安全，32元一个。"

"这是季节性让利削价，仅85元。"

"三明治"式报价的使用要因人而异，根据顾客的年龄、性别和喜爱的不同，使用不同的保护措施语言，避免千篇一律，要有针对性。

3.4.1.2 小数目报价方式

这是"化整为零"的报价方式。

为了减轻"昂贵"的心理压力，在报价时，化整为零，化大为小，尽量用较小的计量单位报价，把价格分解为单位时间内的使用价格、小包装价格等。如：

"一盒值10元，也就是说一袋1元钱，很便宜。"

"贵是贵点，但至少要使用三年，每天实际花费不到0.1元，每天花0.1元，买个健康，何乐而不为呢？"

小数目报价方法，使顾客认为花少量的代价，获得某种好处、值得，从而从心理上减轻了商品昂贵的不利影响。

计量减小的方法有：将"吨"改为"公斤"，"公斤"改为"两"，"年"改为"月"或"天"改为"小时"等。

3.4.1.3 反问推迟回答

价格是个敏感的问题，在顾客还未对商品产生购买欲望之前，一般不要提及价格。推销活动中，以让顾客了解商品质量，认识商品功能和带给他的好处为主。顾客不问价，推销人员就不要主动介绍。如果在条件不成熟时，顾客问价，就采用推迟回答的方法，用反问将顾客注意力重新纳入对商品带给顾客的好处和利益的讨论上。如：

"您是问价格多少？这要看你们对质量的要求、购买数量的多少和付款方式如何？"

通过反问，将问题还给对方，让顾客对商品质量、要求作出考虑，于是重新回到了商品本身的介绍上。

在反问中，还可多问"为什么"，使其回答出对商品质量的看法，然后回到质量的讨论上。如：

推销员："您的意思是这个价格太贵？为什么？"

顾客："这种商品质量一般，卖不到这个价。"

推销员："您是说质地不好？为什么？"

顾客："好像不透气。"

推销员："我刚接到这个货时，也像您这样认为，哪知穿上身很舒适，您可以试试，不买没关系。"

通过几个"为什么"的提问，把顾客引导到商品质量的介绍上，让顾客进一步认识这个商品并喜爱这个商品。

总之，在报价时，避免直接提出标价，要在价格的前后说上点什么，冲淡价格的刺激作用，以影响顾客的主观认识。

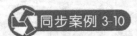
同步案例3-10

我自岿然不动

从某种意义上讲，谈判中的价格竞争也是情报竞争，把握对手的准确情报就能在价格竞争中取胜。我国有一个工厂与美国一家公司谈判购买设备时，美商报价218万美元，我方不同意。美方压价到128万美元，我方仍不同意。这时美商很不高兴地把合同书扔到我方代表面前说："你们没有诚意，我们明天回国，买卖不做了。"我方代表不客气地说："买卖不做了，你们可以走了。"美商一看我方这样硬气，又把价格降到118万美元，并说："这次说啥也不能再降了，不然我们就赔了。"我方代表还是不同意。美商第二天真的回国了。但是我方代表十分有把握地断定美方会回来的。果然，没过几天，美商又回来继续谈判。我方代表把在国外查到的两年前美国以98万美元卖给匈牙利一台组合炉的情报出示后,美商只好说:"现在物价上涨了。"我方代表说:"物价上涨的指数是每年6%,怎么也涨不到这个数呀?"最后,这笔交易终于以108万美元成交。

思考:在这次洽谈中,我方运用了怎样的技巧?

3.4.2 顾客议价的心理动机

据有关调查结果表明,顾客议价的心理动机主要有以下几种。

① 顾客总是想买到更便宜的推销品,这是一种常理;
② 顾客想在议价中击败推销人员,以此来显示自己的谈判能力;
③ 顾客怕吃亏,因而作价格的试探;
④ 顾客不了解推销品的真正价格,但知道与推销人员议价总有好处;
⑤ 顾客想向周围的人露一手,证明自己有才能;
⑥ 顾客把推销人员在价格上的让步看作是提高自己的身份;
⑦ 顾客想利用议价达到其他目的。

很显然,如果推销人员要在议价中获胜,就必须懂得顾客在议价的背后究竟是哪一种动机或哪几种动机在起作用,而且应该明白这些动机是不可避免的。作为一名优秀的推销人员,就应该善于洞悉每一位顾客议价的真正动机。

3.4.3 顾客议价的主要策略

3.4.3.1 吹毛求疵策略

所谓吹毛求疵,是指顾客在推销洽谈中,为了实现自己的利益而对推销品再三挑剔,抓住某些无关紧要的缺点任意扩大并借以压价的策略。在实际推销洽谈中,顾客抓住推销品确实存在的某些小毛病来大作文章是常有的事。如抓住推销品的包装、颜色、说明书上的疏漏等,大力夸张,使推销人员也认为自己的推销品质次价高,从而不得不降低价格。这种议价策略是有经验的顾客经常采用的。

面对这种吹毛求疵策略,推销人员又不能不承认顾客所指出的推销品的某些缺点是客观存在的,往往感到很为难。那么,推销人员如何尽快改变这种被动局面呢?通常有以下几种主要作法:其一,必须沉住气,并注意寻找顾客提问的漏洞和不实之词,实事求是地加以解释;其二,对于顾客的无理挑剔要给予理智的回击;其三,对于某些问题,要学会运用大事化小,小事化了的技巧。另外,推销人员可以反用吹毛求疵策略,提出某些问题来加强自己的议价力量。

3.4.3.2 反向提问策略

这种议价策略,是在推销洽谈进行到一定程度后,当推销人员首先提出要价时,顾客不是马上直截了当地还价,而是向推销人员提出种种在假设条件下的问题,再从推销人员的回答中寻找可能出现的机会与推销人员议价,争取主动。顾客在采用反向提问策略中,提出的问题往往很多,例如:

① 如果我们增加订货量或减少订货量呢?
② 如果我们以现金支付、预先付款或分期付款呢?
③ 如果我们在淡季或商品的衰退期接下你方订单呢?
④ 如果我们自己去提货呢?
⑤ 如果我们给你方提供技术力量呢?

⑥ 如果我们提供你方急需的原料、工具或其他机器设备呢？
⑦ 如果我们同时购买好几种商品呢？

上述问题看起来都是些无利害冲突的问题，却都可能使推销人员暴露自己的底数或留下某些口实。

面对顾客一连串的提问，推销人员应慎重对待顾客提出的每一个问题，不能随便回答，以免让顾客抓住破绽而使自己陷入被动地位。推销人员的通常做法是：首先，不要对顾客的提问马上作出直接的估价，要仔细考虑后再给予答复；其次，要以顾客承诺一些提议作为条件，才给予回答；再次，以其人之道还治其人之身，提出种种附加条件请顾客考虑。

3.4.3.3 声东击西策略

在推销洽谈中，由于推销人员向顾客进行了认真详细的推销介绍，使顾客对所推销的商品有了很好的了解。顾客本来很想购买该商品，只是觉得价格偏高、但又不好直截了当地提出价格问题。于是采取迂回手法，从另外一种与该商品有某种联系的商品开刀，大谈特谈另一种商品的优缺点，大讲特讲另一种商品的价格与价值背离太远等，以此来影射推销人员的推销品价格偏高，影响推销人员对自己商品的看法，要求推销人员以较低的价格成交。声东击西策略大多数是老练与资深的顾客所使用的手法，往往使推销人员一时间还难以辨别。对于这种情况，推销人员应该保持清醒的头脑，注意不要被顾客声东击西的手法所迷惑。一方面要坚持听顾客大谈连顾客自己都不关心的商品与价格，另一方面要引导顾客把注意力重新放在自己的推销品能给顾客带来的好处上，继续进行价格洽谈。

3.4.3.4 先价值后价格

所谓先价值后价格，是指在推销洽谈中先讲推销品的价值，然后讲推销品的价格。推销人员应尽量避免过早地讨论价格问题。因为不论推销品的价格多么公平合理，只要顾客购买这种推销品，顾客就要做出一定的经济牺牲。而推销品价格本身是不能引起顾客的购买欲望的。也正因为如此，在推销洽谈中应先谈推销品的价值，即推销品能给顾客带来的利益。在顾客对推销品有了较深的了解之后，再谈论价格问题，这样才能激发顾客强烈的购买欲望，才能使顾客不会对价格的高低过于重视。

在介绍推销品价值时，推销人员应该注意：介绍的重点要放在推销品给顾客带来的利益上，针对不同的顾客选择不同的介绍内容，要不断发掘推销品的新用途，以满足顾客不断变化的需要。

➢ 决策与计划

明确任务内容及要求，制定任务完成计划，完成过程中做好记录，做好陈述交流准备。

➢ 任务实施

任务一
实训活动：案例分析。
实训目的：熟练掌握议价的技巧。
实训过程：
1. 熟悉案例资料。
2. 各组讨论案例内容，以思考题为主，同时关注洽谈细节，做好记录。
3. 各组间交流心得。

价格的较量

背景：南京利丰行轮毂有限公司，需要采购10台数控加工中心。恒盛公司很早获悉这个信息，经过销售代表陈洋前后三个多月的努力，客户先后到恒盛工厂实地考察，并且也从客户自己的角度了解了一些恒盛加工中心在其他工厂安装使用的信息。总体上客户经过多家数控加工中心品牌的反复比对，对于恒盛的产品还是很满意的。

销售进入到报价的阶段，利丰行公司的采购部张总监通知恒盛公司销售代表陈洋前来报价。

陈洋和采购部张总监已经打了很长时间的交道，双方的关系也不错，尽管对于恒盛的价位还是完全能接受的，但是出于职位出发张总监也是不会留任何情面的，张总监会尽可能的来杀价。

恒盛公司的陈洋通过客户内部的内线获得信息，客户基本上已经认可恒盛的产品，对于38万的价格也在原来的预期范围内，因此无论如何报价38万之后一定要死死咬住价格，毕竟就算是当场让步了，后期还会招来更多的压价。因为客户会永远觉得可以再压价。

以下是恒盛公司陈洋在南京利丰行张总办公室有关价格的五个回合的谈判对话。

第一回合：客户以采购规模较大来直接压价

南京利丰行张总："你们的价格这么高啊？"

陈洋："张总，我们接触这么长时间了，您对我们的产品有一定的了解，但是具体的了解不是特别深，我想再简单地给你介绍一下，你们希望选择的恒盛这款产品与目前市场上的其他同类产品相比，拥有五大独特优势，第一……"

张总打断说："你们产品不说了，就直接说价格好了，再说我们公司采购量这么大，你还要这个价格啊？"

陈洋："张总，我是很尊重您的，我也是非常希望签下您这个订单，前期你们已经投入了很多的精力了解恒盛的情况，您部门的陈经理也在市场上和我们已服务的客户做了了解，我也可以提供一些目前所做的相关客户的成交价格，像在国内的客户中，我们给华康企业的供货价格是39万元，给戈雷企业的供货价也是38万元，现在的这个价格已经是我们的最低价了，这个事情我也跟陈经理说过，陈经理也去核实过了。"

第二回合：客户用行业普遍价格较低的现实来压价。

张总："现在国内的加工中心，普遍价格都是很低的，这次就不要赚这么多了，再降15%吧。"

陈洋："张总，按照我们目前的采购量，以及这样一个合同的条件来说，价格已经到了最低点，作为我们做业务的来说，我非常希望做你们这个项目，但说到成本，我可以告诉您，我们选用的配置都是中高档的，比如……而且近年来，这些配件也一直在涨价，但为了保持产品的高品质和公司信誉，我们的产品一直保持着稳定的价格。张总刚才说的这个降价幅度，我们的确做不到。"

第三回合：客户用竞争对手的价格来压价。

张总："你们要38万！你知道利华（品牌）才报多少？"

陈洋："张总，首先希望你谅解，恒盛的价格肯定比利华要高，另外我也希望您再帮我一下，能不能有个机会我再跟贵公司其他领导沟通一下，一方面恒盛的很多优势可能还没被透彻的了解，希望有个机会跟他们再当面沟通一下；

第二，不是我去贬低竞争对手，事实上，像利华品牌他们是有30万元的产品，但这些价位的产品在品质上与其他高档位的产品就有比较大的差距，比如他们采用了……配置等，这些都是客观事实，相信陈经理在市场也看到了；

第三，我们恒盛产品在配套上也是比较全的，不同配置选用，会有不同的价格。你们可以考虑选用……，虽然在性能、效果上会稍有差异，但价格能有所降低。"

第四回合：客户已经非常的无可奈何，但是希望恒盛能降价。

张总："还是这个价格那就实在是没办法，你们就一点没有让步的余地了？"

陈洋："张总，如果你们这边对于这个价格确实有难处，价格下浮也确实是不可能了，要不您考虑一下配置上我们采用一些更经济一点的配件，在保证产品性能保持基本不变的前提下，选用不同的配置，在价格上就有一定的活动空间了，比方说，您这边改选用，这样产品的性能和效果稍有差异，但价格就有一定的下浮。"

第五回合：客户再次压价。

张总："那你就打电话给你的领导吧。"

（出来后，向领导进行说明，或者假装联系了多位领导）

陈洋："张总，我刚刚向公司的几位领导进行了请示，尽力争取一些优惠条件，但现在这个合同只能有礼节性的再让步，价格再降5000元。"

【问题与思考】

① 客户以哪些由头提出了降价的要求？陈洋分别是怎么处理的？

② 在现代推销活动中，客户的议价能力越来越强，你认为在推销洽谈中如何面对客户的议价？主要策略有哪些？

任务二

课堂活动：销售洽谈情景剧。

活动目的：提高销售洽谈技巧，提高学生的参与意识。

活动过程：

1. 请两位学生扮演剧本中的角色，设置必要的情境及服装、道具，逼真地进行表演。
2. 教师作为导演，和学生分析剧本，一一指出要点，表演时注意表现到位。
3. 其他同学作为观察者，仔细观察各位推销人员的表现，对可以评点之处做好记录。
4. 观察者发言。
5. 教师进行总体点评。

她从柯达拿下500万订单

伴随着有力的脚步声，王江荣走进了会议室。张丽华以前没有见过王江荣，看着走进来的西装革履的30多岁的先生，她自然地判断，这个就应该是王江荣经理。

张丽华有分寸地把握关键的时机，首先伸出了手说："您就是王经理吧，您好！我是沪升集团下属模具公司的华东销售顾问张丽华，这是我的名片。"

王江荣："你好，抱歉，咱们约好了今天，可是上午刚接到总部那边的通知，下午4点要开一个统一的电话会议，所以恐怕我只有不到一个小时的时间。"

张丽华："噢，这样。可见柯达在中国的发展是多么迅速和紧迫呀。"

王江荣："是的。我现在负责的采购主要就是为中国1000多个终端服务店面提供的一款影印机的关键零部件，我们需要可靠的模具。我们以前没有接触过沪升，您能否介绍一下你们的企业呢？"

张丽华："当然。我们是一家已经发展了10年的民营企业，1999年上市，从印刷包装发展到模具设计、生产、服务，同时也扩张了更多的业务。不过，我们毕竟是一家民营企业，可能有许多要求和标准不一定达到像您代表的这样一个国际上知名的500强企业的要求，因为，像柯达毕竟是以高质量著称的企业。我能否问您一个问题呢？"

王江荣："对呀，我们非常关注供应商的质量，你想问什么？"

张丽华："柯达现在要给1000家提供的影印机以前是在国内生产的吗？"

王江荣："以前是在日本生产的，但是，现在在寻找国内的高质量的提供商。"

张丽华："那么，一个影印机的零部件很多，都需要定制模具，不会立刻都在国内定制吧？"

王江荣："你说对了，我们初期先拿一些非关键部分的零部件在中国制造，也准备尝试采购国内的模具；如果国内的模具水平、质量无法得到保障，我们可能还是要维持采用日本的模具的。"

张丽华："非常理解柯达的战略，是否初期的零部件的需求量会很大呢？比如一些易损件，经常要更换的用件？"

王江荣："看样子你是研究了我们的战略的，你说的很对，初期需要的模具制造的零部件的确量很大，而且是一些经常更换用的，有的还是要备份的。"

张丽华："嗨，其实毕竟在这个行业时间长了，也给宝洁提供一些模具，就熟悉了500强企业的管理模式和一般性战略。所以，我估计你们初期要的模具应该主要是用来制作影印机内塑料构件的吧？"

王江荣（重新拿起张丽华的名片看了看）说："看样子，你是行家，你说的都对。我们初期需要16个塑料构件的模具，有些是注塑模具，还有一些要求挤出模具，你看你们有能力提供吗？对了，你们给宝洁提供的是什么类型的模具呢？"

张丽华从自己的包里拿出几张彩印的资料，在桌面上打开，说："我们为宝洁提供的基本上都是有关塑料构件的成型模具，有注塑的，有挤出的，也有吹塑的。宝洁给我的印象非常深刻，他们对质量的要求简直到了吹毛求疵的地步，好在我们经得起考验，为了满足他们对质量的要求。你看（指着画面）我们为他们采用了德国进口材料制作模具，就是为了确保模具上机以后，运行次数可以达到8万次，如果用国产材料，虽然模具便宜一些，但是4万次就报废了，还要耽误更换新模具的时间，根本无法满足企业对生产率的要求，结果反而是贵了。王经理，柯达对生产率的要求如何？"

王江荣："我们的要求可能比宝洁并不低，我们对生产率的要求也是很高的。"

张丽华："对呀，量又大，而且是易损件，还要备份，肯定要求生产率。那么，你们会要求模具的使用次数吗？如果次数要求不高，可能用国产材料就可以了，不知道次数不高，对你们有什么影响？"

王江荣："就按照宝洁对你们的要求给我们供应，如果上机以后次数太低，肯定影响效率，况且，我们对质量的要求也是非常高的。"

张丽华："那么，就是说，如果同样按照给宝洁的标准来提供，对您来说应该比较容易决定了？"

王江荣："现在说还为时过早，你是我见到的本地模具供应商的第二家，我还要再见一些。"

张丽华："真是太一样了，连采购都如此相同，要不说500强企业的竞争力强呢？"

王江荣："你说什么一样？"

张丽华："我们给宝洁展示我们的模具，以及可以提供的产品时，他们在华东找了5家作为可能的供应商，用了3个星期的时间分别考察了这5家供应商，最后，我们都没有想到，第一年的合约都给了我们。现在看来，您也是要找到5个供应商，然后通过一个严格的考察程序，对吗？"

王江荣："对的。后来宝洁为什么选择了你们？"

张丽华："在5家模具供应商中，我们是惟一采用CAD最先进的计算机程序辅助设计模具，精度最高，我们是惟一从德国进口模具材料的，确保使用的次数不低于8万次，我们是惟一采用日本进口的模具加工机床的，确保加工工艺以及流程的严密，而且，我们机床上制作加工模具的师傅都是日本学习模具制造专业毕业的，这样四个惟一，宝洁就将合同给了我们。初期，我们比较担心宝洁对时间的要求比较紧张，可是，为了获得质量的保证，我们从落单到最后提交模具会比其他的供应商要慢一段时间，后来宝洁提前与我们签约，他们不在乎时间，最在乎的就是质量。"

王江荣："我们最后选择供应商的时候，还会考虑供应商之间的价格，不知道你们沪升的价格是否有竞争力？"

张丽华："听您问话就知道您是采购方面的专家，既关注质量，又关注价格。我们沪升提供的模具的价格是比较高的。尤其是按照模具的购买价格来说，会高一些，宝洁的采购也这样问我们，我们是5家中最高的。但是，还是宝洁给我们上了一课，他们说，模具的价格便宜一点，势必会影响到使用的原材料，因此影响到上机以后的注塑次数，如果次数下降一半，便宜个20％又有什么意义呢。听了他们这番话，我们才真正理解了外企是如何看待竞争的。另外，你们会在什么时候向1000家服务店供应影印机呢？"

王江荣："应该是两个月以后，但是，我们在两周之内就要确定供应商的，我们也会非常看中性价比，但是，给老板汇报，必须谈到价格呀。"

张丽华看了一眼挂在会议室墙上的钟，她好意地提醒："王经理，您看已经3：45了，您是否要去参加电话会议？"

王江荣："噢，对。这样，这是我的名片，你等一下，我将我们这次所需要的16个零件的要求和规格给你一份资料，如果你下周有空，我们能否再谈一次，真的抱歉，这次实在是临时的会议。"

张丽华："好的，没有关系，能否请您还有影印机的塑料构件工程师一同来我们企业参观呢？我安排车辆，随时可以来接您。"

王江荣："我要联系一下，这样，明天上午我们通一个电话，来确定这个事情，如何？"

张丽华："好的，您先去开会吧，我明天几点给您电话合适？"

王江荣："10点吧，等一下我安排办公室的秘书将资料给你拿过来，我就先不送你了，明天我等你电话。"

资料来源：孙路弘．她从柯达拿下500万的订单．销售与市场：管理版，2004，2：82-84．

【问题与思考】

利用SPIN销售法分析张丽华的洽谈技巧。

➢ 检查评估与反馈

1. 检查学生工作任务是否完整完成。
2. 专业能力、社会能力和方法能力有哪些提高？
3. 按照评估标准评估学生工作态度、任务完成质量情况。
4. 整理并保存参与学生的评定情况记录，作为平时考核依据。

3.5 电话推销技巧

相关资讯

电话推销是推销人员最简捷的和顾客打交道的一种途径，电话是推销人员最喜欢用的推销工具之一。作为一种推销手段，电话销售能使企业在一定的时间内，快速地将信息传递给目标顾客，及时抢占目标市场。电话销售已经成为帮助企业增加利润的一种有效销售模式，其特点是省时、省力、省钱，并能快速获利。

由于采用电话推销时，双方不能直接见面，所以推销人员的推销技巧就显得更为重要，同时,任何与语言表达相关的因素都逐渐显示出重要作用。推销人员应该掌握电话推销的技巧,充分利用这个便捷、经济的推销工具。

同步案例 3-11

不可忽视的电话销售渠道

有一位老总到深圳参加陈安之老师的总裁班课程时非常激动,就很想把这种教育带到当地,让当地更多想成功的人尽快地成长起来。于是,他很快组织一帮在当地销售领域很优秀的人士,积极地投入到市场的运作中。首先,对市场进行电话咨询、调查和调研,经过准确的分析后发现想成功的人很多,都因惑于没有正确的方法。这下好了,他们决定请亚洲成功学的权威陈安之先生到内地进行公开授课。他们向寿险业、广告业销售领域的朋友展开强烈的电话咨讯传播攻势。1000个听课指标,电话推销人员仅仅用了15天时间就完成了,平均每人每天要打50通以上的电话。在业务人员仅有8人的情况下,电话带给企业如此之高的工作效率,可见,训练有素的专业人员所拨打的每一通高品质的电话,都能给企业带来巨大的利润。

思考:你认为电话销售的关键是什么?

3.5.1 电话推销的基本因素

3.5.1.1 平实通俗的语言

电话推销一般要用平实的语言激发起顾客的购买欲望,相反,用生僻的语言,则会让顾客生疑而失去推销机会。

平实的语调能提高电话推销的效率,无论是听还是说,最为重要的是推销人员必须保持热情、令人愉悦的声调,让对方相信他是你关心的惟一焦点,即使你每天与800个人通电话。你的声音中包含的热忱关切之情将使对方对你和你的公司的态度大不一样。

作为听者,推销人员应能意识到对方音调的变化。当推销人员问"现在给你打电话合适吗"时,对方即使不愿意,也不可能一口回绝地说"不"。于是对方会勉强地让话题进行下去。你必须仔细判断对方是怎样回复的,他是放松地参与交谈,还是心情纷乱、嫌麻烦。

3.5.1.2 稍有控制的音调

与顾客打交道时,推销人员应该控制好自己的音调,可以将平时的电话内容录下来,然后评估自己讲话的音调。音调给顾客的感觉一般有以下几种。

平淡:乏味,对工作缺乏兴趣;

漠然:对打来电话的人或对话不感兴趣;

热情:对谈话感兴趣,热爱工作,乐于帮助对方;

关切:对打来电话的人感兴趣,渴望给予帮助;

冷漠:敌意。

3.5.1.3 具有专业品质的音质

电话推销的关键是学会使自己的音质与环境和言辞相协调。以明快、轻松的语调与打来投诉电话的顾客进行交谈显然不合适,这时推销人员应该表现出经过精心润色、专业化的音质。它会将推销人员的关切之情、高效的工作能力和尽快解决问题的良好愿望传递给顾客,同音调一样,音质也会在听者中产生印象。想象一下顾客对两种不同声音的感觉:饱满洪亮的与尖锐的,顾客可能对前者更有好感。

名家观点 3-4

在推销中,如果使用的是电话交流的方式,我多数时候都能在 15 分钟内结束谈话。当然在通话之前,我会事先把要谈的事情逐一列出,写在一张纸上,然后再说:"我知道您很忙,有这么几件事需要和您讨论……"这样一来对方就很容易接受,从而愿意和你交谈。另外,谈事情要开门见山,语言表达简明扼要,这样也能提高生意成交的几率。

——美国著名保险营销顾问 弗兰克·贝特格

3.5.2 打推销电话应注意的问题

准备打电话时,推销员要找一个舒适而清静的地方,好令自己安心地去拨电话。拨电话时,最好不要有旁人,而且更要集中精神,尽量减少一切干扰。需要注意的是,每次连续工作的时间,切勿超出两个小时,否则人倦了,声音便显得呆板无生气,效果便会受到影响。同时,在工作范围之内,准备好一切要用的东西,例如记事簿、时间表、地图和笔等文具。

通常情况下,推销人员向顾客打电话应注意如下问题。

3.5.2.1 称呼对方的名字

叫出顾客姓名是缩短推销人员与顾客距离的最简单、最迅速的方法。同样,叫不上或叫错顾客的姓名则封杀了推销之路。

3.5.2.2 介绍推销人员自己和所代表的公司

一旦要找的人接了电话,应该马上用热情友好的声调做自我介绍。要使用标准的专业文明用语。如:您好,我是××公司的××,有一个好消息介绍给您,现在与您通话方便吗?谢谢您能接听我的电话等。

3.5.2.3 说明推销意图并提出第一个调查问题

在说明意图和提出问题之间不要有停顿,用愉快的声调说话,让人乐于和你对话。提出第一个问题的目的是弄清楚顾客是否对推销及推销品感兴趣。

例如:"我正在做一次市场调查——只占用您一点点时间。告诉我您是不是正在筹备一个订货会,您不介意吧?"

如果顾客说"不介意",这对推销人员来说应该是一个良好的开端,否则就应该愉快地结束这个电话而去打另一个了。准备好下一个问题以便使对方为推销人员提供重要信息,以利于建立友好的联系。

"您准备在以后的什么时间举办订货会?如果你愿意的话,我们愿意作为协办单位共同来搞好这次活动。"

如果对方说"是",接下去谈话就可以转入正题了。

当对方总是回答"是",推销人员就要设法达成一次约会,送给顾客一本企业产品名录和宣传画册,或者弄清楚顾客举办订货会的时间和地点,参加协办的条件以及产品销售问题。

除此之外,在电话推销前,推销人员给顾客打电话时还要注意以下几点。

第一,要了解顾客的工作性质和时间,如果在不方便的时间和顾客洽谈,顾客便会觉得是在打扰他,就算有兴趣接受推销人员的服务,也只好婉拒了。

第二,保持信心,不怕失败。"我很抱歉打扰你,再见。"推销人员可能常常得这么说。但说完就算了,一定不要放在心上。归根结底,推销人员只不过才打了几个电话,还没进入正题,需要再接再厉,继续努力。

第三，明确成果目标。制造一个成果目标，而不只是行动目标。如，如果推销人员定下这样一个目标：从明天早上9点钟起我要打出20个招徕顾客的电话，这只是个行动目标。推销人员可能打20个电话而一无所获。而制定一个成果目标就应该这样："我要在明天早上9点开始打电话寻找顾客，一直到与顾客定了约会，向我认为有能力买也应该买我的产品的人作示范表演。"定下一个切实可行的成果目标之后，就要坚持不懈地去实施，不达目的誓不罢休。

第四，准备与客户灵活应战。用电话联系顾客时要表现出职业修养：①让对方知道你能为他提供真诚的服务，你对自己的推销领域是精通的；②选择合适的时间给人打电话；③极其有礼貌；④迅速而客气地结束不愉快的通话；⑤不要让徒劳无益的对话占据你的思想，马上开始打另一个电话。最后一点很重要，因为不能让一些不休的唠叨来消磨推销人员的时间和锐气。

平庸的推销人员并不真正相信人本身就是推销之门的钥匙。他们说："你只能跟认识的人谈买卖"，而没有意识到陌生人是可以认识的——只要不怕麻烦去接触人。

知识链接 3-4

不容忽视的"守门人"

推销员先用电话联系再出门拜访是一件很必要的事。如果不是事先联系，就直接出门拜访，是一件很浪费时间的事。

有时，"守门人"答复："对不起，我们老板正忙着，你能不能留下你的电话号码？我请他回电话给你。"正确的反应应该是"我很了解你的职责和立场。我相信你的老板现在正忙着。不过，请相信，你的老板只要跟我谈几分钟，一定会觉得很值得。"说话的语气和自信心是决定胜负的主要因素。

作为推销人员，必须准备强调推销品在哪些方面比顾客现有的产品好。如果他们注重高速度，而最新推销品的速度比顾客现有的产品快，就找到了一个促使顾客购买推销品的理由。当推销人员在电话里捕捉到这种契机时要沉住气，不要因为开枪太早吓跑了兔子。应该和顾客订个见面的时间，为顾客做示范表演。不要对顾客谈这台机器的事，而是谈关于它的速度——或是任何触发他们感情契机的事。推销人员要让顾客亲自来看，来接触和操纵这台机器，直到他们用鼻子嗅皮带和亲耳倾听发动机转动的声音时，推销人员才能放心地提到"拥有"它的事。

推销人员与顾客电话交谈中，推销人员必须小心翼翼地防止顾客对产品产生反感情绪，除非顾客对自己所拥有的产品已有了几分不满，但推销人员一般不要直接先讲出顾客正在使用的产品的不足，否则很容易陷进难以处理的信任危机中去。推销人员必须谨慎，永远不要让顾客觉得，你是在对他现有的产品横加挑剔，这会使顾客觉得他的判断能力正遭受置疑。要是让顾客感觉出推销人员认为他拥有那件产品是当了冤大头，这马上就会断送推销人员的推销机会。若用正面提问的方法，向顾客征询他们对自己拥有的产品的反面意见，则能解除他们的戒心，因为回答这样的问题不会否定顾客以前购买该产品的决定。

3.5.3 电话推销的基本步骤

电话推销是科技与推销的完美结合，它将各种产品和服务通过电话推销给数以万计的顾客。从五角一本的杂志到价值数十万美金的重型建筑设备。在美国，这样的电话推销公司从1987年的17万家发展到20世纪90年代的50万家。无论电话推销的目的是约定见面进一步推销,还是通过打电话来销售复杂的产品,操作步骤大体相同。

推销人员在电话推销方面的成功与声誉完全取决于将电话推销的这几个步骤执行得怎么样。它们是:策划、倾听、推销、处理异议和成交。

3.5.3.1 策划

推销人员每接打一次商务电话,就是一次营销的过程。企业成长的每一步都与电话通信息息相关。每次当推销人员争取、满足和挽留一位顾客时,不仅扩展了业务,而且还逐步提高了通话技能。策划就是在每次电话推销前,推销人员应根据每位准顾客的特点,事先做好整个电话销售过程的规划,尽可能地预测到顾客的反应,提前准备应对措施,保证电话销售的成功。策划一次说服力强的电话推销所必需的要点有以下两点。

(1) 利益

推销人员首先应该事先明确这次通话主要能给准顾客带来怎样的利益,如果这个问题推销人员不能圆满地回答,则意味着这次电话销售可能无果而终。

(2) 客户的资料、可能的异议和赞同。

3.5.3.2 倾听

打电话或是听电话,要达到对方积极与推销人员配合的效果,此次电话才算是成功的,推销中,许多电话推销之所以不成功的原因就是不注意倾听顾客的诉说。最好是推销人员说1/3的时间,而让顾客说2/3的时间,这样可以维持良好的双向沟通模式。

我们都见过只顾自己说而从不留心听的人,对这样的人,我们多生厌烦之心。假设推销人员这样对待顾客,顾客也会有同样的反应。另一个重要之处就是将某些语言带入电话交谈中,如"噢"、"哦"或"我明白"之类。成功的电话推销人员必须能倾听顾客真实的或想象的需要,能理解并加强电话沟通。

3.5.3.3 推销

推销人员在谈判中要做到很快地悟出顾客的推销需要,以便采用不同的方式让顾客满意,从而让顾客做出购买决定。

推销人员必须在措辞上强调产品或服务将如何最大限度地给予顾客利益,这是顾客的兴趣所在。在通话中,推销人员不要忘记核实资讯的正确性,防止发错货或将账单送错地方之类的失误。推销人员要用事实向顾客进行成功的推销,因为顾客总是希望了解推销品能为顾客解决哪些现实问题。

3.5.3.4 处理异议

推销人员学会处理顾客异议是维系顾客关系的重要前提。异议有很多种,但可将它们全部归纳为几种基本类型。提前准备,武装自己,就能坦然有效地处理这些异议。异议并不是人身攻击,推销人员需要保持积极的态度,这对推销成功具有决定性的意义。如果顾客表示异议,起码证明他们在认真倾听推销人员的介绍。

3.5.3.5 成交

成功的电话推销一定有几个机会供推销人员达成交易。即使顾客说"不",推销人员也可以获得更多的信息,推销人员应识别顾客准备成交的信号。为了获得成功,推销人员必须能洞察机会,做好成交的计划,并询问何时能拍板成交。

电话推销的这几个步骤构成了成功的电话推销的核心。相对而言,推销人员可能在某些环节比较擅长,如果能对各步骤应付自如,电话销售技巧则会日臻完善,电话这个销售工具将会助推销人员一臂之力,成为推销人员的"飞毛腿"和"千里眼"。

➤ 决策与计划

明确任务内容及要求,制定任务完成计划,完成过程中做好记录,准备陈述交流。

➤ 任务实施

实训活动:案例分析。

活动过程:

1. 分发、熟悉案例材料(可课下进行),对案例中推销人员的电话销售技巧进行详细、认真地分析和评价。

2. 各小组间进行交流,最后由教师进行点评。

3. 案例材料。

顺利完成拜访前的电话联系

总机:"国家制造公司。"

麦克:"请问比尔·西佛董事长在吗?"

秘书:"董事长办公室。"

麦克:"你好,我是麦克·贝柯。请问比尔·西佛董事长在吗?"

秘书:"西佛先生认识你吗?"

麦克:"请告诉他,我是温彻斯特公司的麦克·贝柯。请问他在吗?"

秘书:"他在。请问你找他有什么事?"

麦克:"我是温彻斯特公司的麦克·贝柯。请教你的大名。"

秘书:"我是玛莉·威尔逊。"

麦克:"威尔逊小姐,我能和董事长通话吗?"

秘书:"贝柯先生,请问你找董事长有什么事?"

麦克:"威尔逊小姐,我很了解你做秘书的处境,也知道西佛先生因为很忙而不能随便接电话,不过,你放心,我绝不占用董事长太多的时间,我相信董事长会觉得这是一次有价值的谈话,绝不浪费时间。请你代转好吗?"

秘书:"稍等一下。"

比尔:"喂!"

麦克:"比尔,我是温彻斯特公司的迈克·贝柯。温彻斯特公司是专门为企业经理订制西服的公司。请问你知道温彻斯特公司吗?"

比尔:"不知道,贵公司卖的是什么产品?"

麦克:"我们是专门为经理定制西服的公司。有许多企业对我们颇为赞赏。这些企业包括城市国民银行、西方动态公司、国际食品公司、环球实业机器公司等。我希望下个星期能拜访您,当面向您作详尽的介绍。我想在下星期二上午8点15分或星期三下午2点45分拜访您,您觉得方便吗?"

比尔:"嗯,让我想想……就安排到下星期二上午7点好了。"

【问题与思考】

① 谈谈电话这个工具在人员推销中的重要性。

② 试详细分析麦克电话销售的技巧。

➤ 检查评估与反馈

1. 检查学生工作任务是否完整完成。

2. 专业能力、社会能力和方法能力有哪些提高?

3. 按照评估标准评估每位学生工作态度、工作的质量情况。
4. 整理并保存参与学生的评定情况记录，作为平时考核依据。

任务 3 概要

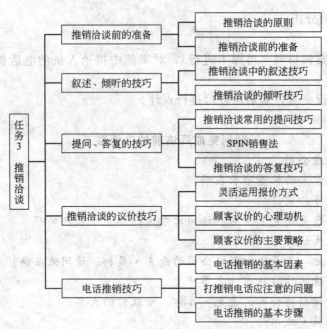

图 3-1　任务 3 概要

巩固与提高

一、主要概念
推销洽谈　以柔克刚策略　利益诱导策略　以退为进策略
沉默策略　缓冲策略　"三明治"式报价方式　小数目报价方式

二、复习思考题
1. 推销洽谈的原则有哪些？
2. 推销洽谈准备工作的意义何在？
3. 推销洽谈准备工作的内容有哪些？
4. 推销洽谈的策略有哪些？
5. 推销洽谈的倾听技巧有哪些？
6. 推销洽谈中的提问技巧有哪些？
7. 推销洽谈中答复顾客要注意哪些要领？
8. 针对顾客议价的主要策略有哪些？
9. 电话销售技巧有哪些？

三、实践与训练
密罗·佛兰克在他的《How to get your point across in 30 seconds or less》中谈到，30秒是与另外一个人交往的最适宜的时间长度。你应该练习将自己的销售陈述限制在这个时间范围内。"如果你不能在30秒内表达清楚你自己或你的想法，那么，即使给你30分钟，你同样也做不到。"

练习30秒陈述的能力，如回答"你是做什么的？你和别人有什么不同？为什么我应该从你这儿购买产品或服务？"等。

四、案例分析

（一）承认错误，挽回订单

乔·吉拉德被誉为全美"最伟大的推销员"。有一次，他花了半个小时为一位顾客详细解说了一部轿车，而且十分自信对方会买下这部汽车。乔·吉拉德自以为接下来只需要把客户带到办公室，请他签下订单就可以了。

当他们向办公室走去时，这位顾客开始谈到他那上大学的儿子。当他说到"我的儿子将来会成为一名律师"时，他神采飞扬。

"嗯，不错。"乔·吉拉德说。在他们继续朝办公室走去时，乔·吉拉德看见公司其他一些销售员正聚在一起嬉笑。乔·吉拉德被吸引住了，于是在这个客户拉家常时，他不自觉地将目光转向了公司的那群销售员身上。

对于客户的话，乔·吉拉德根本就没有专心听，于是他生气地说："我要走了。"说完便离去了。

当乔·吉拉德下班回到家中时，他回想起当天的事情，心里很不舒服，他不明白问题到底出在哪儿，是什么让客户突然改变态度的呢？他决定弄明白。于是他给这位客户打了个电话："我是乔·吉拉德，很希望你能再次光临。"

那位客户立即说："不好意思，我已经从别人那里买到车子了。"

"为什么？"乔·吉拉德感到十分惊讶。

"我从一个会欣赏我说话的人那里买了一辆车。因为当我骄傲地谈起我的儿子时，他能非常专注地倾听。"沉默了几秒后，这位客户接着说，"乔，你当时根本就没有听我说话。让我告诉你一件事，当别人跟你说话时，无论是你喜欢的，还是不喜欢的，请你专心聆听！"

一瞬间，乔·吉拉德知道了，他犯了一个愚蠢的错误。

于是，他诚恳地说："先生，如果这正是你不买我的车的原因，那么这真是一个很好的理由。如果换成是我，我也会这么做的。我很遗憾，让你认为我是一个不足取的人，但是你可不可以帮我一个忙？"

"什么忙，乔？"

"如果以后有一天你能再次光临，给我一个向你证明我是一个好听众的机会，我很愿意尝试一下。当然，如果你因为昨天的事从此不登我的门，我也没有任何意见。"

奇迹发生了！三天之后，这位客户居然回到乔·吉拉德的公司，买了一部车子。

【问题与思考】

① 乔·吉拉德为什么会失去到手的订单？

② 失去订单后，乔吉拉德做了什么？结果如何？对你有什么启发？

（二）一个使用FABE法则介绍产品的实例

有一次我从郑州坐飞机去上海讲课，准备顺便给上海朋友带一点特产，带什么呢？我想还是带些新郑大枣吧，但我想机场的肯定比较贵，决定还是在市区买。当我在民航大酒店乘车时看到对面有两家卖枣的商店，我就走过去，看到一家老板是个年轻人，另一家是个老太太，我想老太太肯定比年轻人实在，就直接走进了老太太的店。接下来，老太太对我这个经常讲FABE策略的所谓营销实战专家用了高水准的FABE策略进行了成功的销售（只是我当时并没有意识到老太太是用FABE策略）。

我走进店里问道："你这里的枣怎么卖？"

老太太热情地招呼道："小伙子，我这全是正宗的新郑大枣，你是自己吃还是送人？"

"送人。"

"是送一般客人，还是重要客人？"

"送给我一个好朋友的父母。"我答道。

"这是重要的客人，送的枣贵贱不说，一定要送真货。"老太太说道。

"枣还有真假吗？"

"那当然，你知道新郑枣是最有名气的，也是最好吃的，送礼一定要送新郑大枣。现在市场上有山西枣、河北枣、新疆枣冒充新郑枣，你一不小心就可能买到假冒的新郑枣，你是送重要客人的，肯定不愿意买到假冒的新郑枣，你说是吗？"

我说："那肯定是，那新郑枣与其他地方的枣有什么区别吗？"

"那区别可大了，有一种说法叫'灵宝苹果渣关梨，新郑大枣甜似蜜'，新郑种枣据说有8000多年历史，新郑大枣的优良品种鸡心枣，种植技术独特，最大优点就是皮薄、肉厚、核小、味甜，不信你尝尝。"说着老太太用一个镊子从一个盒子里夹起一颗又红又大的枣。我忙说："不用尝！"老太太乐呵呵地说："小伙子，买不买没有关系，到我店里有个规矩就是一定要尝尝我的枣。"我被老太太的真诚所感染，就拿着这个枣吃了起来，老太太淡淡地问："是不是皮很薄？味很甜？而且你看核是不是很小？"我连连地说："没错，是的。""那你带这样的枣去拜望长辈，是不是很体面呢？""那当然，"我答道。

"小伙子你知道吗？有两个西安人上次从我这里买过枣，昨天晚上九点多了，又来我店里，我已经回家，从我店外牌子上看到我的电话号码后，打电话把我从家里接来买了四十斤枣。"

"那你这里的就一定是新郑大枣吗？"我问道。

"小伙子，我就是新郑人，我家就在千年枣王所在的村子，你看看我身份证，上面写着呢。"老太太从旁边的桌子上顺手拿出一个旧旧的身份证到我面前，我看到上面确实写着老太太的住址是新郑市的一个什么村。

这时我对老太太的枣已经非常动心，就问："你的枣多少钱一斤？"

老太太说："机场的枣多少钱一斤你知道吗？机场的枣至少比我这里的枣一斤贵10块钱，还不一定有我这里的枣好。我的枣根据大小不同，有25元、30元、35元一斤的，我建议你买30元一斤的就可以了。如果你买我的枣超过100元，包装盒我免费送你，一点不比机场的包装差，你看看我这些包装。"

"好的，我就要30元一斤的，我要200元的。"我脱口而出。

"好的，我再免费送你一大盒'好想你'枣片，如果零卖的话一盒20块钱呢。"

老太太高兴地张罗着帮我称好枣并包装好。我付过钱后，老太太说："小伙子，既然你看老人，不如你再带两瓶枣花蜜，这对老人的健康非常好，肯定会给老人一个惊喜，你一下买我这么多枣，如果你要我就20元一瓶给你，原价40块钱呢，等于买一送一了。"老太太从货架上拿出一瓶枣花蜜给我看。我犹豫了一下，觉得老太太说的有道理，我又掏了四十元钱买下了两瓶枣花蜜。我付完账，老太太高高兴兴地送我出门，我到机场因飞机晚点，就在机场商场闲逛，我看到有卖枣的就过去看看我买的枣是不是比老太太的一斤贵10块钱。结果我惊异地发现，机场的枣与老太太的枣价格基本一致！我呆坐在候机室的椅子上，回味着老太太的销售过程，我惊奇地发现老太太的销售过程中炉火纯青使用了FABE策略！

资料来源：闫治民．如何高效地使用FABE产品介绍策略．中国营销传播网．http://www.emkt.com.cn.17/06/2009．

【问题与思考】

老太太是如何利用FABE介绍法介绍商品的？试分析老太太的销售技巧与语言技巧？

任务3 自测题

一、单项选择题

1. 推销人员要尽量争取达到、只是在万不得已的情况下才考虑放弃的目标，称为（　　）。
   A. 必须达成的目标　　B. 乐意达成的目标　　C. 立意达成的目标　　D. 确定达成的目标
2. 对待态度傲慢、爱自我表现、自高自大的顾客，（　　）不失为一个十分有利的谈判工具。
   A. 以柔克刚策略　　B. 以退为进策略　　C. 沉默策略　　D. 缓冲策略
3. 在向客户推销速递业务时，客户不断提起"×××"（一家知名快递公司），客户经理说："'×××'价格确实便宜，只要您不寄国际邮件并且对邮件安全性要求不高的话，用'×××'也可以。"客户经理的回答属于（　　）。
   A. 一比高低　　B. 借题发挥　　C. 以褒代贬　　D. 利用表扬信
4. 如果打电话前预感到通话时间比较长，推销人员正确的做法是（　　）。
   A. 没必要告诉顾客　　　　　　　　B. 在通话的过程中再告诉顾客
   C. 在谈第二件事情前告诉顾客　　　D. 事先告诉顾客
5. 在与客户的电话交谈过程中，推销员的正确做法是（　　）。
   A. 认真倾听，一言不发
   B. 努力思考回应客户的对策
   C. 不断附和客户，让客户了解推销员在干什么
   D. 继续忙手头的工作
6. 推销洽谈的最终目的在于激发顾客的（　　），促使顾客采取购买行动。
   A. 购买欲望　　B. 计划需求　　C. 购买目标　　D. 利润目标
7. 假如你的客户询问你有关产品的问题，你不知道如何回答，你将（　　）。
   A. 以你认为对的答案，用好像了解的样子来回答
   B. 承认你缺乏这方面的知识，然后去找正确答案
   C. 答应将问题转呈给业务经理
   D. 给他一个听来很好的答案
8. 当你进入客户的办公室时，正好他在阅读，他告诉你一边阅读、一边听你的话，那么你应该（　　）。
   A. 开始你的销售说明　　　　　　B. 向他说你可以等他阅读完了再开始
   C. 请求合适的时间再访　　　　　D. 请求对方全神聆听
9. 在展示印刷的视觉辅助工具时，推销人员应该（　　）。
   A. 在他阅读时，解释销售重点
   B. 先介绍视觉辅助工具，然后再按重点念给他听
   C. 把辅助工具留下来，待之后让他自己阅读
   D. 希望他把这些印刷物张贴起来
10. 客户告诉你，他正在考虑竞争者的产品，他征求你对竞争者的产品意见，你应该（　　）。
    A. 指出竞争者产品的不足
    B. 称赞竞争者产品的特征
    C. 表示知道他人的产品，然后继续销售您自己的产品
    D. 开个玩笑以引开他的注意

二、多项选择题

1. 推销洽谈的策略主要有（　　）。
   A. 以柔克刚策略　　B. 利益诱导策略　　C. 以退为进策略
   D. 沉默策略　　　　E. 缓冲策略　　　　F. 最后通牒策略
2. 推销洽谈应坚持的原则有（　　）。
   A. 针对性原则　B. 鼓动性原则　C. 参与性原则　D. 系统性原则　E. 及时性原则
3. 推销洽谈的目标包括以下层次（　　）。
   A. 必须达成的目标　　B. 基本目标　　C. 立意达成的目标
   D. 乐意达成的目标　　E. 专业目标
4. 最后通牒策略在以下情况下可以使用（　　）。
   A. 当推销人员处于强有力的地位，不用担心推销洽谈破裂时采用
   B. 当推销人员已将自己的条件降至最低限度而无法再降时采用
   C. 当推销人员想尽快结束洽谈时使用
   D. 当推销人员确信自己所提的最后条件在顾客的接受范围之内时采用
   E. 当推销人员在使用过其他各种方法均不奏效时采用
5. 推销人员应掌握的倾听技巧主要有（　　）。
   A. 专心致志地听　　　B. 有鉴别地倾听　　　C. 不因反驳而结束倾听
   D. 可以随时打断顾客的谈话　　　　　　　　E. 倾听要有积极的回应

三、判断题

1. 在电话中应该可以问主要决策人一些琐碎信息，如单位地址、邮政编码等。（　）
2. FABE模式中B代表优点，即本企业产品与竞争对手产品相比所具有的优点。（　）
3. 推销人员与客户打电话时如果不小心切断了电话应主动回拨。（　）
4. 推销人员应与客户保持相同的语速，使用同一风格的语言，只有这样才能使客户愿意谈、喜欢谈。（　）
5. 电话预约的目的是诱使顾客有兴趣与推销人员见面，给推销人员洽谈沟通的机会，因此，切勿在电话中详细介绍产品。（　）
6. 为了能力够说服顾客，使推销工作顺利进行，有时候与顾客争吵也是必需的。（　）
7. 推销洽谈过程中参与性原则可能会使推销人员不能掌握洽谈的主动权，不容易控制洽谈方向。（　）
8. 有鉴别地倾听是指顾客的有些话应该仔细听，有些话则可以不听。（　）
9. 为消除障碍，推销人员初次见面最好不要先谈产品和买卖，应首先推销自我，取信于顾客。（　）
10. 在推销洽谈中，推销人员应该隐藏自己的要求，设法让顾客先表明其观点、条件。（　）

四、回答下列问题

1. 推销洽谈的原则是如何体现在实际推销中，并给推销人员带来巨大收益的？
2. 如何在推销洽谈中达到你的推销目标？

任务4 处理顾客异议

理论目标
  理解顾客异议的含义,学会分辨顾客异议的真实性,清楚顾客异议的类型及产生的原因,知晓处理顾客异议应坚持的原则。

实务目标
  学习和把握处理顾客异议的策略及方法,掌握相关"知识链接"及程序性知识。能用所学实务知识完成"处理顾客异议"的相关技能活动。

案例目标
  运用所学"处理顾客异议"的理论与实务知识研究相关案例,培养和提高在特定业务情境中发现问题、分析问题和解决问题的能力。具备职业态度,提高处理顾客异议的能力。

实训目标
  引导学生参加"处理顾客异议"实践训练,了解实训目的,清楚实训内容,能够运用所学理论知识与实务知识解决实际问题。提高组织与领导能力、计划与协调能力,体会团队协作对完成目标的重要性,明白个人与团队的关系,锻炼语言表达和沟通能力。

导入案例

抓住顾客买点,成功处理顾客异议

法兰克·贝格是美国人寿保险行业的推销大王,有一次,他到约翰·史卡特公司求见史卡特先生。

史卡特先生的儿子拦住他问:"我父亲今天很忙,你有没有事先约好这个时间?"

"我并没有事先约定时间,但他曾向敝公司函索一些资料,所以我亲自拜访。"

"噢,你选错日子了。现在已经有三个人在我爸的办公室等着,而且……"

这时,史卡特先生恰好经过他们身旁往仓库方向走去。

"爸,这位先生想见您。"

"你想见我吗,年轻人?"史卡特回头望望贝格很快进仓库去了。贝格跟进去。

"史卡特先生，我叫贝格，您向敝公司函索的资料，我给您带来了。"贝格递过去一张表格，表格上有史卡特先生的签名。

史卡特接过表格说："小伙子，我不想看什么资料，但我愿意接受贵公司分赠的备忘册，你们写了几封信来，说受赠名单上有我的名字，所以我在表格上签名寄回给你们。"

"史卡特先生，这些小册子并没有带给我们什么生意，只是我们投入其中，有机会和别人谈论自己的经验。"

"但我办公室还有三个人等着我，我很忙。何况，我已经63岁了，几年以前就不再买保险。我该尽的义务都尽了，孩子们也都长大自立，家中唯有太太和一个女儿跟我住，我有足够的钱过舒适的生活。"

"史卡特先生，像您这么成功的人，除了事业和家庭外，一定仍有其他的兴趣和抱负。也许是盖一座医院，投入宗教工作、传道或举办慈善活动，或其他有意义的事。依据我们的计划，您无论是生是死，都可以继续赞助这些慈善事业。"

史卡特看看表，说："你愿意等我一下吗？我待会再和您谈这个问题。"

20分钟后，贝格被请入史卡特的办公室。

"贝格先生，你刚才提到慈善事业，我在国外建有三座教堂，我非常重视这些工作，那我现在得花多少钱买保险呢？"

但贝格告诉他保险金额后，他似乎吓了一跳，"老天！真想不到。"

贝格又和他谈了很多慈善和教堂的事，告诉他如果他遇到任何不测，三家教堂仍可每月得到一张支票以推进教会的工作，这不是很快乐的事吗？史卡特再一次提到保险金额太高，贝格则提出更多的问题引导对方思考，引导对方谈其国外三所教堂未来的命运。史卡特终于被说服了，他不仅答应买保险，而且立刻付了8000美元的头期款。

讨 论 题

① 贝格的推销顺利吗？遇到了哪些阻力？他是如何处理这些推销障碍的？

② 贝格为什么获准进入史卡特的办公室，由此你得到哪些启发？

4.1 认识顾客异议

相关资讯

推销过程不可能一帆风顺，顾客经常提出各种异议，这些异议成为推销的障碍，推销人员只有正确地认识、处理和化解这些异议，才能成功推销。因此，面对顾客异议保持良好的心态，认真分析异议的成因，采用不同的策略、方法和技巧，有效地加以化解，直至促成交易，是推销人员必须具备的一项基本功。

4.1.1 顾客异议的含义

顾客异议是指推销人员在推销过程中所遇到的各种阻力，即顾客的反对意见。顾客异议会自始至终地存在于整个推销过程中，是推销过程中的一种正常现象，也是推销成交必须跨越的障碍。

在推销活动中，顾客经常对推销人员、推销品或推销活动提出各种反对意见，正确处理这些意见，是达成交易的前提。推销人员应该从以下三个方面理解顾客异议。

4.1.1.1 顾客异议是推销工作的开始，推销过程中出现顾客异议很正常，要坦然面对

推销过程一般不是一帆风顺的。在推销实践中，顾客没有任何异议即提出购买的情况是不多见的，如果顾客没有任何反对意见，这个世界也就不需要推销员了。恰恰是没有任何异议，根本没有和推销人员交流的欲望和想法的顾客才是最难对付的。

名家观点 4-1

要想推销成功，就必须设法克服顾客的异议……我把它看作生意的一部分。事实上，我估计在我的整个推销生涯中，大约80%的生意都是在我遇到至少一次异议的情况下成交的。由此可以看出，要是顾客不想购买我的产品，我就放弃努力的话，那我很可能好几年前就干不下去了。

——推销大师 乔·吉拉德

"挑货人才是买货人"，这句谚语正道出了顾客异议的实质。当顾客提出异议时，实际上是在表达一种意愿，希望知道他为什么应该买的理由，推销人员应该欢迎这种异议，这表示顾客重视了推销人员或推销品，正如西方一些推销人员的观点：当顾客提出异议时，才表示推销工作刚刚开始。

4.1.1.2 顾客异议具有两面性

推销人员应该知道，顾客异议具有两面性：如果推销人员没有正确地处理顾客异议，没有给顾客一个满意的答复和解释，它可能成为成交的障碍；反之，顾客异议则为交易成功提供了机会。

4.1.1.3 顾客异议的内容和形式是多种多样的

从顾客异议的内容来看，有产品异议、价格异议、需求异议、货源异议等，顾客异议的表现形式，有口头异议、行为异议和表情异议等。有的顾客会直截了当地提出异议；有的顾客则会通过表情、行为、动作等表达自己的不满；有的顾客委婉地表达，有的粗暴地表达；有的异议是真实的，有的则是虚假的；有的顾客异议是公开的，有的则是隐藏的；有的是基于理性的，有的则是基于感性的；有正确的异议，也有错误的异议……凡此种种，需要推销人员认真地分析和判断，有效地解决顾客异议，满足顾客的需要，完成推销目标。

同步案例 4-1

找到顾客没有说出的异议

艾伦是一名股票经纪人，他正试图推销ATR公司的5000股股票。而他的客户萨姆刚巧是他的邻居和好朋友，一开始，萨姆就对艾伦提出了异议，他说他只会对那些盈利的公司进行投资。

"ATR公司的股票今年下跌了五个百分点呢。"萨姆说。

"是的。"艾伦赶紧说："不过，他们的股票不会再贬值了。我们的股市分析家估计明年会上扬八个百分点。"

"我不相信，除非我亲眼看到。那家公司已经有两年零三个月没有盈利了。"萨姆又说。

那么，萨姆的真正异议是什么呢？原来，他的外甥也正在推销股票，迫于太太的压力，他准备让外甥做他们的经纪人。但是，他又不想伤害艾伦的感情，因为他们已经合作了20年之久。萨姆一味推托说明了他不知道如何去拒绝老朋友而不至伤面子。可想而知，即使艾伦使出浑身解数，也不可能说服萨姆，因为他说的一切都和萨姆的真正异议毫不相干。除非

他意识到萨姆不买的原因是那位外甥,并且能够想出对策,否则他不太可能得到萨姆的订单。

思考

① 了解顾客异议的真伪对推销成功有什么重要性?

② 假设艾伦知道了萨姆拒绝的真正原因,你认为艾伦应该如何向萨姆推销?

4.1.2 顾客异议的类型

由于推销环境、推销时间和地点、面对的推销对象等因素的不同,推销人员所遇到的顾客异议也不尽相同。区分顾客异议的不同类型,有助于推销人员选择有效的异议处理方法。

4.1.2.1 按顾客异议的客观性分

按顾客表达异议是否客观分,有以下两种异议。

(1) 真实的异议

这类异议有两种可能,一是表示顾客愿意接受推销品,但出于对自己利益的考虑对推销品或推销条件提出质疑,对这类异议,推销人员必须高度重视,否则,结果只能使推销失败;二是顾客异议是真实无虚的,如,顾客真的不需要、顾客真的买不起等,推销人员只能暂时放弃,等待机会,变潜在顾客为现实顾客。

(2) 虚假的异议

这类异议也有两种可能,一是顾客并非真正对推销品或推销条件不满,而是出于不便说出的原因而提出异议,如顾客为掩饰经济条件的窘境,会说型号过时了等借口;二是顾客可能出于偏见,对推销品或市场情况不了解而提出的异议。

> **知识链接 4-1**
>
> **关于虚假异议**
>
> 在实际推销活动中,虚假异议占顾客异议的比例比较多。日本有关推销专家曾对 387 名推销对象做了如下调查:"当你受到推销人员访问时,你是如何拒绝的?"结果发现:有明确拒绝理由的只有 71 名,占 18.8%;没有明确理由,随便找个理由拒绝的有 64 名,占 16.9%;因为忙碌而拒绝的有 26 名,占 6.9%;不记得是什么理由,好像是凭直觉而拒绝的有 178 名,占 47.1%;其他类型的有 39 名,占 10.3%。
>
> 这一结果说明,有近七成的推销对象并没有什么明确的理由,只是随便地找个理由来反对推销人员的打扰,把推销人员打发走。
>
> 资料来源:吴金法,李海琼. 现代推销理论与实务. 大连:东北财经大学出版社,2002.

4.1.2.2 按异议的实际内容分

(1) 需求异议

需求异议是指顾客认为不需要产品而形成的一种反对意见。它往往是在推销人员向顾客介绍产品之后,顾客当面拒绝的反应。例如,当你介绍产品后,顾客通常会直接地告诉你"我们根本不需要它"、"这种产品我们用不上"、"我们已经买过了"等。这类异议有真有假。真实的需求异议是成交的直接障碍。推销人员如果发现顾客真的不需要产品,那就应该立即停止推销。虚假的需求异议既可表现为顾客拒绝的一种借口,也可表现为顾客没有认识或不能认识自己的需求。推销人员应认真判断顾客需求异议的真伪性,对虚假需求异议的顾客,设法让他觉得推销产品提供的利益和服务符合顾客的需求,使之动心,再进行推销。

(2) 财力异议

财力异议是指顾客认为缺乏货币支付能力的异议。例如,"产品不错,可惜无钱购买"、"近来资金周转困难,不能进货了"等。一般来说,对于顾客的支付能力,推销人员在寻找顾客的阶段已进行过严格的资格审查,因而在推销中能够准确辨认真伪。真实的财力异议处置较为复杂,推销人员可根据具体情况,或协助对方解决支付能力问题,如答应赊销、延期付款等,或通过说服使顾客觉得购买机会难得而负债购买。对于作为借口的异议,推销人员应该在了解真实原因后再作处理。

(3) 产品异议

产品异议是指顾客认为产品本身不能满足自己的需要而形成的一种反对意见。这种异议表现为顾客对推销品有一定的认识,具有比较充分的购买条件,但出于对产品不了解或寻找借口,常常会提出产品异议。例如:"这个产品形式过时了","新产品质量令人信不过"等。为此,推销人员一定要充分掌握产品知识,能够准确、详细地向顾客介绍产品的使用价值及其利益,从而消除顾客的异议。

(4) 权力异议

权力异议是指顾客以缺乏购买决策权为理由而提出的购买异议。无论个人购买者还是组织购买者,有很多角色对购买决策有影响,推销人员在寻找目标顾客时,就已经对顾客的购买人格和决策权力状况进行过认真的分析,因此应该能够分辨顾客异议的真伪。面对没有购买权力的顾客极力推销属于无效营销,在决策人以无权作借口拒绝推销人员及其产品时放弃推销更是推销工作的失误,称为无力推销。推销人员必须根据自己掌握的有关情况对权力异议进行认真分析和妥善处理。

(5) 价格异议

价格异议是指顾客以推销产品价格过高而拒绝购买的异议。当顾客提出价格异议,表明他对推销产品有购买意向,只是对产品价格不满意,而进行讨价还价。当然,也不排除以价格高为拒绝推销的借口。在实际推销工作中,价格异议是最常见的,推销人员如果无法处理这类异议,推销就难以达成交易。

(6) 推销人员异议

推销人员异议是指顾客针对推销人员提出的反对意见。这种异议主要是由于推销人员自身的原因,如,推销人员的态度、言行举止、礼仪、信誉等令顾客不满或不能接受,因而导致拒绝购买推销人员所推销的产品。这种异议顾客通常不会直接通过语言来表达,而是通过表情、动作等表示对推销人员的不满,因此,推销人员应注意观察。注重自身修养的提高、不断改进推销工作、对顾客应以诚相待、多进行感情交流、做顾客的知心朋友,是处理推销人员异议的关键。

(7) 货源异议

货源异议是指顾客对推销品的生产企业、品牌或推销人员不了解、不信任,因而拒绝购买。例如:"这个品牌我没听说过","这个街道小厂的产品,用起来不放心"等。顾客提出货源异议,表明顾客愿意购买产品,只是不愿向眼下这位推销人员及其所代表的公司购买。当然,有些顾客是利用货源异议来与推销人员讨价还价,甚至利用货源异议来拒绝推销人员的接近。因此,推销人员应认真分析货源异议的真正原因,利用恰当的方法来处理货源异议。

(8) 购买时间异议

购买时间异议主要是顾客以购买时间为借口而拒绝购买。如顾客会说:"你先把推销材料给我,看完后再答复你","下星期再说吧"等。这种异议通常不是真的,真正的异议可能来自价格、质量或其他问题。对于顾客提出的购买时间异议,推销人员要进行具体分析,认真寻找导致异议的真正原因，诚恳告知顾客延缓时间对他的不利，或当场约定下次见面的时间，尽可能促成顾客立即购买。

总之，顾客异议是多种多样的。按照异议是否真实、是否构成反对购买的真正障碍、是否反映顾客的真实想法还可以把顾客异议分为有效异议和无效异议两大类。所谓有效异议，是指那些真实的、可靠的、正常的、有根据的反对意见。对这类异议，必须认真分析、妥善处理。所谓无效异议，是指那些虚假的、不可靠的、不正当的、无根据的反对意见，一般是顾客提出的各种借口。对这类异议要耐心说服、有效引导。

知识链接 4-2

顾客异议的表现

原一平说，除了言语之外，肢体也可以表示意志，有时候虽然嘴里同意，但是肢体却默默地表示着拒绝。如果稍一不留神，就不会察觉出对方的表现是否表示拒绝，所以不得不加以注意。

顾客小小的肢体反应，经验丰富的推销员都可以清楚地觉察出来，而新手则往往很容易疏忽客户的小动作。

以下就是各种肢体拒绝的状况，需要推销人员仔细观察。

① 对推销员不理不睬；
② 拿出来的目录，对方连一眼都不看；
③ 不愿接受名片；
④ 始终不愿意开口；
⑤ 转移视线；
⑥ 身体向后靠，双手抱胸；
⑦ 一副毫不知情的样子；
⑧ 焦躁不安的神情；
⑨ 看手表，注意时间；
⑩ 眼神空洞的时候。

4.1.3 顾客异议产生的原因

顾客异议产生的原因很多，有来自顾客、推销品、推销员方面的，也有来自推销环境方面的；有推销人员意料之中的，也有突发性和偶然性的。顾客异议的形成原因复杂多样，难以捉摸和控制，但只有了解了异议产生的可能原因，才能有效地化解异议。

4.1.3.1 顾客方面的原因

来自顾客方面的原因如下。

① 顾客拒绝改变。多数人对改变习惯性地产生抵触情绪，遇到推销人员会本能地推出各种异议；
② 顾客对产品有了一定的了解，想通过异议获得更多的产品信息；
③ 顾客财力有限，于是产生价格异议；
④ 因为不想花时间在推销洽谈上或出于其他原因而故意寻找借口或托词，如不需要、做不了主、资金紧张等；
⑤ 顾客情绪不好，心境不良，对推销活动提不起兴趣；
⑥ 顾客为了证明自己的能力，显示自己的才能而提出各种异议。

4.1.3.2 推销品方面的原因

主要指顾客围绕推销品所提出的异议,如顾客会在推销品的质量、形式、效能、价格、耐用性、售后服务等方面提出异议。

4.1.3.3 推销人员方面的原因

① 推销人员介绍产品不符合顾客的要求,得不到顾客的认同,顾客的需求没有被激发出来,不能引起顾客的购买兴趣,从而产生顾客异议;

② 推销人员没有为顾客提供足够的信息,服务态度欠佳,行为举止、礼貌礼节等引起顾客的反感;

③ 由于偏见或有过受骗的经历,使顾客对推销人员有戒备心理,怀疑、不信任。

4.1.3.4 其他方面的原因

① 顾客认为企业形象欠佳、知名度不高,因而提出异议;

② 推销活动所处的环境条件不利于推销,因而引起顾客的异议。

总之,形成顾客异议的因素是复杂多变的,推销人员应该认真分析、研究形成顾客异议的各种原因,进而有的放矢地排除异议,取得推销的成功。

➤ 决策与计划

教师布置工作任务,各组明确任务及分工,制订任务完成计划,任务完成过程中做好记录,准备好发言交流内容及人员安排。

➤ 任务实施

任务一 情景剧

课堂活动:顾客异议的种类。

活动目的:正确理解顾客异议——不论在什么行业做销售,顾客异议一般不会超过5~15个。

活动过程:

1. 以房地产、汽车、快消品、耐用消费品等为例,以小组讨论的形式列出推销过程中可能的顾客异议都有哪些。

2. 小组间总结交流结果。

活动结论:

不论在什么行业做销售,顾客异议一般不会超过5~15个。推销人员对处理顾客异议应有充分的自信,列出可能的顾客异议,事前做好足够的心理准备和方法准备。

任务二 营业现场观察

实训活动:营业现场观察。

实训目的:顾客异议的类型及处理。

活动过程:

以小组为单位到校外基地或市内主要商业企业进行实地观察,各组分别根据所在现场的具体情况,扮演神秘顾客与营业员接触,要求表现出购买兴趣,有意识地设置购买障碍,并且设置的障碍不少于三个,记录各组营业员接待顾客时的态度、举止及处理顾客异议的方法。

观察结束后要求:

1. 每组上交一份销售障碍设置情况以及营业员处理过程及方法的记录,并对营业员处理顾客异议的过程及方法做出评价。

2. 记录营业员成功推销的过程。

> **检查评估与反馈**
> 1. 检查学生工作任务是否完整完成。
> 2. 专业能力、社会能力和方法能力是否有所提高？
> 3. 按照评估标准评估学生的工作态度、工作完成质量情况。
> 4. 做好成绩记录，作为课程考核依据。

4.2 处理顾客异议的技巧

相关资讯

推销人员应该正确认识顾客异议，并非一切顾客异议都对推销起负面作用，对推销人员来说，异议可能意味着顾客对推销品非常感兴趣，他们希望能更多地了解；也可能意味着顾客对商品存在着某种顾虑，一旦顾虑消除便会采取购买行动。

4.2.1 处理顾客异议的原则

推销人员应重视顾客异议，在处理顾客异议时应坚持以下原则。

4.2.1.1 尊重顾客的异议

（1）欢迎顾客提出异议，对顾客的异议心存感激

因为顾客的异议让推销人员在竞争中胜出，使推销工作更富有挑战性。持有反对意见的顾客更有可能成为推销人员的现实顾客，正确处理和解决这些异议，就意味着交易的达成，因此顾客异议并不可怕，重要的是对顾客异议做出正确的答复，在异议解决过程中让顾客看到推销人员的热情和诚意。

（2）对顾客的异议要认真倾听

认真倾听顾客的异议，创造良好的氛围，让顾客畅所欲言，充分发表意见，不要轻易打断顾客讲话。无论顾客的意见是对是错，推销人员也应该认真地听下去，不能表现出厌烦或倦意，走神、东张西望、摆弄手机等都是对顾客意见的轻视。推销人员应正视顾客，面带微笑，通过神态告诉顾客"我在听，你讲吧"。推销人员通过倾听顾客的意见，才能弄清顾客的真实意图或问题的症结所在，对症下药，解决异议。

（3）不能故意曲解顾客异议

要以客观公正的态度解决顾客异议，既不能夸大也不能缩小顾客异议的性质，这样只会引起顾客的反感，甚至产生新的异议，使推销过程中断，不能继续下去，反而得不偿失。

4.2.1.2 避免与顾客争吵或冒犯顾客

推销人员应该记住：你是在做生意而不是去和顾客争胜负。和顾客争吵，不管谁占了上风，最后的结果只有一个，那就是生意失败，也就是推销人员的失败，"占争论的便宜越多，吃销售的亏越大"。

4.2.1.3 掌握处理顾客异议的最佳时机

美国通过对几千名推销人员的研究，发现好的推销人员所遇到的顾客严重反对的机会只是差的推销人员的十分之一。这是因为，优秀的推销人员对顾客提出的异议不仅能给予一个比较圆满的答复，而且能选择恰当的时机进行答复。懂得在何时回答顾客异议的推销人员会取得更大的成绩。推销人员对顾客异议答复的时机选择有四种情况。

(1) 在顾客异议尚未提出时解答

防患于未然，是消除顾客异议的最好方法。推销人员觉察到顾客会提出某种异议，最好在顾客提出之前，就主动提出来并给予解释，这样可使推销人员争取主动，先发制人，从而避免因纠正顾客看法，或反驳顾客的意见而引起的不快。推销人员完全有可能预先揣摩到顾客异议并抢先处理，因为顾客异议的发生有一定的规律性，有时顾客没有提出异议，但他们的表情、动作以及谈话的用词和声调却可能有所流露，推销人员觉察到这种变化，就可以抢先解答。

但是，这种策略在使用中也有其不足。首先，推销人员自己提出异议，然后给予解释或反驳，语气与用词不当会使推销人员显得咄咄逼人，使顾客感到有一定的心理压力而无法忍受。如果顾客因此在心里筑起抵触的防线，成交将会变得希望渺茫；其次，推销人员抢先提出一些顾客异议，其中有顾客没有意识到的无关意义，会使顾客失去购买信心；第三，会形成异议的传染或扩散，抢先处理成了授人以柄，使顾客有了拒绝成交的有效理由。

因此，使用这种策略时应注意以下问题。

① 推销人员要做好事先调查了解和充分准备，科学准确地预测顾客可能提出的异议。

② 该策略不适用于自高自大、自以为是的顾客，不适用于处理无关、无效异议，不适用于处理涉及顾客主要需求与主要购买动机方面的异议。

③ 推销人员必须淡化自己提出的异议，以防止顾客提出新的购买异议。推销人员绝对不能强化异议，只能对那些有关的、顾客经常会提出来的、当前顾客很可能会提出来的异议进行处理。

④ 使用该策略要讲究推销礼仪，应该讲究用词及说话的证据，不可将顾客作为批评或反驳的对象。

(2) 在顾客提出异议时当即进行处理

绝大多数异议需要立即答复处理，这样做表明推销人员对顾客的尊重以及对顾客意见的重视。在推销活动中，对直接影响顾客购买决策的重要反对意见，通常要及时回答。推迟回答或不回答，会使顾客认为推销人员惧怕反对意见，增强顾客谈判的信心，或认为推销人员默认了意见的真实性。

这一策略也有局限性。在实际推销过程中，顾客会提出很多异议，如果推销人员无一例外、一一作答，可能会打乱推销计划，导致推销局面失控，使推销人员处于被动。因此使用这一策略时，要求推销人员要思维敏捷，具有灵活应变的能力、善辩的口才、丰富的知识及推销经验，不至于因处理顾客异议失去对局面的控制或打乱推销节奏。

(3) 推迟处理顾客异议

对以下异议推销人员不必马上答复，可以延后处理。

① 异议显得模棱两可、含糊其词、推销人员一时难于理解；

② 异议的答复较复杂，不是三言两语可以解释清楚的；

③ 异议超过了推销人员的能力水平或涉及较深的专业知识，立即解释不易为顾客马上理解和接受；

④ 立即处理会打乱推销人员的推销计划或节奏；

⑤ 顾客的反对意见无关紧要，推销人员暂时想避开不谈；

⑥ 异议会随着以后的洽谈得以解决。

急于回答顾客此类异议是不明智的。推销实践表明，与其仓促答错十题，不如从容地答对一题。

当然，这种处理方式也存在一定的不足，如，可能会降低推销效率，失去推销机会，引起顾客不满等。因此，在使用时要看准时机，要表现出足够的信心，不要使顾客认为推销人员不能解决顾客异议而在故意回避异议。

(4) 不予回答顾客异议

这是对顾客异议不予理睬的一种处理方法。在推销过程中，很多顾客异议属于无效、无关或虚假的异议，推销人员完全可以不去理会。这种方法避免了在一些无关、无效异议上浪费时间和精力，使推销人员可以按照自己的推销计划和节奏使推销洽谈得以继续，避免了和顾客无谓的争执，有利于维持良好的推销气氛。但是这种方法使用不当也会引起顾客的反感，会使顾客认为推销人员不重视顾客的问题或疑心推销人员根本不能正确处理和回答，从而形成新的顾客异议。因此推销人员应明确异议的性质，只能对确实无关、无效或虚假的异议不予理睬。在推销过程中，要用心倾听顾客的异议，仔细观察顾客情绪及表情的变化，从中捕捉顾客没有表达出来的真实异议。

同步案例 4-2

处理顾客异议的"高招"

美国推销高手、畅销书作家罗伯特·舒克与"肯德基家乡鸡"的创始人哈南·桑德斯约定了一个会面时间，准备访问他，以作为撰写《完全承诺》一书的资料。那年桑德斯已经85岁，他答应去机场接舒克，然后两人一起去桑德斯家畅谈。

舒克乘坐的飞机如约准时到达机场，舒克一眼认出了出口处大名鼎鼎的桑德斯上校，因为他早已在肯德基餐厅门口见过桑德斯的雕像。

舒克热情地向上校打招呼，伸出了手，但是上校悲叹地说："今天没办法接受你的访问了，我在冰上跌到，脑袋撞个正着。"

舒克完全无视桑德斯要取消访问的话："桑德斯先生，我真的好高兴看到你，我实在抱歉，听到你受伤了。"

桑德斯说："今天早上，我在冰上滑倒，头上一大片淤青，我没办法通知你取消这次访问，所以我在去看医生的途中先到这里见你。"

舒克："没有关系，上校。"

舒克自然忽略对方要取消访问的事实。他可没有忘记自己大老远跑过来的目的是什么，因此他要赶紧想办法达到自己的目的。"哎呦，好大一片瘀青！我们走吧，找医生替你包扎好，我们再到你的地方去。"

他完全不给桑德斯任何说话的时间，马上转向上校的司机："车子停在哪里？"舒克边说边向停车处走去："我们走吧，我们必须先送上校先生去看医生。"

上校和司机主动地跟在舒克身后，一行三人便往诊所的方向驶去。在医生为上校的头部稍作处理后，舒克开始了他对上校的访问工作。

一切顺利。

资料来源：赵兴平. 成就直销高手——大推销. 北京：中国商业出版社，2007.

思考：舒克使用了什么技巧取得了访问桑德斯的机会？对你有什么启发？

4.2.2 处理顾客异议的策略

4.2.2.1 处理价格异议的策略

顾客经常会从价格方面提出异议，如"太贵了"、"我买不起"、"你要价太高了"、"别处比你的便宜多了"等，不管顾客出于何种目的提出价格异议，试探、了解顾客提出价格异议的动机和真相是有必要的，在此基础上，可以有针对性地采取以下策略。

（1）先谈价值再谈价格

在推销过程中，推销人员要把产品给顾客带来的利益放在首位，充分挖掘产品的新用途，寻求带给顾客更多的利益点并针对顾客的不同需求特点来介绍。一般情况下，推销人员不要主动谈及产品的价格，因为无论产品的价格多合理，顾客也会认为自己不划算，况且引发顾客购买欲望的大多不是价格，而是产品带给顾客的利益。

（2）坚持说明要价是合理的

推销人员在价格上的坚持，一方面可以增加销售收入，另一方面可以维护产品形象。不到迫不得已的情况，推销人员不应以牺牲利润的方式来换取订单，可以坚持说明要价的合理性，如突出产品的优势、与竞争对手产品的主要区别、产品构成材料的特殊性等。

同步案例 4-3

报价方法一

一家企业准备购买一台设备，但销售人员的报价是 6000 元，企业认为价格太高了，于是销售人员采用了如下的处理方式：这套设备的成本是 4500 元，附设零配件 800 元，送货上门运输费用 200 元，盈利仅 500 元，利润率不到 10%，如果不算附设配件和自提货，价格只有 5000 元，比其他同类产品都便宜。

报价方法二

推销人员也可以这样报价：这台仪器需要 4800 元，但它可以使用 20 年，平均每年只需要 240 元，每天只需 6 毛多，一天 6 毛多算什么呢？在这 20 年的时间里，它天天都能给你带来方便。

思考：两种报价方法各有什么特点？

（3）先谈质量再谈价格

对同一种产品的价格可以有两种方式讲：一是"价格虽然高点儿，但产品质量过硬"；一是"产品的质量的确很过硬，只是价格高一点儿"。意思虽然相同，但是顾客的感受却完全不同，推销人员应该先强调质量，然后再报价，采用第一种方式。

（4）强调相对价格

价格代表产品的货币价值，是商品价值的外在表现。除非和商品价值相比较，否则价格本身没有意义。因此，在推销过程中，推销人员不能单纯地与顾客讨论价格的高低，而必须把价格与商品的价值联系在一起。从推销学的意义上说，商品的价值就是商品的特性、优点和带给顾客的利益。事实上"便宜"和"昂贵"的含义并不确切，而是带有浓厚的主观色彩，在很大程度上，它是人们的一种心理感觉。所以，推销人员不要与顾客单纯讨论价格问题，而应通过介绍商品的特点、优点和带给顾客的利益，使顾客最终认识到，你的商品使用价值是高的，相对价格是低的。

（5）让步策略

① 不做无端的让步。推销人员在价格上的每次让步都是有条件的，如增加购货量、签订长期合同、缩短付款期等。

② 恰当掌握让步的节奏和幅度。让步的幅度不宜过大，节奏不宜过快，否则会增强顾客议价的信心，控制推销过程的主动权，使推销人员处于被动地位。

③ 恰到好处地让步。尤其注意两个问题：一是在什么时候让步，让步的时机掌握得好，会使推销人员获得更多的利益；二是在什么问题上让步，对于顾客提出的与整个推销活动关系重大的问题，如果顾客已经作了某些让步，推销人员也应做相应的让步。有些问题推销人员认为无关紧要，但顾客可能认为很重要，在这些问题上，推销人员也可做出让步，以体现

推销人员的诚意，促成交易。

> **知识链接 4-3**
>
> 揣摩以下答复
>
> "李先生，按照每月付款的方式，您每月只需付 2000 元。也就是说，每天 70 多元。可是，您知道吗？我公司出租这种型号的车，每天收取的费用是 320 元。想一想您驾驶这辆车的乐趣吧，不是很值吗？"
>
> "这台电视机的费用不及您每天的一杯啤酒钱，而您全家却能每天平均享受八小时，用上好多年！"
>
> "是的，黄太太，我知道这份建议书意味着您得增加一大笔广告预算。但是，它会大幅度提高产品的销量，产生更高的利润，一句话，它会为我们赚到好几倍的钱。"
>
> "不错，叶先生，这套计算机系统确实价格不低，但是它能降低您的劳务成本，能把您的雇员从单调重复的工作中解放出来，从而更大地提高生产效率。"
>
> "这件大衣虽然比那件蓝色的贵些，但您很喜欢它呀！这种大衣穿上十年风格和款式依然精美雅致，相反，那件蓝色的，会很快令您厌倦的。600 元的东西能用上十年，绝对合算。"

4.2.2.2 处理无需要异议的策略

由于顾客对产品的认识不足，没有正确认识产品的功能，或由于自身的偏见和误解，认为自己不需要该产品。有时顾客会因为墨守成规，不愿改变现状，拒绝接受新事物，自然认识不到自己的真正需求。这种借口也常常成为顾客敷衍、应付推销人员的一种常用方法。

(1) 多采用示范操作、试用等方法

通过推销人员的示范操作或顾客亲自动手操作的方法，使顾客对产品有一个正确的认识，会使顾客突然感觉到"这个东西比我原来那个可强多了"的感觉，或有"原来市场上还有这么方便使用的产品啊"的感叹。这种策略用于解决因顾客对产品不甚了解而产生的拒绝。

(2) 发现产品卖点，引发顾客的购买兴趣

推销人员应该相信，任何一种产品都有一个顾客关注的核心卖点，不同的顾客关注的卖点可能是不同的，因此推销人员要把产品卖点和特定的顾客结合起来，才能产生推销效果。如，你推销一款卧室用冰箱，你会说这款冰箱放在卧室可以当床头柜用，又漂亮又实用。可能就因为你的"当床头柜用"而引发顾客的购买兴趣。

4.2.2.3 处理货源异议的策略

货源异议通常与生产企业、产品品牌、供货商和推销人员有关，一般是由于顾客固有的购买经验或认知缺乏而引起的，如顾客会认为街道小企业的产品质量不过关、巧舌如簧的推销人员缺乏诚信、新的供货商不可靠等。因为要说服顾客改变自己的固有观念和认知，所以这种异议的处理往往需要花费较长的时间。

(1) 处理因推销人员而产生的异议——执著坚持，以诚相待

通常顾客在有比较稳定的供货单位和有过接受推销服务不如意甚至受骗上当的经历时，对新接触的推销人员有较强的戒备心，由此而产生货源异议。推销员应不怕遭到冷遇，反复进行访问，多与顾客接触，联络感情，增进相互了解。这样就有了对顾客进行具有针对性劝说的机会。在与顾客的接洽中，推销员应以诚挚的态度消除顾客的心理偏见。

(2) 处理推销品、生产企业、品牌异议——提供例证

推销异议有些是来自推销品的，也有由于对生产企业或品牌的不信任、怀疑而产生的异

议。处理这类异议时，推销人员为说明企业实力、产品优势或品牌形象，可出示诸如企业资质证明、产品技术认可书、获奖证书以及知名企业的订货合同等资料，以消除顾客的疑虑，获得顾客的认可。

(3) 处理已有供货单位异议的策略——强调竞争受益

顾客常常会提出自己已经有长期稳定的供货单位，并对合作现状表示满意，从而拒绝推销人员。这时，推销人员应该让顾客明白，单一的货源供应渠道对于企业有很大风险，尤其在货源供不应求的市场形势下，会使企业处于完全被动的地位。多选择几家供应商，才会使供应商形成竞争格局，这种格局对企业是有利的，使企业处于拥有"话语权"的地位。

4.2.2.4 处理购买决策权异议的策略

对于顾客以"做不了主"或"领导不在"等为借口的权力异议，推销人员可以尝试使用以下策略。

(1) 激发顾客的自主意识

在战胜拒绝方面，了解顾客的主见是非常必要的，所以，推销人员应该激发顾客，让顾客感觉到自身的重要性，意识到缺乏决断能力是一件令人尴尬的事。这样就是要满足顾客的自尊和虚荣心。

戴 高 帽

一位推销口述记录机的女士对一位男顾客说："因为我经常去拜访那些商界的头面人物，所以我了解像您这样的高层主管都很珍惜自己的时间。李先生，我相信您会同意这一点。"

"是的，小姐。时间就是金钱嘛。"李先生自负地说。

"我也非常珍惜您的时间，先生。所以我想尽量节约时间，今天就把订单交给您，那您要的口述记录机星期五就可以发货了。"

"真是个好主意，不过，我今天下午要乘四点半的飞机离开，接下来的三天我都在外地。所以，我今天真是不想做任何决定。另外，我还得飞往美国参加一次重要的合同签字仪式。这样吧，你可以给我一些资料，我带到飞机上去读……"

"李先生，我知道您一定有很多活动安排。但是，我相信像口述记录机这样的小项目根本不用您花时间考虑；您完全可以腾出时间去想别的事情。让我们现在就把这份订单处理掉，我保证等您回来的时候，您要的货已经发出去了，这样，您下个星期就可以用上了。"

"要是这样的话，当然不错。"

"那好，李先生，请您在这儿签下您的大名。"

思考：这位推销人员讲了哪些让顾客很受用的话？目的何在？在顾客的每次拒绝之后，该推销员是如何做的？对你有什么启发？

(2) 强调时间宝贵

在推销过程中，强调顾客的时间和推销人员的时间都很宝贵，因此推销人员会直截了当、坦诚明白地说明自己的主张。一般情况下，顾客很少会在推销过程之前就承认自己不能果断作出购买决定。推销人员在这种"面试"中让顾客亲口说出来，那么在快要成交时，顾客拒绝的可能性就较小了。

时 间 宝 贵

有位保险经纪人去拜访一位商人，在推销一开始，他说道："我很高兴见到一位像您这样的女士,我知道,作为几家快餐公司的老板,您一定非常忙——我很清楚您的时间十分宝贵,所以我会直截了当地与您谈生意,我相信您也会认为我的时间同样宝贵。好,我现在就详细地向您介绍这个项目所有的资料。如果您有什么问题,请提出来,我很愿意作出解答。要是您认为这个项目符合您的需要和预算,我希望您告诉我,要是相反,也请您告诉我,我不会耽误您的时间。不过,我真心希望您能今天给我一个肯定的答复。"

思考:使用这种策略的关键是什么?

4.2.2.5 处理购买时间异议的策略

在推销过程中,顾客常常以各种理由或借口推延作出购买决策,不肯当场作出购买决定,如果推销人员能够清楚顾客对推销品、企业或推销人员有什么异议,那么,化解顾客的抵触情绪就容易多了。

(1) 购买良机激励

说服顾客此时作出购买决定可以得到的好处,如产品正在打折促销、此刻买送货上门、有赠品等,使顾客明白现在是购买的好时机,"机不可失,失不再来"。

(2) 意外损失说服

有些因素顾客意想不到,但又有可能发生,如物价上涨、通货膨胀、政策变化、市场供求变化等,推销人员应引导顾客认识到这些因素的变化可能会使顾客蒙受损失,从而促使顾客果断地作出购买决策。

(3) 市场竞争诱导

指推销人员向顾客指出他的同行竞争对手已经购买了同类产品,如不尽快购买推销品,将会在竞争中处于劣势,以此诱导顾客注意竞争态势,从而做出购买决定。

在推销过程中,推销人员应根据不同的顾客异议类型,采用不同的策略去化解顾客异议,但不管采用什么策略,自信的情绪对顾客异议的处理起着不可估量的作用。自信可以感染顾客,同样,犹豫不决、吞吞吐吐也会感染顾客,使顾客对购买产生不安全感,从而拒绝购买。在推销过程中,推销人员应该显示出自信,洋溢着果断、热情,相信自己在为顾客提供利益和帮助,相信会达成交易,也相信顾客同样这么认为。

知识链接 4-4

促使顾客立即购买的有效方法——制造紧迫感

顾客为什么应当购买你的产品?当顾客没有立刻购买的动力,你如何让顾客明白不购买的可怕后果?如何使你的顾客产生强烈的欲望,急于得到你的产品?这些问题是每个推销人员都要认真回答的,其目的是促使顾客立即下单购买。制造紧迫感是促使顾客立即购买的有效方法。主要措施如下。

① 限时报价,如"本公司正在考虑再次提高纤维织物的价格,所以我准备马上呈递你的西服订单,以便能够以低价发货。"

② 制造争分夺秒、早买早受益的氛围。

③ 告诉顾客"欲购从速,过时不候"。

④ 创造众多买主竞价的氛围。

同步案例 4-6

乔·吉拉德先生的一次经历

在我推销生涯早期的某一天,我走进一家旅行社,想问一问去拉斯维加斯度周末需要花多少钱。我随手拿起一本介绍夏威夷的旅游小册子,一位推销小姐立刻走了过来。

"您去过夏威夷吗?"她问。

"只在梦里去过。"

"哦,我想您会喜欢夏威夷的。"她说。当那位小姐给我看一些资料图片时,我强烈地感受到她为我服务的热切。她甚至画了一幅生动有趣的图,图上显示出我和我太太如何尽情地享受迷人的海滨沙滩。"您一定能在那儿度过您一生中最快乐的时光。"她自信地说。

当她对我谈到10天度假所需的花费时,我本能地皱了皱眉,有些迟疑起来。而我的这些细微的变化都被她看在眼里,她平静地问我:"吉拉德先生,请问您最近的一次休假是在什么时候?"

"我记不太清了。"我含糊地说。我不想承认那是很多年前的事了。

"那您就欠自己和您夫人的太多了。"她笑着说,"生命本来就很短暂,您不应该光顾着拼命工作,那样并不值得。另外,等您从夏威夷回来之后,您可以卖出更多的车,比起来日方长的推销工作,这点旅游费用根本不算什么,对吧?我相信您一定需要调剂放松紧张的生活和工作节奏。"

那位小姐说的如此自信,我毫不迟疑地当场决定上夏威夷度假。然而,在我走进去之前,我从未想过什么夏威夷!

思考

① 你认为旅行社推销小姐推销成功的主要原因是什么?

② 她在推销产品时使用了什么有效的推销方法?

4.2.3 处理顾客异议的方法

在推销过程中,推销人员会遇到五花八门、各式各样不同原因的顾客异议,在处理这些顾客异议的过程中,除了要坚持原则、讲究策略以外,还要针对不同的顾客异议,讲究方法和技巧的运用,妥善地解决顾客异议。

4.2.3.1 直接否定法

(1) 直接否定法的含义

直接否定法又称反驳处理法,这种方法是推销人员根据较明显的事实与充分的理由直接否定顾客异议的方法。推销人员采用这种方法给顾客直接、明确、不容置疑的否定回答,迅速、有效地输出与顾客异议相悖的信息,以加大推销说服的力度和反馈速度,从而达到缩短推销时间、提高推销效率的目的。

直接否定法适用于两种情况:一是顾客的反对意见没有可靠的事实依据,而推销人员又熟悉并掌握了有关的信息时;二是由于顾客的无知、成见、道听途说等而导致的有明显错误、漏洞、自相矛盾的异议。例如,顾客以该产地经常出现假冒伪劣产品为由,提出货源异议,这时推销人员反驳道:"李经理,您可别以偏概全啊,我厂的产品可是国家免检产品,您看这是产品鉴定证书、获奖证书、营业执照……对这样的产品,您不应再有什么疑问了吧?"推销人员有效地使用直接否定法否定了顾客所提出的有关异议,否则,顾客会由本能的拒绝发展为理智的拒绝,加大推销的难度。

(2) 直接否定法的优点

① 增强推销洽谈的说服力,消除更多的顾客异议

很多情况下,顾客的异议并没有可靠的事实依据,只是心存疑虑或本能地通过异议来探听虚实,如果推销人员没有给予明确、直截了当的回复,顾客就会肯定自己的异议,使推销过程无法继续。相反,如果推销人员针对顾客异议给予了鲜明的、不容置疑的否定,则会增强推销人员的说服力和可信度,顾客也会因此相信推销人员及其产品,减少其他异议的

提出。

② 节省推销时间，提高推销效率

推销人员由于直截了当地反驳了顾客异议，没有迂回、委婉的过程，因此节省了推销时间，提高了推销效率。

(3) 使用直接否定法应注意的问题

直接否定法运用起来虽然有很多优点，但运用不当也会产生很多问题。可能会引起与顾客的直接冲突或给顾客带来心理上的压力，引起顾客的反感，从而破坏推销气氛；如果顾客的异议有一定道理，推销人员直接的反驳法反而会降低企业、推销品及推销人员的信誉和形象，于整个推销活动非常不利。因此在使用该方法时，应注意以下问题。

① 直接否定法只适用于处理因为顾客无知、误解、成见、信息不灵而引起的真实异议，不适用于处理虚假异议以及因情感或个性问题引起的异议，运用不当，会使顾客产生心理压力和抵触情绪。

② 反驳顾客要有理有据，以理服人，才会使顾客产生信赖感。

③ 在反驳顾客的过程中要始终保持友好的态度，注意表达的语气和表情，尽量轻松、幽默、轻缓但又不容置疑，注意营造良好和谐的推销氛围。

④ 在反驳顾客异议的过程中，要向顾客提供足够的真实有效的信息，同时注重顾客教育。了解并掌握有关产品知识、企业知识等异议源，使顾客消除异议。

销售精英经验谈 4-1
处理产品异议、价格异议常用的方法

1. 产品异议

"你们的产品质量有保障吗"、"你们的产品跟某某品牌比起来差一些呀"、"你们的产品效果如何"，这是我们常见的客户关于产品的异议，对此，我们可以运用以下方法来进行沟通。

① 事例法

所谓事例法，就是通过别人经销或者使用产品的案例来说服客户。"我们的产品你尽可放心，邻县的老李已经经销了三年了，我们合作得很愉快，客户借助我们的产品，也发展起来了，如果你不相信，我可以提供他的号码给你，验证一下。"这种方法简便易行，较易说服客户。

② 比较法

在销售产品时，很多客户都喜欢跟竞品对比，对此，销售人员可以采取现场比较的方式，来证明客户的说法站不住脚跟，此法的好处是，我们既不反对客户的意见，但我却用事实来证明你是错的。比如，如果是一款啤酒产品，销售人员就可以现场打开本品和客户所说的竞品，通过泡沫细腻程度、挂杯时间长短、酒液透明与否等，来说明自己的产品优秀。通过示范的方式，很容易让客户现场感受产品的优劣，从而让客户信服。

③ 体验法

对于顾客有关产品质量的异议，也可以通过现身说法的形式来佐证产品质量有保障。比如，有的销售人员会组织客户到企业实地参观，通过企业的旅游工业园，让客户实地感受企业的规模、文化、生产采购流程等，从而消除客户的疑虑，建立合作关系。

2. 价格异议

"你们的价格有点高"、"你们的产品比同档次品牌的贵呀"，这是一些客户在谈到价格时，经常说的两句话。如何应对价格异议呢？

① 比性价比

价格是客户最敏感的因素,要想让客户感觉到产品值,就要给客户分析产品性价比,比如包装、用料、性能等方面,让客户认为物有所值。如果是耐用品,还可以通过分析产品可以为客户带来的较大节省等,消除客户对于价格的敏感度。

② 对比核算

当客户提到价格高时,我们也可以通过对比竞争对手的品牌、原料、政策等,让客户真切地感觉到产品价格并不高,而自己认为的所谓的高价格,是因为有些自己不太了解的因素在里面。

4.2.3.2 间接否定法

(1) 间接否定法的含义

间接否定法也称回避处理法或转折处理法,是指推销人员根据有关事实和理由来间接否定顾客异议的一种方法。使用这种方法时,首先要表示对顾客异议的同情、理解,或者仅仅是简单的重复,使顾客心理暂时得到平衡,然后,把话锋一转,再用有关事实和理由否定顾客异议,常用句型是"您说的有道理,但是(不过)……"如,推销人员可以说"您有这样的想法,一点不错,可是如果我们作进一步的了解以后,情况可能就不同了"。这种方法适用于顾客因为有效信息不足而产生的片面经验、成见、主观意见与个性所引起的购买异议。

(2) 间接否定法的优点

① 能够保持良好的人际关系和推销气氛

使用这种方法时,推销人员首先肯定顾客异议的合理性,然后再予以委婉的否定,避免了双方的对立,表示了对顾客的理解和尊重,使顾客心理上获得平衡,更容易接受推销人员的观点,减少抵触情绪。

② 给推销人员创造了一个回旋的余地

间接否定法的前半句话除了肯定或表示同意顾客意见外,也可以重复顾客的意见,这正好给顾客留出一个机会,使推销人员有时间去思考、分析和判断顾客异议,领会异议的实质和根源,制定更有效的处理方案和策略,为下一步的工作打好基础。

(3) 使用间接否定法应注意的问题

间接否定法在实际运用中也有一定的局限性。推销人员首先做出的"退让",可能会增加顾客对异议的信心,削弱推销人员的说服力,也会促使顾客因为受到鼓励而提出更多的异议。特别是这种方法要求推销人员不要直接反驳顾客异议,而是回避顾客异议内容,转换推销话题的角度,不仅会降低推销效率,还可能会使顾客觉得推销人员圆滑、玩弄技巧而产生反感情绪。因此,在使用过程中,推销人员应注意以下问题。

① 间接否定法不适用于敏感、固执、个性强、具有理智购买动机的探索型顾客。对这些顾客,推销人员对顾客异议的理解和肯定可能会直接导致顾客的怀疑、猜测或追根问底,使推销工作陷入不利的局面。

② 推销人员应该选择好重新推销的角度。使用这种方法的关键点是用转折词避开顾客的异议后,选择什么角度、什么内容、什么思维方式为重点,重新展开新的推销说服工作。

③ 推销人员应该趁热打铁,针对新的推销重点提供大量的、具有说服力的信息,信息的内容和数量是取得成效的关键。模糊顾客对原有异议的意识,重新关注推销人员提供的新的买点,是该方法最终要达成的目标。

④ 注意关键词的选择。应区分不同情况使用不同的关键词和不同的语气,既要否定顾客,又不冒犯顾客。尽量做到语气委婉,转折自然。

4.2.3.3 补偿处理法

（1）补偿处理法的含义

补偿处理法是指推销人员利用顾客异议以外的其他有关要点来补偿或抵消顾客异议的一种处理方法。在推销实践中，推销人员应该承认这样一个事实，那就是：本企业及其推销品并不是尽善尽美的，推销活动也有疏忽与不妥当之处，与市场上竞争对手的产品相比，也有优劣长短。对此，推销人员应当辩证地去看待，尊重事实，没必要回避与躲闪，并客观地看待顾客的异议。如果推销人员能够用充分的说理和实证来证明推销品虽然存在缺点，但优点更多，使顾客相信推销品的优点大于缺点，顾客会接受推销人员的购买建议的。这一方法在推销工作实践中被普遍运用。特别是当顾客理智地提出有效真实的购买异议时，这种方法更为有效。

> **知识链接 4-5**
>
> **行家经验**
>
> 如果客户在价格上要挟你，就和他们谈质量；如果对方在质量上苛求你，就和他们谈服务；如果对方在服务上提出挑剔，你就和他们谈条件；如果对方在条件上逼近你，就和他们谈价格。
>
> 资料来源：（美）约翰·温克勒尔．讨价还价的技巧．北京：清华大学出版社，2004．

（2）补偿处理法的优点

① 有利于取得顾客的信赖。推销人员能实事求是地承认推销品的不足之处，并能客观地向顾客介绍推销品的优点，使顾客认为推销人员客观公正、真诚，可以信赖，从而有利于促成交易。

② 有利于建立和谐良好的推销氛围。推销员没有反驳或否定顾客异议，对于顾客理性真实的异议给予肯定并有补偿措施，形成轻松愉快的推销氛围，有利于建立良好的人际关系。

（3）使用补偿处理法应注意的问题

补偿处理法在使用的过程中，由于推销人员事先肯定了顾客的异议，如果使用不当，可能会引发顾客对推销品的误会，助长顾客对异议的坚持，对购买失去了信心；甚至会使顾客异议增多，增加推销劝说的难度；还可能会拖延推销时间，降低推销效率。因此，在使用过程中应注意以下问题。

① 推销人员应该实事求是地承认与肯定顾客异议，尤其对于顾客提出的各种有根据的有效异议。

② 认真分析顾客异议，确定顾客异议的性质，对有效异议才可以使用补偿处理法。

③ 及时提出有关推销品的优点，确定推销重点，有效补偿顾客异议。

④ 应针对顾客的主要购买动机进行补偿，所补偿的内容应能引发顾客的购买兴趣，从而产生购买动机并采取购买行为。如，推销人员说："正因为这件商品有点儿瑕疵，所以，才降价5％啊。"如果降价5％不能引起顾客的兴趣，补偿处理法的运用便宣告失败。

4.2.3.4 询问处理法

（1）询问处理法的含义

询问处理法是指推销人员利用顾客提出的异议，直接以询问的方式向顾客提出问题，引导顾客在回答问题过程中不知不觉地回答了自己提出的异议，甚至否定自己的异议，同意推销人员观点的处理方法。实际工作中，顾客异议的类型、成因、性质与真实性很难分析和判断,具有很大的不确定性,而询问处理法正是通过询问顾客相关问题,来处理或化解顾客异议。如,当顾客提出:"这款商品看起来不耐用。"当推销人员不清楚顾客的真实意图时,就可以询问:"是哪些方面使你对这款商品产生这样的印象呢?"从而引导顾客通过回答问题,达到了解顾客异议的目的。

同步案例 4-7

让顾客回答"是"

约瑟夫·艾利森是西屋电气公司的一位业务代表,在卡内基的沟通技巧训练课上讲了一段他的经历。

在我的辖区内有个人,公司一直很想和他做生意,我的前任代表和他接洽了十年,可还是没做成一笔业务。等我接管以后,又与他联系了三年,还是没有做成生意,最后经不住我们一再商谈、打电话,终于卖了些发动机给他。既然有了开始,以后就不难再继续下去了,我始终抱定这样的希望。

三个礼拜后,我情绪高昂地再度拜访他们。

接待我的是他们的总工程师,他向我公布了一个惊人的消息。

"艾利森,我不能再买你们的马达了。"

"为什么?"我惊讶地问。

"因为你们的发动机太热了,我不能把手放在上面。"

我知道这时争论是没有用的,因为这方面的经验很多。

"啊,史密斯先生,"我说道,"我百分之百同意,假如那些发动机真的太热,就不要再多买了吧,您这里一定有符合电气制品公司标准的发动机吧?"

他表示同意,我得到了第一个"是"的反应。

"电气制品公司一般规定发动机的设计,其温度可高出室温华氏72度,是吗?"

"是的。"他又表示同意,"但是你们的产品还是太热了。"

"工厂里的温度是多少?"我问道,并没有与他争辩。

"大概是华氏75度左右。"

"很难,假如工厂内的温度是75度,则发动机的温度可高达75度加上72度,也就是华氏147度。假如您把手放在147度的水龙头下,是不是会烫伤呢?"

"是的。"他不得不这样说。

"很好,"我建议道,"那么,是不是最好不要把您的手放在发动机上呢?"

"我想你说的一点不错。"他承认。在往后数个月里,我们又成交了将近35000美元的生意。

思考:艾利森用了哪些技巧拿下了订单?体会询问处理法的优点。

(2)询问处理法的优点

① 通过询问顾客,使推销人员掌握更多的顾客信息,为进一步推销创造了条件。

② 带有请教意义的询问会让顾客感到受到尊重和重视,从而愿意配合推销人员的工作,使推销保持良好的气氛。

③ 使推销人员由被动倾听顾客申诉异议变为主动地提出问题与顾客共同探讨。

(3)使用询问处理法应注意的问题

询问处理法在运用过程中也有一定的局限性:当顾客提出异议时,推销人员不是直接回答有关顾客异议,而是直接反问顾客,可能会引起顾客的反感甚至产生抵触情绪;推销人员的追问可能会引发新的异议,造成对推销不利的局面;推销人员提问不当,可能会无事生非,或浪费宝贵的推销时间。因此在使用过程中应注意以下问题。

① 看准时机及时追问顾客,了解顾客的真实想法。

② 应针对有关的顾客异议进行询问,对次要的或无效的顾客异议,则不必进行询问。

③ 询问应适可而止,注意尊重顾客,不要引起顾客的反感,不要使顾客产生心理压力。

4.2.3.5 利用处理法

(1) 利用处理法的含义

利用处理法是指推销人员利用顾客异议中有利于推销成功的因素,并对此进行加工处理,转化为自己观点的一部分去消除顾客异议,说服其接受推销品。利用处理法是一种有效的处理顾客异议的方法。如,顾客会针对价格提出:"你们的产品涨价了,价格太高了。"推销人员就可以回答:"是涨价了,这是由市场行情决定的,据预测,过几天还要再涨,我看这次你还是多进些货吧。"再如,顾客提出:"我厂现在的中心工作是控制成本,开源节流,所以现在不准备采购新设备。"推销人员就可以回答:"正因为你们要开源节流,所以才更应该采购一套节能降耗效果突出的产品啊!"

(2) 利用处理法的优点

① 使推销人员可以充分有效地利用顾客的异议并有效地转化顾客异议。这种方法改变了顾客异议的性质和作用,把顾客拒绝购买的理由转化为说服顾客购买的理由,把顾客异议转化为推销提示,能更有效地促成交易的实现。

② 由于这种方法直接承认、肯定并赞美顾客异议,使顾客在心理上容易接受,有利于营造良好的推销气氛。

(3) 使用利用处理法应注意的问题

利用处理法虽然是实践中常用的一种方法,但使用不当,也会带来一定的问题。因为推销人员是直接利用顾客的异议进行转化处理的,会使顾客感到有损自尊,产生一种被人利用、愚弄的感觉,可能会引起顾客的反感甚至恼怒,也可能会使顾客失望而提出更难解决的异议。因此,在使用过程中应注意以下问题。

① 推销人员应该首先尊重、承认并赞美顾客异议。这种方法的关键是要利用顾客异议中的有利的、积极的因素,去处理顾客异议,因此,尊重、承认和赞美顾客异议是利用的前提和基础。

② 有针对性地利用顾客异议。推销人员应该认真分析顾客所提出的各种异议,找到顾客异议中的各种内在矛盾,利用其正确的一面转化其错误的一面,利用积极因素转化消极因素。

③ 要向顾客传递正确的信息。使用利用处理法说服顾客,必须正确分析顾客的购买动机与影响顾客购买行为的各种因素,向顾客提供正确的信息,使顾客相信自己的购买是正确的,这样,转化顾客异议的理由才有说服力,从而改变顾客异议,有效地促成交易。

除了以上几个主要方法以外,处理顾客异议常用的方法还有以下几种。

4.2.3.6 不理睬处理法

不理睬处理法是指推销人员有意不理睬顾客提出的异议,以分散顾客注意力,回避矛盾的处理方法。在推销活动中,对于那些无效的、无关的、虚假的异议,推销人员可以采取不理不睬法,故意忽视、回避或转移话题,以保持良好的洽谈气氛,避免与顾客发生冲突。

同步案例 4-8

关于涂料销售的对话

顾客:"你们公司生产的外墙涂料日晒雨淋后会出现褪色的情况吗?"

推销人员:"经理您请放心,我们公司的产品质量是一流的,中国平安保险公司给我们担保。另外,您是否注意到东方大厦,它采用的就是本公司的产品,已经过去10年了,还是那么光彩依旧。"

顾客:"东方大厦啊,我知道,不过听说你们公司交货不是很及时,如果真是这样的话,我们不能购买你们公司的产品,它会影响我们的工作。"

推销人员:"经理先生,这是我们公司的产品说明书、国际质检标准复印件、产品价目表,这些是我们曾经合作过的企业以及他们对我们公司、产品的评价。下面我将给您介绍一下我们的企业以及我们的产品情况……"

思考:推销人员的两次答复使用了什么技巧?这样有什么好处?请你试试其他的回答,你认为效果会怎样?

资料来源:陈企华.最成功的推销实例.北京:中国纺织出版社,2003.

4.2.3.7 预防处理法

预防处理法是指推销人员在推销拜访中,确信顾客会提出某种异议,就在顾客尚未提出异议时,自己先把问题说出来,继而适当地解释说明,予以回答。预防处理法的最大好处就是先发制人,有效地阻止顾客的异议。但采用这种方法,推销人员必须在接近顾客之前,将顾客有可能提出的各种异议列出来,并详细准备好处理方法,在推销中灵活运用。

4.2.3.8 定制处理法

定制处理法是指推销人员按照顾客异议的具体要求重新为顾客制造与推销符合顾客要求的产品,从而进行顾客异议处理。这一方法体现了"以顾客为中心"的现代市场营销观念,企业按照顾客异议的具体内容进行推销品的生产与销售,是满足顾客需求的最好方法,也是目前能够满足顾客需要的最高标准。以顾客异议带动企业生产与销售的进步,开拓企业新产品开发的思路与市场开拓的途径,是处理顾客异议的一个最高境界,在激烈的市场竞争中,是企业得以生存和发展的有力武器。

处理顾客异议的方法还有多种,如:拖延法、相对价格法、举证说明法、有效类比法、旁敲侧击法等。在推销实践中,推销人员应根据不同的推销情况加以灵活运用,善于创新,善于总结,以提高推销效率,提升推销业绩。

▶ 决策与计划

布置工作任务,要求学生明确任务要求,制定任务完成计划,协调配合,做好相关记录。

▶ 任务实施

任务一

课堂活动:克服价格异议练习。

活动目的:利用处理价格异议的方法及策略处理各种价格异议。

活动过程:

1. 材料

(1)你是大地旅行社的销售代表。你和王海夫妇正谈到你们公司即将举办的一次航行,王海夫妇已经认同了24小时开放的餐厅、船上瞭望台以及世界各地小吃展等优点。当你提及价格时,王海太太尖叫:这要花多少钱?

(2)你是阳光地产中介的销售代表,正在向李太太展示一处庭院,她已经认同了绿色和紫色条纹的伞,配套的花纹的椅子,以及阳光充足等优点。当你提及价格时,李太太尖叫:这要花多少钱?

(3)小李想拥有好的身材,但是一直推迟锻炼。她正在看你提供的新型运动手表,她已经认同了脉搏指示器、内置里程表以及在走完一公里以前，手表闹钟不会关掉等优点。当你提及价格时，她叫道：这要花多少钱？

(4) 你为某交谊舞培训班工作。小方正考虑参加跳舞培训，并且已经认同了工作室地理位置方便、每次课教学方法多样、效果好、在休息时提供蛋糕和饮料等优点。当你提及培训价格时，她叫道：这要花多少钱？

2. 各组就四个给定材料协同工作，提出一种以上说法，以期克服顾客对价格的异议。他们还应该提出一个反问，以确认他们已经成功地克服了异议。

3. 各组选派代表作为销售人员，教师作为顾客，分别进行演练。

4. 其他同学作为观察员，任务完成过程中做好记录。

5. 师生共同点评。

任务二

课堂活动：处理顾客异议技巧训练。

活动目的：练习克服反对意见。

活动过程：

1. 做十个纸条，如下，放在盒子里。

我不喜欢这种颜色	我们不需要
太贵了	我认为没有理由更换我们的现在供应商
这不方便	我周围的朋友都没用过这个产品
这太浪费时间了	没有它,我们也一样行
这样每一个人都必须要学会如何来使用它	我担心它很快过时

2. 主持人从盒子里一张张取出写有反对意见的纸条，由学生尝试克服这些反对意见。可以针对一项自己虚构的产品或服务进行。

3. 根据学生表现，记录成绩，作为课程考核依据。

检查评估与反馈

1. 检查学生工作任务是否完整完成。

2. 专业能力、社会能力和方法能力是否有所提高？

3. 按照评估标准评估每位学生的工作态度、工作任务完成的质量情况。

4. 记录成绩，作为课程考核依据。

任务 4 概要

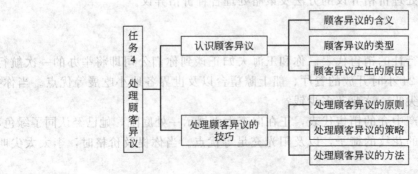

图 4-1　任务 4 概要

巩固与提高

一、重要概念
顾客异议　需求异议　财力异议　权力异议　直接否定法　间接否定法
补偿处理法　询问处理法　利用处理法

二、复习思考题
1. 如何正确认识顾客异议？
2. 顾客异议产生的原因有哪些？
3. 处理顾客异议应坚持什么原则？
4. 处理价格异议时应如何掌握让步策略？
5. 如何处理顾客的无效异议？

三、实践与训练
当你的顾客告诉你，他们已经接受了竞争对手的产品，并对他们的服务很满意而拒绝了你的推销，请设计你的标准反应是什么？

四、案例分析

（一）一段精彩的对话

推销员：约翰，我们发现奥克纯灯泡将减少更换存货需要的储存空间。它能给你们的设计者提供高度的颜色输出信号，这种信号能降低视力疲劳和朦胧之感。我是这周安排送货还是下周？

买主：你说得不错，不过我仍不准备买，太贵了。

推销员：你是说，您想知道，我们的产品到底有什么样的特殊利益，使它的价格略高一些。我说得对吗？

买主：我想是这样的。

推销员：前一段时间，我们发现就延长灯具的使用寿命以及节省能源费用而言，你若是用通用瓦特——迈泽兹来替换现在的灯具，那么你每年可以节省375元。约翰，这表明用我们的产品你能省钱。对吗？

买主：是的，我想你是对的。

推销员：太好了！你是想在这个周末安装还是下周下班之后呢？

买主：都不想，我需要再考虑考虑。

推销员：您现在犹豫不决一定有充分的理由。如果我问是什么原因，您不介意吧？

买主：我想我们一次支付不起所有新的照明设备。

推销员：除此之外，还有别的原因吗？

买主：没有。

推销员：成批更换并不是必需的。不过，它却能让您马上看到在所有装置上实现的能源节约费用。成批更换灯具能节省很多现场更换的劳动成本，因为成批安装灯具有生产线的效率。您明白我的意思吗？

买主：是的，我明白。

推销员：您觉得是在晚上安好还是周末安好？

买主：我还是想考虑一下。

推销员：一定还有别的原因造成您现在的犹豫不决。我想问一问可以吗？

买主：我们现在没有做这种投资的款项。

推销员：除此之外，还有别的原因吗？

买主：没有。我的上司不让我买任何东西。

推销员：您也同样认为买这批货会给您公司省钱，对吗？

买主：是的。

推销员：好了，约翰，现在去拜访您的上司怎么样？告诉他除了节省存货空间和减少你们员工的视力疲劳之外，还能给公司节省货款。也许该让我们两人一起去拜访您的上司。

资料来源：（美）查尔斯.M.福特雷尔.销售学基础——顾客就是生命.苏丽文主译.大连：东北财经大学出版社，2000.

【问题与思考】

① 该案例中的对话为原作直译，不符合我国交流对话习惯。请两位同学分别扮演推销人员和买主，用符合我国顾客对话习惯的方式重新演绎销售过程。

② 案例中顾客的异议都有哪些？推销人员是如何处理的？对你有什么启发？

（二）眼镜店的巧妙促销

一天，博士眼镜店来了位顾客。顾客在选择镜架时，先后试了两种镜架，一种样式一般，价格便宜，仅售80元；另一种样式新颖，但相对较贵，售价260元。经理见顾客犹豫不决，便主动走上前去。

经理："先生想配眼镜？我是本店经理，欢迎您光临。"

经理："先生，我看您不是教师，便是医生，至少是个坐办公室的，我没猜错吧！"

顾客："您怎么知道？"

经理："不管怎样，先生您肯定是个知识分子，我刚才您试戴了，我觉得您还是买这种比较合适。"（同时指着260元的那种）

顾客："好是好，就是太贵了，我看和前一副差不多，怎么贵了近200块？"

经理："你再仔细看看，这种式样早就过时了（80元那种），而这种式样在其他店里卖要380～400块呢！不知你在其他店注意了没有？"

顾客："您这儿怎么比其他店便宜这么多？"

经理："这您就不知道了，我这店是五年前就签了租赁合同，而对门那家店去年刚开张，但房租他就要比我每年多付10000多块；对方那家店用了某医院的牌子，那总得给医院一点使用费吧，别的不说，这两项费用计入成本，价格能低吗？更何况我们开的全是实价，我卖260块，其实利润还不到10％，不信您可到其他店看看。"

顾客："260块，太贵了，我一个月工资才有多少？"

经理："哎，这位先生您可真行啊！说得我可无话可说了。其实，您别看这副比那副贵180元，如果一副眼镜能戴3年的话，每年不过多出60块，每月不就多5块钱吗？您放心，这种镜架比便宜的那种强多了，戴三五年肯定没问题。您看您每月多花5元钱，就能更潇洒，更有风度，用的时间也久，难道不值得？像您这种有地位的人，每月从工资中多开支5块钱，肯定是不会有问题的。"

顾客笑了笑："行，就拿一副吧。"

经理边拿镜架边说："先生，260元买这眼镜，您放心，绝对吃不了亏。"

【问题与思考】

① 顾客的异议主要来自哪些方面？经理又是如何处理的？使用了哪些策略和技巧？

② 眼镜店经理的哪些销售技巧对你有所启发？

任务4自测题

一、单项选择题

1. 顾客说:"这种冰箱还可以,但坏了没有地方修。"这种异议是（　　）。
   A. 价格异议　　　B. 产品异议　　　C. 质量异议　　　D. 货源异议

2. 顾客说:"我从来不用化妆品。"这种异议属于（　　）。
   A. 对商品实体的异议　　　　　　　B. 需求方面的异议
   C. 利益方面的异议　　　　　　　　D. 货源方面的异议

3. 顾客说:"这种盘子太轻了!"推销人员说:"这种盘子的优点就是轻便,这正是根据女性的特点设计的,用起来很方便。"这种异议处理方法称为（　　）。
   A. 利用处理法　　B. 反驳处理法　　C. 补偿处理法　　D. 询问法

4. 顾客提出:"你们的产品又涨价了,我们买不起。"推销人员回答:"您说得对,这些东西的价格又涨了。不过现在它所用的原材料价格还在继续上涨,所以商品的价格还会涨得更高。现在不买,过一段时间买更贵了。"这种处理顾客异议的方法为（　　）。
   A. 直接否定法　　B. 间接否定法　　C. 利用处理法　　D. 补偿法

5. 推销人员遇到顾客说"你的价格太贵了",推销人员应该（　　）。
   A. 同意他的说法,然后改变话题
   B. 先感谢他的看法,然后指出一分钱一分货
   C. 不管客户的说法
   D. 运用推销人员强有力的辩解

6. "这种产品我们根本用不上"、"我们已经买过了"等,这类顾客异议属于（　　）
   A. 产品异议　　　B. 价格异议　　　C. 需求异议　　　D. 货源异议

7. 顾客通常不会直接通过语言来表达,而是通过表情、动作等表示不满,属于（　　）。
   A. 产品异议　　　B. 价格异议　　　C. 需求异议　　　D. 推销人员异议

8. "这个街道小厂的产品,用起来不放心",属于（　　）。
   A. 产品异议　　　B. 价格异议　　　C. 需求异议　　　D. 货源异议

9. 在推销过程中,很多顾客异议属于无效、无关或虚假的异议,这时推销人员可以（　　）。
   A. 在顾客提出异议前解答　　　　　B. 在顾客提出异议时当即处理
   C. 推迟处理顾客异议　　　　　　　D. 不予回答顾客异议

10. 假如你是一位销售人员,某件商品你降价的底线为60元,请问,以下哪种让步幅度是可取的（　　）。
    A. 60　0　0　0　　　　　　　　　B. 0　0　0　60
    C. 5　8　12　35　　　　　　　　D. 35　13　8　5

11. "正因为这件商品有瑕疵,所以才降价5％啊"。这属于处理顾客异议的（　　）。
    A. 直接处理法　　B. 利用处理法　　C. 补偿处理法　　D. 询问处理法

12. "李经理,你可别以偏概全呀,我厂的产品可是国家免检产品。"这属于处理顾客异议的（　　）。
    A. 直接处理法　　B. 利用处理法　　C. 补偿处理法　　D. 询问处理法

13. （　　）是处理顾客异议的最高境界,在激烈的市场竞争中,是企业得以生存和发展的有力武器。
    A. 不理睬处理法　B. 预防处理法　　C. 定制处理法　　D. 转化法

14. （　　）通常与生产企业、产品品牌、供货商和推销人员有关,一般是由于顾客固有的

购买经验或认知缺乏而引起的。
  A. 货源异议 B. 产品异议 C. 价格异议 D. 权利异议
15. 处理已有供货单位异议的策略是（ ）。
  A. 执著坚持，以诚相待   B. 提供例证
  C. 强调竞争受益   D. 强调时间紧迫

二、多项选择题

1. 顾客异议的内容主要有（ ）。
  A. 产品异议 B. 价格异议 C. 需求异议
  D. 货源异议 E. 虚假异议 F. 真实异议
2. 顾客异议的表现形式主要有（ ）。
  A. 口头异议 B. 行为异议 C. 表情异议
  D. 虚假异议 E. 真实异议
3. 对以下顾客异议推销人员不必马上答复，可以延后处理（ ）。
  A. 立即处理会打乱推销节奏和计划
  B. 异议模棱两可，推销人员难以理解
  C. 顾客异议无关紧要
  D. 异议的答复较复杂
  E. 对自以为是、自高自大的顾客
4. 下列属于来自顾客方面的异议的主要有（ ）。
  A. 顾客为了证明自己的能力，显示自己的才能而提出的各种异议
  B. 顾客财力有限，产生价格异议
  C. 由于偏见或有过受骗的经历，对推销人员有戒备心理
  D. 认为企业形象欠佳知名度不高
  E. 顾客情绪不好，心境不良
5. 顾客异议产生的原因主要有（ ）。
  A. 顾客方面的原因
  B. 推销品方面的原因
  C. 推销人员方面的原因
  D. 服务方面的原因
  E. 付款方面的原因
6. 处理顾客价格异议的策略主要有（ ）。
  A. 先谈价格再谈价值
  B. 先谈价值再谈价格
  C. 坚持说明要价是合理的
  D. 先谈质量再谈价格
  E. 强调相对价格
7. 处理购买决策权异议的策略主要有（ ）。
  A. 激发顾客的自主意识
  B. 强调时间宝贵
  C. 强调竞争受益
  D. 制造紧迫感
  E. 发现产品卖点

8. 处理无需求异议的策略主要有（　　）。
   A. 多采用示范操作　　B. 发现产品卖点　　C. 强调时间宝贵
   D. 强调竞争受益　　E. 制造紧迫感
9. 使用利用处理法处理顾客异议时应该注意以下问题（　　）。
   A. 推销人员应该首先尊重、承认并赞美顾客异议
   B. 有针对性地利用顾客异议
   C. 要向顾客传递正确信息
   D. 及时提出推销品的优点
   E. 注意用词的选择
10. 直接否定法的优点主要有（　　）。
    A. 增强洽谈的说服力　　B. 节省推销时间　　C. 保持良好的洽谈气氛
    D. 给推销人员一个回旋余地　　E. 有利于取信于顾客

三、判断题

1. 推销异议是成交的障碍，推销人员是不欢迎顾客异议的。（　　）
2. 决策人以无权做借口拒绝推销人员及其产品时放弃推销是推销工作的失误，称为无效推销。（　　）
3. 在处理顾客异议的过程中，为了纠正顾客的错误观点，推销人员可以和顾客争辩。（　　）
4. 在顾客提出异议时，推销人员应该当即进行处理。（　　）
5. 在价格洽谈中，要掌握好让步的节奏和幅度，让步的幅度不宜过大，节奏不宜过快。（　　）
6. 间接否定法适用于敏感、固执、个性强、具有理智购买动机的探索型顾客。（　　）
7. 间接否定法适用于处理因为顾客无知、误解、成见、信息不灵而引起的真实异议，不适用于处理虚假异议以及因情感或个性问题引起的异议。（　　）
8. 处理顾客异议时，推销人员应当做到尊重顾客异议。（　　）
9. 在推销过程中，要用心倾听顾客的异议，仔细观察顾客情绪及表情的变化，从中捕捉顾客没有表达出来的真实异议。（　　）
10. 推销人员应该采用一定的策略和方法，努力减少顾客提出异议的机会。（　　）

四、回答下列问题

1. 简述"挑货人才是买货人"的含义。
2. 有些顾客的反对意见通常潜藏着顾客渴望了解更多信息的愿望，以下异议可能包含顾客的哪些潜在愿望？
   (1) 我觉得这件商品不值那么多钱；
   (2) 这种颜色不适合我；
   (3) 我从来没听说过这个牌子；
   (4) 我只是随便逛逛，不准备买什么东西；
   (5) 我厂目前不需要这种设备。

任务 5　推销成交

理论目标

学习和把握推销成交、客户关系管理的概念，成交信号的类别及主要表现，各种成交方法的含义及优缺点、适用条件等，知晓成交跟踪的重要性、主要内容及客户关系管理的主要内容。能用所学理论知识指导任务 5 相关技能活动。

实务目标

学习和把握成交的基本策略，学会识别成交信号，能够熟练使用各种成交方法达成交易。把握相关"知识链接"及程序性知识。能用所学实务知识完成"推销成交"的相关技能活动。

案例目标

运用所学"推销成交"的理论与实务知识研究相关案例，培养和提高在特定业务情境中发现问题、分析问题和解决问题的能力，能从案例成交技巧中得到启发。

实训目标

了解实训目的，清楚实训内容，能够运用所学理论知识与实务知识解决实际问题。提高组织与领导能力、计划与协调能力，体会团队协作对完成目标的重要性，明白个人与团队的关系，锻炼语言表达和沟通能力。

导入案例

到手的订单飞了

小王是某配件生产公司的销售员，他非常勤奋，沟通能力也相当不错。前不久，公司研发出了一种新型配件，较之过去的配件有很多性能上的优势，价格也不算高。小王立刻联系了他的几个老客户，这些老客户们都对该配件产生了浓厚兴趣。

此刻，有一家企业正好需要购进一批这种配件，采购部主任对小王的销售表现得十分热情，反复向小王咨询有关情况。小王详细、耐心地向他解答，对方频频点头。双方聊了两个多小时，十分愉快，但是小王并没有向对方索要订单。他想，对方还没有对自己的产品了解透彻，应该多接触几次再下单。

几天之后，他再次和对方联系，同时向对方介绍了些上次所遗漏的优点，对方很是高兴，就价格问题和他仔细商谈了一番，并表示一定会购进。之后，对方多次与小王联络，显得非常有诚意。

为了进一步巩固客户的好感，小王一次又一次地与对方接触，并逐步和对方的主要负责人建立起了良好的关系。他认为这笔单子十拿九稳的了。

然而，一个星期后，对方的热情却慢慢地降低了，再后来，对方还发现了他们产品中的几个小问题。这样拖了近一个月后，这笔到手的单子就这样黄了。

资料来源：改编自孟昭春．成交高于一切．北京：机械工业出版社，2007.

讨 论 题

小王丢掉这笔生意的主要原因是什么？他应该如何做才是对的？

5.1 推销成交的策略和方法

相关资讯

在顺利经过寻找顾客、约见顾客、接近顾客、推销洽谈等阶段后，推销自然就进入了成交阶段。推销成交是推销人员所要达到的最终目标，推销过程的其他阶段都是成交的基础和前提。没有最终成交，所有的推销努力都是徒劳，成交量是衡量推销人员业绩的一个主要指标。因此，一个优秀的推销人员应该始终明确推销目标，并朝着这个目标去努力。掌握一定的成交理论和技巧，熟练运用各种成交策略，具备相关的业务知识，是促成交易的关键所在。

5.1.1 推销成交的含义

所谓推销成交，是指顾客接受推销人员的推销建议及推销演示，立即购买推销品的行动过程。西方推销界一般用"the close"来表示成交这个概念，它的基本含义是"终止"、"结束"、"接受"、"同意"、"商定"等，字面意思可以理解为成交就是顾客同意并接受推销人员的建议，商定具体的交易，结束整个推销洽谈。成交是顾客对推销人员及其推销建议和推销品的一种积极的、肯定的反应。正确理解成交，应明确以下几点。

5.1.1.1 成交是顾客对于推销人员及其推销建议和推销品的一种积极反应

在推销过程中，推销人员通过介绍、展示、示范操作、出示各种推销证明等，对顾客施加一系列的刺激，这些刺激会引起顾客的各种反应，顾客异议是顾客对推销人员及推销品的消极反应，是拒绝的表示；而成交则是顾客对推销人员及推销品的一种积极的、肯定的反应，是推销的最终目标。可以说，推销过程实际上是向顾客施以一定的刺激，并希望引起顾客兴趣和积极反应的过程。

5.1.1.2 成交是推销人员与顾客反复沟通的结果

成交离不开信息沟通，而这种沟通应该是双向沟通，而非推销人员自顾自地喋喋不休。一方面推销人员要向顾客传递有关推销品及企业的信息，让顾客了解推销品，信任推销人员及推销人员所代表的企业；另一方面，顾客会通过各种方式发出不同的信息，推销人员应该注意接受，并要正确地分析判断信息的含义，了解顾客的购买心理。通过双方的反复沟通，才能实现最后的成交，可见，成交是一个过程——信息沟通的过程。

名家观点 5-1

当一个客户面对推销时,他的心理过程是这样的:当你说句号时,客户的心门将关闭;当你说问号时,客户的心门将打开。

问题之于行销,犹如呼吸之于生命,如果你发问失败,你就失败了,如果你问错了问题,虽然不至于马上致命,但难逃死路一条。那么,倘若你问的是对的问题,答案将是什么呢?答案将是一笔生意。

——中国知名营销专家 孟昭春

5.1.1.3 推销成交是说服顾客,促使其采取购买行动的过程

顾客的购买行为是一个过程。根据消费心理学的研究,顾客购买心理的变化过程分为四个阶段,即注意(attention)、兴趣(interest)、欲望(desire)、行动(action),通称为AIDA公式。配合顾客的购买行为过程,推销专家海因兹·戈德曼把成功的推销总结为四个步骤:引起顾客注意、诱发顾客兴趣、激发顾客购买欲望、促成顾客购买行动。

5.1.2 成交的基本策略

5.1.2.1 正确识别顾客的成交信号,把握最佳成交时机

成交信号是指顾客在接受推销的过程中有意无意流露出来的各种成交意向,我们可以把它理解为成交暗示。在实际推销工作中,顾客为了保证自己所提出的交易条件得以实现或保证自己的谈判地位,通常不会主动提出成交要求。但顾客的成交意向会不自觉地通过各种方式表现出来,推销人员应该认真分析和观察,善于捕捉各种成交信号,及时促成交易的达成。

顾客发出成交信号的表现形式往往是复杂多样的,有些是显而易见的,有些则不易察觉。成交信号一般分为语言信号、表情信号、行为信号和事态信号。推销人员可以通过察言观色,根据顾客的面部表情、语言、动作、行为等的变化来判断和识别顾客的成交意向。

知识链接 5-1

成交信号的表现形式

成交信号通常以下面的形式表现出来。
① 顾客乐于接受推销人员的约见;
② 顾客对推销人员的态度逐渐转好;
③ 顾客主动提出更换面谈场所;
④ 集团购买决策人主动关照推销人员;
⑤ 顾客要求推销人员回答有关问题;
⑥ 顾客提出各种购买异议。

(1) 语言信号的识别

语言信号是在推销人员与顾客的交谈过程中,从顾客某些语言中流露出来的成交信号。顾客的言谈是判断和识别顾客成交信号的最直接的表现形式,"凡音之起,由人心生也",说明顾客的言语能反映其心理状态。如,顾客对商品给予一定的肯定或赞许;询问交货时间、付款条件、交易方式等;详细了解商品的具体情况;询问关于维修、退还等售后服务问题;了解商品的质量及生产加工的具体要求等,在顾客的这些言谈中,虽然都没明确提出成交的要求,但已经流露出比较明显的成交意向了。

(2) 表情信号的识别

表情信号是在推销人员向顾客的推销过程中，从顾客的面部表情和体态中所表现出来的一种成交信号。顾客的面部表情一般不易察觉，但经验丰富的推销人员经过长期观察、留意，仍然可以感知到顾客细微的表情变化。如，微笑、面部肌肉放松、眼神变得专注、眉头舒展、下意识点头等。

(3) 行为信号的识别

行为信号是在推销人员向顾客的推销过程中，从顾客的某些行为中表现出来的成交信号。如顾客认真阅读推销资料、比较各项交易条件、身体前倾、触摸或试用推销品、专注地倾听等，都表示顾客对推销品感兴趣。

(4) 事态信号的识别

事态信号是在推销人员向顾客的推销过程中，形势的发展和变化所表现出来的成交信号。如顾客主动提出转换洽谈的地点和程序；顾客要求看销售合同书；顾客的态度有所好转；主动向推销人员介绍企业决策人员；主动提出重复约见等。

顾客的语言、行为、表情等表明了顾客潜在的内心思维，推销人员可以据此识别顾客的购买意向，及时地发现、理解、利用顾客所表现出来的购买信号，促成交易。

把握成交时机，要求推销人员具备一定的直觉判断与职业敏感，一旦发现顾客发出购买信号，立即停止商品介绍，迅速提出成交要求并马上下单。一般而言，下列几种情况可视为促成交易的较好时机。

当顾客表示对产品非常有兴趣时；

当推销员对顾客的问题做了解释说明之后；

在推销人员向顾客介绍了推销品的主要优点之后；

在推销人员恰当地处理顾客异议之后；

顾客对某一推销要点表示赞许之后；

在顾客仔细研究产品、产品说明书、报价单、合同等情况下。

 销售精英经验谈 5-1

见好就收

销售最怕的就是拖泥带水，不当机立断。根据我的经验，在销售现场，顾客逗留的时间在 5-7 分钟为最佳！有些促销员不善于察言观色，在顾客已有购买意愿时不能抓住机会促成销售，仍然在喋喋不休地介绍产品，结果导致了销售的失败。所以，一定要牢记我们的使命，就是促成销售！不管你是介绍产品也好，还是做别的什么努力，最终都为了销售产品。所以，只要到了销售的边缘，一定要马上调整思路，紧急刹车，尝试缔约。一旦错失良机，要再度勾起顾客的欲望就比较困难了，这也是刚入门的促销员最容易犯的错误。

资料来源：推销员门户网，http://www.yewuyuan.com/bbs/thread-2095993-1-1.html

5.1.2.2 保留一定的成交余地，适时促成交易

保留一定的成交余地包括两个方面的含义：一是在推销面谈中，推销人员不要把推销重点和盘托出。因为顾客从对推销品产生兴趣到作出购买决定通常要经过一个过程，到成交阶段或成交的关键时刻，推销人员如能再提示某个推销要点和优惠条件，就能促使顾客下最后的购买决心。为了最后促成交易，推销人员应该讲究策略，注意提示的时机和效果，留有一定的成交余地。二是即使推销未能达成交易，推销人员也要留有余地，为下次争取推销成交的机会。顾客这次没有接受你的推销，并不意味着以后他也不接受。一次不成功的推销之后，你如果留下一张名片和产品目录，并要诚恳地表明如果顾客有需要，可随时联系，在价格和服

务上，可以考虑优惠等，这样就等于给了推销人员和顾客一个下次推销或购买的台阶。

5.1.2.3 保持积极的心态，正确对待失败

成交的障碍主要来自于两个方面。一是顾客异议，这是推销的主要障碍，也是最明显的障碍，推销人员应认真分析顾客异议，运用适当的方法和技巧加以化解。二是推销人员的心理障碍。推销人员在推销过程中难免会产生或多或少的退缩、等候、观望、紧张等不利于成交的消极心理，他们往往害怕受到拒绝，不敢提出成交的要求，这种情况多见于推销新人。比如，有位推销安利洗涤用品的推销员，一天晚上，用报纸把一瓶洗涤剂一包就去朋友家做销售，到朋友家后，把产品往茶几底下一放就开始海阔天空起来，一直到23时，觉得太晚了，于是拿起产品告辞，整个过程中都没有谈及此行的目的所在，其实他也一直想找机会做推销，只是害怕被拒绝，得了典型的"成交恐惧症"。来自推销人员的障碍比较隐蔽，是影响成交的一个主要因素。

推销人员应以积极、坦然的态度对待成交的失败，对失败要有充分的心理准备，要知道，即使最优秀的推销人员也不可能做到每次推销都以达成交易结束，在推销活动中，真正达成交易的只是少数。充分认识这一事实，推销人员才会鼓起勇气，不怕失败，坦然接受推销活动可能产生的不同结果。

推销人员应该克服成交恐惧，不要坐等顾客提出成交要求，应该抓住各种成交机会，大胆、主动、不断地提出成交要求，并适当地施加成交压力，积极促成交易的实现。推销名言"Close often and hard"告诉我们，在成交阶段推销人员要不断地提出成交要求，不断进攻并且立场坚定，不要试探几次失败就灰心丧气。

同步案例 5-1

会"耍赖"的乔

当乔·吉拉德请某人在订单上签字时，他会坐在那儿犹豫不决，于是乔会说："您怎么啦？该不会得了关节炎吧？"这句话常常能使客人窃笑，继而忍不住突然哈哈大笑起来。乔甚至还可能放一支钢笔在他手里，然后把他的手放在订单上说："开始吧！在这儿签下您的大名。"当乔·吉拉德这样做的时候，他的脸上带着自然大方的微笑，但同时他又是认真的，而客户也知道乔不是在开玩笑。

要是这时客户仍然拿不定主意，那乔就会说："我要怎样做才能得到您的这笔生意呢？难道您希望我跪下来求您？"随后，乔就会真的跪倒在地，抬头望着他说："好了，我现在就求您。来吧，在这儿签上您的名字。"要是这一招还不能打动他的话，乔·吉拉德会说："您究竟要我怎么做才能签呢？难道您希望我躺在地上？那好吧，我就赖在地上不起来了。"

这种方法会让大多数人捧腹大笑，他们说："乔，别躺在地上了。你要我在哪儿签名？"随后，大家都笑了起来——客户最终签了名。

思考

① 根据案例谈谈主动提出成交请求的好处？

② 对乔的"耍赖"行为你有何评价？

5.1.2.4 把握成交时机，随时促成交易

一个完整的推销过程虽然要经过寻找顾客、推销接近、推销面谈等不同阶段，但并不是每一次推销都必须经过这些阶段。在推销过程中，每一个推销阶段都是相互联系、相互影响和相互转化的，随时都有成交的机会，所以，推销人员应该具备一定的直觉判断与职业敏感，见机行事，灵活应对，及时抓住成交信号，促成交易。

5.1.2.5 利用最后的成交机会，争取成交

大量的推销实践和推销学研究成果表明，许多生意就是在推销人员与顾客即将告别的那一刻成交的。推销人员就要起身告辞了，这时顾客自觉或不自觉地减少了些许成交的心理压力，开始轻松起来，开始对推销人员产生出那么一点点同情心，甚至会产生购买产品的念头。这时，推销人员要善于察言观色，捕捉顾客心理活动的瞬间，抓住时机，充分利用这一最后的机会促成双方最终达成交易。美国有位推销员就特别擅长利用这一最后的时机达成交易。每当他要告别顾客时，便慢慢地收拾东西，有意无意地露出一些顾客未曾见过的产品样品，企图引起顾客的注意和兴趣，从而达成交易，在实际推销工作中，许多推销人员往往忽视这一最后的成交机会，而使一些本该达成的交易失之交臂。

总之，在成交过程中，推销人员应该认真研究、揣摩成交的各种策略，坚持一定的成交原则，灵活地运用适当的成交方法和技巧，才能促成交易，达到推销目标。

5.1.3 成交的方法

成交方法是指推销人员用来促成顾客做出购买决定，最终促使顾客购买推销品的推销技术与技巧。在推销实践中，推销人员总结出以下方法。

5.1.3.1 直接请求成交法

请求成交法又称为直接成交法，是指推销人员向顾客主动提出成交要求，直接要求顾客购买推销品的方法，这是一种最基本、最常用的成交方法。

请求成交法一般适合于以下情况。

（1）老顾客

对于老顾客，因为买卖双方已建立了较好的人际关系，运用此法，顾客一般不会拒绝。例如："李经理，刚刚购进上好的龙井，过来看看吧。"

（2）顾客发出购买信号时

如果顾客对推销品有好感，也流露出了购买意向，但一时还拿不定主意或不愿主动提出成交要求，就可以用直接请求成交法。例如：当一位顾客对你销售的洗衣机感兴趣时，你可以说："这种洗衣机是最新款式的，功能全、技术新、价格也公道，买下它吧，一定不会让您失望的。"

（3）在处理完较大的推销障碍后

当推销人员尽力解决了顾客的问题和要求后，是顾客感到较为满意的时刻，推销人员可趁机采用请求成交法，促成交易。例如，你可以说："都清楚了吧，什么时候给你送货？"

使用直接请求成交法，可以充分利用各种成交时机，直接提出成交要求，提高推销效率，节省推销时间。但使用不当也会造成很多问题，如容易给顾客造成难堪，形成压力，破坏推销气氛。这是乔·吉拉德的经历："要是和一位难以对付的顾客长时间谈判，我也用尽了所有别的途径，都不能推销成功的话，我会对顾客说：'瞧，杰里，我必须得说实话，我需要您的生意。'您会对这种直接请求式的成交法居然能起到作用感到大吃一惊！"

同步案例 5-2

哀兵策略

一个业务员去拜访公司负责人："张总，我已经拜访过您好多次了，总经理对本公司的汽车性能也相当的认同，汽车的价格也相当的合理，您也听朋友夸赞过我们公司的售后服务。今天我们再次来拜访您，不是向您销售汽车的，我知道总经理是销售界的前辈，我在您

面前销售东西实在压力很大，大概表现得很差，请总经理本着爱护晚辈的心怀，给予指点，我哪些地方做得不好，以便我早日改善。"

总经理说："你不错嘛，你又很勤快，对汽车的性能了解得非常清楚，看你这么诚恳，我就坦白告诉你吧，这次我们要替公司的10位经理换车，当然换车一定要比他们现在车子更高级，以激励他们的士气，但是价钱不能比现在贵，否则我短期内宁可不换。"

业务人员马上说："报告总经理，您实在是一位好的经营者，购车也以激励士气为出发点，今天我又学到了新的东西。总经理我给您推荐的车是由美国装配直接进口的，成本偏高，因此价格不得不反映到成本，但我们公司月底将从墨西哥OEM进来的同级车，成本很低，并且总经理又是一次购买10部，我一定能成功地说服公司尽可能地达到您的预算目标。"

总经理说："喔，的确很多美国车都是在墨西哥OEM生产，贵公司如果有这样的车的话，倒替我解决了换车的难题了。"

的确，当销售人员山穷水尽无法成交时，由于多次的拜访和客户建立了交情，这时如果你面对的客户在年龄上和头衔上都比你大时，可以采取这种哀兵策略。

思考
① 使用这种方法时应注意哪些问题？
② "哀兵策略"的步骤是什么？

5.1.3.2 威吓利诱成交法

这种成交方法在推销实践中被广泛地运用，这种方法的要点是：强调购买商品或者服务的好处和对顾客的最大利益的同时，说出如果不购买，会对顾客有什么损失，并强调损失的重要。例如，除螨类护肤品一方面强调产品可以给顾客的皮肤护理和美容带来的显著效果，另一方面则不断加深不购买产品的痛苦：螨虫会不断侵蚀你的皮肤，造成更多的斑点并且难以修复。热水器推销人员在说明该公司产品的安全性能优越的同时，也说明购买了劣质产品所带来的危害——耸人听闻的伤人事件。

这种方法的优点是使用了生动形象的对比，善于启发顾客的联想：购买了推销品带来的好处与不购买所造成的损失。但使用不当，会使顾客造成逆反心理，更加大了推销的难度。因此，推销人员介绍不购买可能给顾客带来的损失时，应合情合理，以理服人，注意表达的语气和表情，不要太夸张、过分。

同步案例 5-3

推销军人保险

亨曼先生被派到美国新兵培训中心推广军人保险。听他演讲的新兵100%都自愿购买了保险。从来没人能达到这么高的成功率。培训主任想知道他的推销之道，于是悄悄来到课堂，听他对新兵讲些什么。

"小伙子们，我要向你们解释军人保险带来的保障，假如发生战争，你不幸阵亡了，而你生前买了军人保险的话，政府将会给你的家属赔偿20万美元，但是如果你没有买保险，政府只会支付6000美元的抚恤金……"

"这有什么用，多少钱都换不回我的命。"下面有一个新兵沮丧地说。

"你错了"，亨曼和颜悦色地说，"想想看，一旦发生了战争，政府会先派哪一种士兵上战场？买了保险的还是没有买保险的？"

思考
① 亨曼使用了怎样的成交方法？

② 在你所见到的广告中有没有使用这种方法的？请举例说明。

5.1.3.3 假定成交法

假定成交法又称假设成交法，是指推销人员在假定顾客已经接受推销建议，同意购买的基础上，通过提出一些具体的成交问题，直接要求顾客购买推销品的一种方法。在推销面谈的过程中，推销人员根据时机，假定顾客已经接受推销建议，从而提出成交要求。这种成交方法的关键是推销人员要有足够的自信心，而这种自信反过来也会影响顾客，增强顾客的购买信心。如，顾客在试过了一套衣服以后，营业员可以说："你穿这套衣服真漂亮，我替你包起来吧。"

假定成交法的优点是节省推销时间，效率高。它可以将推销提示转化为购买提示，适当减轻顾客的成交压力，促成交易。

假定成交法也有一定的局限性。这种方法以推销人员的主观假定为基础，不利于顾客做出自由选择，甚至会令其产生反感情绪，破坏成交气氛，不利于成交。所以，在使用这种方法时，应注意要适时地使用，一般只有在发现成交信号，确信顾客有购买意向时才能使用这种方法，否则会弄巧成拙。另外，要有针对性地使用假定成交法。使用这种方法时，推销人员要善于分析顾客。一般地说，依赖性强、性格比较随和的顾客以及老顾客，可以采用这种方法。但对那些自我意识强，过于自信的顾客，则不应使用这种方法。

5.1.3.4 选择成交法

选择成交法是指推销人员为顾客提供一个有效的选择范围，并要求顾客立即做出选择的成交方法。这种方法的特点是无论顾客作出怎样的选择，成交都会是最终的结果。推销实践表明，推销人员给顾客提供的选择越多，顾客越是不容易下定决心。经验显示，很多人面临三个以上的选择时都会犹豫不决，无所适从。所以推销人员要替顾客缩小选择范围，甚至替顾客做出选择，当好顾客的参谋。选择成交法在实际推销工作中经常使用，并且具有明显的效果。如，一位定期定投基金的销售人员在摸清顾客的情况后可以说："这种投资方式是按月投资的，我这儿有三份计划，投资额分别是200、300、400元，您看哪一个适合您呢？"

选择成交法的优点就在于既调动了顾客决策的积极性，又控制了顾客决策的范围。选择成交法的要点是使顾客避开"要还是不要"的问题，而是让顾客回答"要A还是要B"的问题。

需要强调的是，选择成交法的关键是推销人员应该对顾客的客情背景进行充分的了解，对顾客的偏好进行充分的分析，在此基础上提出与顾客的需要相符的选择方案，才有利于顺利成交。

5.1.3.5 使用见证式成交法

使用见证式成交法又称为从众成交法，是在推销过程中列举一些有代表性的现实顾客名单或签约资料，借助第三方的力量达成交易，我们也可以称之为"第三方证明"。我们知道，追随者总是要比带头的多得多，有些顾客只有在知道别人尤其是有声望的人或组织已经购买之后，才肯出钱购买。当推销人员使用"第三方证明"策略时，潜在顾客通常会有意无意地与第三方进行比较，会把第三方的成功认为是自己的成功，交易自然就很容易达成了，因为这时不用推销人员去说服顾客，顾客自己就会说服自己了。因此推销人员在推销过程中应该注意采用多种形式作为第三方证明，注重搜集、积累优秀客户名单、客户推荐信或邮件、客户的感谢信等资料，以作为推销成交的佐证。

同步案例 5-4

推销佐证

汇才培训机构很善于利用见证来说服潜在顾客，他们会列出一长串比较有名望的客户名单，比如在一次推销中，一名业务员列出了以下名单：

国泰航空公司

和记黄埔地产公司

美国友邦保险（百慕大）有限公司

香港科技大学

亚洲电视股份有限公司

华比富通银行

TCL计算机科技有限公司

康佳集团股份有限公司

蛇口集装箱码头有限公司

联想计算机公司

……

这一长串客户的名单，足足有三页纸之多，这足以让人相信这家机构的实力了。

思考：使用见证式成交法有什么重要作用？为了更好地使用这种方法，推销人员在平时工作中应注意什么？

5.1.3.6 小点成交法

小点成交法又称为次要问题成交法或避重就轻成交法，是推销人员通过次要问题的解决来促成交易的一种成交法。小点是指次要的、较小的成交问题。

小点成交法是利用了顾客的成交心理活动规律。从顾客购买心理的角度来看，购买者对重大的购买决策往往心理压力较大，较为慎重，担心有风险而造成重大损失，导致难以决断，特别是成交金额较大的交易。而顾客在进行较小的成交决策时，心理压力较小，会较为轻松地接受推销人员的引荐，比起进行较大的交易决策要容易。小点成交法正是利用了顾客这一心理活动规律，避免直接提出重大的、顾客比较敏感的成交问题。在推销过程中，先让准顾客作出对推销品有关"小点"方面的决策，再就"大点"方面达成协议，从而促成交易实现。因此小点成交法可以创造良好的成交气氛，减轻顾客的心理压力，为推销人员提供了与顾客周旋的余地，有利于推销人员合理利用各种成交信号，有效地促成交易。

5.1.3.7 妥协式成交法

妥协式成交法是在除价格外所有别的异议都已经被排除了，而顾客仍然不肯购买的情况下，推销人员可以做一些妥协和让步，这种方法的原理是"有生意总比没有好"。更重要的是，一旦推销人员赢得了第一次，就打开了推销成功的大门，意味着随后会有大量定单涌来——一份小额订单所引来的。例如，黄页电话簿广告推销员可以说："王总，我知道你的广告预算很紧张，那我建议你这次不必买半页版面，先做三分之一版的广告怎么样？"王总可能视情况降为四分之一版或八分之一版，但成交的可能性却是大的。

这种成交方法的好处是在推销过程中最终达成交易的可能性更大，但如果运用不当或推销人员对顾客的情况判断不明，很可能失去应有的大单生意，所谓因小失大。所以使用这种方法成功的关键是推销人员要确认如果不妥协，推销成交就没有希望或顾客确实购买条件有限，只有妥协退让才可能达成交易。

5.1.3.8 施加压力成交法

施加压力成交法是在推销过程中，推销人员不会问顾客买不买，而是会确认对方有没有条件购买，够不够资格购买。这种方法的理论根据是人性的弱点——虚荣心、贪婪、自私。这种方法如果运用恰当，效果相当明显，具体运用可参考以下案例。

房地产代理人:"这套房子对您来说可能大了点,也许我应该带您到别的地方看看面积小一些的房子,可能更适合您。"这时顾客会出于维护面子的原因而达成交易。

艺术品交易商:"这幅稀有的油画是一位收藏家的拍卖品,我希望看到它只被那些严肃对待艺术收藏的人所拥有。直率地说,先生,我并不想把它卖给那些一点不欣赏它的人。我对那种只能证明自己出得起钱的人不感兴趣。只有那些具有高品位,真正热爱艺术的人才有资格拥有这幅高质量的油画。"这时,买主会为证明自己有资格购买而达成交易。

汽车推销员:"李经理,我认为你应当考虑一下那款稍便宜的车型,这款车是最新款型。"在这里,顾客受到挑战,就要证明自己买得起昂贵的车型。

这种成交方法虽然有时很奏效,但没有经验的推销人员最好慎用,它是一种险招,使用不当容易激怒顾客,造成不可挽回的恶劣后果,所以推销人员使用这种成交方法时,应注意语言措辞、语气和语调,切不可流露出轻视、瞧不起顾客的神情,应该是这样的情形:推销人员只是在叙述一种常理,不针对顾客个人或只是出于真诚地为顾客着想而发表意见和看法。

5.1.3.9 其他成交方法

(1)弗兰克林成交法

弗兰克林成交法是以美国的本杰明·弗兰克林的名字命名的。是指在推销过程中遇到举棋不定的困境时,推销人员可以拿出一张白纸,在中间画一条直线,将白纸一分为二,在"是"的一栏列出所有支持顾客做出购买决定的理由,在"不"那一栏写上所有的反对意见,最后归纳,当然"是"一栏中的内容从数量上一定多于另一栏。

同步案例 5-5

卡耐基的精彩"演讲"

有一次,戴尔·卡耐基向纽约一家饭店租下大厅,准备做一个为期20天的季节性系列演讲。就在日期快到的时候,卡耐基突然接到通知,要他必须出比一般情况下多三倍的价钱。那时,卡耐基的票已经印好送出,所有通知也都发出去了。卡耐基自然不愿支付多出的费用。于是卡耐基直接去见经理。

"接到你们的来信,我感到十分震惊。"卡耐基说道,"但是,我并不责怪你们,换了你们的处境,说不定我也会这么做。你身为经理,当然得为饭店的利益着想,如果不这么做,上面一定会开除你的。现在,让我们拿张纸来,写下这件事对你们将产生的利与弊。"

卡耐基取过一张信笺,在上面从中画出两栏,一栏上面写"利",另一栏上面写"弊",卡耐基在"利"一栏写上:"大厅可作他用",并且说明:"你们的好处是大厅可以空下来,另外租给人跳舞或开会,这比只租给我们收入要高些。假如我们将大厅占用了20个晚上,这当然表示你们失去了可能会有的大生意。"

"现在,让我们看看'弊'的部分。首先我们付不起你们要求的租金,当然要另外择地举行,这就意味着你们将得不到我的这笔收入。第二点,这一系列的演讲,会吸引许多受过教育的文化人士来到饭店,这是极好的广告机会。实际上,假如你们在报纸做广告,每次得花5000美元,而且不一定能吸引这么多人来参观,这对饭店来说,不是很值得吗?"

卡耐基一面说,一面在"弊"栏写下刚才说的两点,然后把纸递给经理,"希望你仔细考虑一下,尽快把最后决定通知我。"

第二天,回信来了,告诉卡耐基租金只上涨50%,而不是原来的三倍了。戴尔·卡耐基丝毫没有提到自己的需要便获得减价,他一直谈到的是对方的需要,并且告诉他们如何得到。

思考

① 遇到这种情况，一般人基本的反应是什么呢？

② 卡耐基的做法有什么高明之处呢？

(2) 优惠成交法

优惠成交法是指推销人员通过向顾客提供某种优惠条件而促使顾客购买推销品的方法。这种方法的理论依据是利用了顾客的求利心理，在利益上作出一定的让步，以促使顾客购买。优惠成交的条件通常有价格折扣、送货上门、延迟付款、赠品、人员培训等。如，推销人员可以说："李经理，这样吧，如果你们一次性购买10套，我们可以送货上门，另外再送你们价值一万元的备用件，怎么样，这样的优惠，我们可是开天辟地头一回啊。"推销人员在给予特别优惠时，必须谨慎行事，因为在你做了某些让步时，可能就会破坏你的原则，达不到预期的效果。

(3) 最后机会成交法

最后机会成交法，又称无选择成交法或惟一成交法，是指推销人员直接向顾客提示最后成交机会而促使顾客立即购买的一种成交方法。这一成交方法要求推销人员运用购买机会原理，向顾客提示"机不可失，时不再来"的机会，给顾客施加一定的成交压力，使顾客感到应该珍惜时机，尽快采取购买行为。

例如，一位汽车推销员对他的顾客说："这种车型的汽车非常好卖，这一辆卖出去以后，我们也很难进到同样的车子。"或"由于原材料需要进口，这批货卖完后，可能要很长的时间才有货。"人寿保险代理人可以对他的客户说，保险费会随着客户年龄的增大而提高。"艾迪，你的生日就快到了，所以我想今天就递交你的申请表。"

当然这些推销人员讲的都应该是真实可信的实际情况，如果采用欺骗顾客的方式诱导顾客购买，信口开河、胡编的做法是一种愚蠢的短视行为，会给日后的推销工作留下困扰。

最后机会成交法能吸引顾客的成交注意力，它利用了人们对各种机会表现出一定的兴趣并给予一定的注意，尤其对一去不复返的机会就会更加注意这一心理特点。正确地使用机会成交法，可以增强成交说服力和成交感染力，从而打动顾客，促成交易。

最后机会成交法、优惠成交法结合起来运用，更能增强对顾客的刺激强度，诱导性更强。优惠的机会"千载难逢"，特别是当未来预期对顾客不利时，谁都希望搭上这一"末班车"，这对达成交易将更为有利。例如，空调推销员可以说："现在正值公司五一促销，比平时便宜近20%，以后可没这个价格了，随着钢材价格的上涨，下一步空调的价格也该上调了。"

(4) 保证成交法

保证成交法是指推销人员通过向顾客提供售后保证而促成交易实现的方法。这种方法是基于对顾客成交心理障碍的正确认识，通过售后保证来降低顾客的购买风险，使顾客消除疑虑，通过解决顾客的心理障碍达成交易。如商品质量保证、"三包"保证等，给顾客吃一颗"定心丸"，让顾客放心购买。

以上介绍了一些常用的成交方法，推销人员应该用心去揣摩推销过程的每个细节，领悟推销工作的诀窍和技巧，使自己的推销技术日渐成熟，能随心所欲、游刃有余地运用各种成交方法，提高推销业绩并在工作中发现、积累更实用的成交方法。

推销成交后，推销人员还应注意以下问题。

① 切勿把兴奋的表情写在脸上

这样很可能会招致顾客的猜疑，认为自己是否吃亏上当，使顾客感觉不舒服，如鲠在喉。正确的方法应该是让顾客感到购买产品是一项英明之举，推销员作了很大让步，自己的谈判非常成功、非常精彩。如,计算机销售代表可以说:"祝贺您,先生,我相信您绝不会后悔装上我们这套计算机系统,您就等着赚更多的钱吧。"

② 祝贺合作成功,向顾客的惠顾表示感谢

注意态度要不卑不亢、坦诚自然,切不可过分"献媚",否则,顾客会有上当受骗的感觉。

③ 伺机告辞

推销完成后,推销员不可匆忙地离开,会留下诈骗犯夺路而逃的感觉。当然,也不能走向另一极端,闲扯没完没了,顾客如想到某一点不妥就会又回到起点,恰当的做法是向顾客诚恳地致谢然后指导顾客正确地使用,重复交货条件等一些细节,就应该告辞了。

④ 建议顾客试用其他的推销品

当顾客已经接受了一个推销品后,可以向顾客提供少量其他的推销品试用,暂不收款,如果顾客试用后感到满意再收款,不满意,则退回。这样做的目的是强化推销人员与顾客的关系,以获得更多的成交项目。

知识链接 5-2

推销培训大师经验谈

以下是著名的推销培训大师王荣耀的一些经验谈。

我不会在提出成交要求遭到顾客拒绝后就此与顾客"拜拜",我认为顾客拒绝成交,是出于自我利益的保护,在顾客没有完全明白从购买行为中得到多少好处之前,他会用最简单的方法——拒绝购买来保护自己。面对顾客的拒绝,我装作没听见,继续向顾客介绍推销的新要点,在顾客明白这一要点后,便再一次地提出成交要求。在实践中,我总结出一套"三步成交法":第一步,向顾客介绍商品的一个优点;第二步,征得顾客对这一优点的认同;第三步,当顾客同意商品具有这一优点时就向顾客提出成交要求。这时会有两个结果:成交成功或失败。如果成交失败,我还会继续向顾客介绍商品新的一个优点,再次征得顾客的认同并提出成交要求,如图5-1所示。

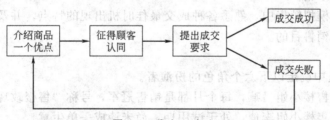

图 5-1 成交三步法

有时,甚至在提出四五次成交要求后,顾客才最终签约。经验表明,韧性在成交阶段是很重要的。

在向顾客提出几次成交要求遭到拒绝后,眼看成交无望时,我绝不气馁,还要争取最后的机会,即利用与顾客告辞的机会运用一定的技巧吸引顾客,再次创造成交机会。

在此,我给大家总结出六个字:主动、自信、坚持,这是成交的关键。

首先,推销员要主动请求顾客成交。许多推销员失败的原因仅仅是因为他没有开口请求顾客订货。据调查,有71%的推销员未能适时地提出成交要求。美国施乐公司董事长彼得·麦克芬说,推销员失败的主要原因是不要订单。不向顾客提出成交的要求,就像瞄准了目标却没有扣动扳机一样。

其次，要充满信心地向顾客提出成交要求。美国十大推销高手之一谢飞洛说："自信具有传染性。推销员有信心，会使客户自己也觉得有信心。客户有了信心，自然能迅速作出购买决策。如果推销员没有信心，会使客户产生许多疑虑，客户会犹豫：我现在买合适吗？"

最后，要坚持多次地向顾客提出成交要求，一些推销员在向顾客提出成交要求遭到拒绝后，就认为成交失败，便放弃了努力。这种期望向顾客提出一次成交要求便能达到成交目的的想法是错误的。事实上，一次成交的可能性很低，但一次成交失败并不意味着整个成交工作失败。推销员可以通过反复的成交努力来促成最后的交易。一位优秀推销员指出，一次成交努力成功率为10%左右，他总是期待着两次、三次、四次等多次的成交努力来达成交易。推销员要认识到，顾客"不"字是阻止推销员前进的红灯。

➤ 决策与计划

明确任务内容及要求，制定任务完成计划，完成过程中做好记录，做好陈述交流准备。

➤ 任务实施

任务一

课堂活动：销售西装。

活动目的：练习销售达成的过程。

活动过程：

1. 即将踏入社会的毕业班学生为找工作每人需要准备一套西装。请一位同学扮演服装公司的销售经理，做一次销售演示。
2. 另一位同学扮演竞争对手也做一次演示。
3. 其他同学作为潜在顾客考虑购买谁的产品，为什么？
4. 为每位同学准备一张达成销售的表格，最后统计订单数量。
5. 根据订单数量的多少，确定哪位同学获胜。分别请购买两位同学西装的同学谈谈购买原因，教师针对两位同学达成销售的过程进行点评。

任务二

课堂活动：情景剧。

活动目的：在模拟销售中，熟悉各种成交最佳时机出现的特点，并及时把握，运用成交技巧，成功地达到销售目的。

活动过程：

1. 在小组成员中确定以下六个角色的扮演者。

角色一：保利售楼小姐吕燕，每个月都是销售冠军，号称"售楼玫瑰"。

角色二：保利售楼小姐李倩，处于试用期，尚未谈成一单生意。

角色三：陈鹤，25岁，软件开发员，准备买个单间做独立的新人类，还没有女朋友，也没有近两年结婚的打算，他妈妈不放心，陪他来选房。

角色四：陈妈妈，退休教师，陪儿子选房，希望能选购一个大一点的户型，为以后儿子结婚做准备。

角色五：关旭，32岁，某公司部门经理，妻子怀孕了，想要换大一点的房子，供三口之家居住。

角色六：孙婷婷，关旭的妻子，职员，怀孕三个月，喜欢简单、自然、清新的居住环境。

2. 具体材料如下。

保利花园总体规划以尊重地域性和文脉为指导思想，以住宅的艺术化、科技化、智能化、环保化和前瞻性、多样性、个性为前提,创造一个生态的、有机的、可持续发展的、充满商业活力与现代气息的、具有公共文化空间的亲和力与和谐的人文特色的综合性大社区。

保利花园总占地面积为 15.6 万平方米,总建筑面积为 36 万平方米;绿化率达 42.37%;泊车位为 1960 个。

保利花园精心设计的蝶形住宅,明厨明卫,八面采光,户户通风,让阳光洒满居室;近九成的超高实用率让家中每一个人都有属于自己的天地;精致、简约的布局,充分体现了人性化的高品位生活。

"主卧八角观景阳光房,是爱人每天观赏第一道风景的地方。"直面园林的八角阳光房,可以从不同角度满足住户对风景的渴求。当每天清晨第一抹朝霞飘过枕边,映红爱人的脸颊时,想你的一天又开始了。

"独有弧形亲景阳台,是您跟孩子交流的平台"。弧形亲景设计,让你和孩子可以共同坐在阳台上,看着窗外小鸟飞过,感受阳光穿过树林散在身上,让自己成为花园中不可或缺的主角。

在人类居住文化中,树木是不可或缺的一部分,它是人类最早的栖居之物。因此,人类对于树木的热爱,不仅仅是自然的,更多是文化的。

保利花园光原生樟树就有 300 余棵,其设计传承了中国园林的设计精髓,户户有景、景随路移、绿随人走、人在绿中。这里香樟吐翠,绿草如茵,一片鲜活的绿色风光,连空气都散发着阵阵甜香,清静而和谐。

售楼处的大厅,一对夫妇刚刚参观完玻璃花园的样板房坐在沙发上商量着;一个小伙子和好像他妈妈模样的老妇人也在说着什么。

3. 根据以下情境,各小组成员根据自己分配到的角色,进行销售场景和对话设计。

① 经验丰富的吕燕了解到陈鹤的情况后,立即决定进行销售,他走到他们母子面前……

② 陈鹤和他母亲各看好了一个户型,争论不休,之前负责领他们看样板间的李倩,这个时候该怎么做呢?

③ 陈鹤和他母亲各看好了一个户型,争论不休,之前负责领他们看样板间的李倩,不知所措,站在那里半天说不出话来……吕燕走了过去,微笑着说……

④ 孙婷婷对户型和周围环境都很满意,但关旭考虑更多的是日后孩子的教育问题,这附近的学校教学质量和交通情况都不是很理想,犹豫之下,两个人有了想要离开的想法。一直坐在他们身边的吕燕将这一切看在眼里……

⑤ 这是李倩第三次看见这对夫妻了,上个月他们参观了样板间,他们对户型、小区环境和附近的学校似乎很满意,看关旭认为交通情况不是特别理想,妻子上班不方便,尤其离妇婴医院太远了,当时关旭和孙婷婷说再看看其他楼盘,结果中途又来了一次。今天早上,他们一推开售楼处的大门,李倩突然有了感觉,今天将谈成她第一笔生意……

进行角色轮换,再进行一场销售演练。

4. 进行角色轮换,再进行一场销售演练。

5. 教师对活动过程及内容进行点评。

▶ 检查评估与反馈

1. 检查学生工作任务是否完整完成。
2. 专业能力、社会能力和方法能力有哪些提高?
3. 按照评估标准评估每位学生的工作态度、工作质量情况。
4. 整理并保存参与学生的评定情况记录,作为平时考核依据。

5.2 成交后的反馈和跟踪

相关资讯

推销人员与顾客成交签约后,并不意味着推销工作的结束,成交后反馈和跟踪也是必不可少的一个环节,有着重要的意义和很多的工作内容。

5.2.1 成交后跟踪的含义

成交后跟踪是指推销人员在成交签约后继续与顾客交往,并完成与成交相关的一系列工作,以更好地实现推销目标的行为过程。

推销目标是在满足顾客需求的基础上实现自身的利益。顾客利益与推销人员利益是相辅相成的两个方面,在成交签约后并没有得到真正的实现。顾客需要有完善的售后服务,推销人员需要回收货款以及发展与顾客的关系。于是成交后跟踪就成为一项十分重要的工作。

5.2.2 成交后跟踪的意义

成交后跟踪是现代推销理论的一个新概念。其中一些具体的工作内容,在传统的推销工作中已有体现。但把它概括为成交阶段的一个重要环节,则体现了它对于现代推销活动的重要性。成交后跟踪的意义主要有以下几个方面。

5.2.2.1 体现了以满足顾客需求为中心的现代推销观念

成交后跟踪使顾客在购买商品后还能继续得到推销人员在使用、保养、维修等方面的服务,以及购买后如果在质量、价格等方面出现问题能得到妥善的解决。这两个方面使顾客需求得到真正意义上的实现,使顾客在交易中获得真实的利益。成交后跟踪是在现代推销观念指导下的一种行为。

5.2.2.2 成交后跟踪可以最终实现企业的经营目标和推销人员的利益

企业的经营目标是获取利润,推销人员要获取报酬,只有收回货款后才能得以实现。而在现代推销活动中,回收货款往往是在成交后的跟踪阶段中完成的。

5.2.2.3 成交后跟踪有利于提高企业的竞争力

随着科学技术的进步,同类产品在其品质和性能上的差异越来越小。企业间竞争的重点开始转移到为顾客提供各种形式的售后服务。售后服务是否完善,已成为顾客选择商品时要考虑的一个重要方面。而各种形式的售后服务,正是成交后跟踪阶段的一个主要任务。

5.2.2.4 成交后跟踪有利于获取重要的市场信息

通过成交后的跟踪,推销人员可以获取顾客对产品数量、质量、花色品种、价格等方面要求的信息。因此,成交后的跟踪过程,实际上就是获取顾客信息反馈的过程,便于企业开发新的产品。

5.2.3 成交后跟踪的内容

5.2.3.1 及时回收货款,真正实现销售

售出货物与回收货款,是商品交易的两个方面,缺一不可。推销人员不能仅仅善于销售,只有拿到全部的货款,销售才算完成。实际上,销售的本质就是将商品转化为货币,在

这种转化中补偿销售成本,实现经营利润。收不回货款的推销是失败的推销,会使经营者蒙受损失。所以,在售出货物后及时收回货款,就成为推销人员的一项重要工作任务。

在现代推销活动中,赊销、预付作为一种商业信用,它的存在是正常现象,关键在于如何才能及时、全额地收回货款。应该从下列几个方面加以注意。

（1）在商品销售前进行顾客的资信调查

顾客的资信主要包括顾客的支付能力和信用两个方面。在推销前,从多方面了解顾客的资信状况,是推销人员选择顾客的重要内容,同时也是能够及时全额地回收货款的安全保障。所以,作为推销人员,必须精通资信调查技术,掌握客户的信用情况,以保证能确实收回货款。

（2）在收款过程中保持恰当的收款态度

如果因为采取不恰当的态度而影响收回货款,那是得不偿失的。因此,推销人员应针对不同的顾客、不同的情况,采取相应的收款态度。一般情况下,收款态度过于软弱,就无法收回货款;收款态度过于强硬,容易引起冲突,不利于企业形象,而且会影响双方今后的合作。所以,推销人员在收款时,要态度认真,有理有节。这样,既有利于货款的回收,又有利于维持双方已经建立起来的良好关系。

（3）正确掌握和运用收款技术

推销人员掌握一定的收款技术,有利于货款的回收。例如,成交签约时要有明确的付款日期,不要给对方留有余地;按约定的时间上门收款,推销人员自己拖延上门收款的时间,会给对方再次拖欠以借口;注意收款的时机,了解顾客的资金状况,在顾客账面上有款时上门收款;争取顾客的理解和同情,让顾客知道马上收回这笔货款对推销人员的重要性;收款时要携带事先开好的发票,以免错失收款机会,因为顾客通常都凭发票付款;如果确实无法按约收款,则必须将下次收款的日期和金额,在顾客面前清楚地做书面记录,让顾客明确认识到这件事情的严肃性和重要性。

这里介绍的只是一些常用的收款技术。在实际工作中,还需要推销人员针对不同的顾客,灵活机动,临场发挥。无论采用何种技术,目的是明确的,即及时、全额地收回货款。

知识链接 5-3

收回客户欠款的技巧

① 尽可能不代销或赊销;
② 如果不得不代销或赊销,对新客户或没有把握的老客户,交易的金额不宜过大;
③ 要防范骗货;
④ 催款人员的精神状态非常重要,要表现出足够的底气,要满怀信心;
⑤ 不要顾虑催收太紧会失去客户;
⑥ 欠款时间越长,收回越难;
⑦ 交易时必须手续清楚、齐全;
⑧ 交易后要经常对客户留意观察;
⑨ 事前催收,对于经常拖延支付货款的客户,应该在收款日前告知一定准时过来收款,使其做好准备,效果会更好些;
⑩ 上门催收的时间要早;
⑪ 要找对方有决定权的人;
⑫ 催款时应该开门见山;
⑬ 催款时不要轻易打退堂鼓;

⑭ 对客户不同的欠款态度区别对待；
⑮ 要识破欠债者的花招；
⑯ 货款与约定有出入时，要主动纠正；
⑰ 在收款完毕后再去谈新的生意；
⑱ 如果在付款情况不佳的客户处意外收到很多货款，要及早离开；
⑲ 经过多次催讨，对方还是耍赖不肯还，要"以其人之道，还治其人之身"，表现出奉陪到底的态度；
⑳ 不要做出过激行为；
㉑ 学会运用法律武器。

收款方法和技巧很多，推销人员在实际工作中，要区别情况，灵活运用。

资料来源：改编自马绝尘．本土市场营销．北京：企业管理出版社，2003.

5.2.3.2 做好售后服务，创造更多的价值

售后服务是指企业及其推销人员在商品到达顾客手里后继续提供的各项服务工作。

售后服务的目的是为顾客提供方便，提高企业的信誉，促进企业的推销工作。随着人们收入水平的提高，顾客不仅要求买到中意的商品，而且要求买到商品后能够方便地使用。顾客需要服务，企业服务的好与坏不仅影响到现实的推销，而且将会影响到推销品今后的市场前景，决定了顾客今后是否再和你合作。

对于推销人员而言，良好的售后服务不仅可以巩固已争取到的顾客，促使他们继续购买、重复购买，还可以通过这些顾客的宣传争取到更多的新顾客，开拓新市场。因此，每个推销员都必须认真研究售后服务的技巧。

> **知识链接 5-4**
>
> 客户是怎样失去的？
>
> IBM 曾经做过一个调查，研究老客户为什么选择了离开。调查的结果如下。
>
> 1% 是由于老客户去世了；
>
> 3% 是由于老客户搬迁，离开了原来的区域；
>
> 4% 是非常自然的流动——因为好奇心而不断更换品牌；
>
> 5% 是由于购买了朋友或亲人推荐的产品；
>
> 9% 是由于选择了更便宜的产品；
>
> 10% 是由于长期对产品有抱怨情绪；
>
> 68% 是由于客户的需求得不到关注，他的抱怨得不到及时处理！
>
> 资料来源：刘敏兴．销售人员专业技能训练．北京：中国社会科学出版社，2003.

从 IBM 的这个调查结果中，我们不难看出，要保证老顾客继续留在身边非常重要的一点就是提供优质服务！

售后服务包含的内容非常丰富。随着竞争的加剧，新的售后服务形式更是层出不穷，提供给顾客更多的利益和需求的满足。从目前来看，售后服务主要包括下列内容。

(1) 送货服务

对购买大件商品，或一次性购买数量较多、自行携带不便以及有特殊困难的顾客，企业均有必要提供送货上门服务。原来这种服务主要是提供给生产者用户和中间商的，如今已被广泛地应用在对零售客户的服务中。例如，在激烈的市场竞争中，一些家具经销商十分重视及时送货上门。这种服务大大地方便了顾客，刺激了顾客的购买。

(2) 安装服务

有些商品在使用前需要在使用地点进行安装。由企业的专门安装人员上门提供免费安装，既可当场测试，又可保证商品质量。同时，上门安装还是售后服务的一种主要形式。例如：著名的海尔公司销售空调器后，会为顾客提供免费安装，安装人员为了不给顾客带来麻烦，他们自带鞋套，自带饮水，并在空调器安装完毕后帮助顾客将室内收拾整齐，同时给顾客仔细讲解使用、保养方法，耐心解答顾客的疑问，深受顾客欢迎。

(3) 包装服务

商品包装是在商品售出后，根据顾客的要求，提供普通包装、礼品包装、组合包装、整件包装等的服务。这种服务既为顾客提供了方便，又是一种重要的广告宣传方法。如在包装物上印上企业名称、地址及产品介绍，能起到很好的信息传播作用。

(4) "三包"服务

"三包"服务是指对售出商品的包修、包换、包退的服务。企业应根据不同商品的特点和不同的条件，制定具体的"三包"方法，真正为顾客提供方便。实质上，"三包"目的只有一个，那就是降低顾客的购物风险，使其顺利做出购买决策，实现真正意义上的互惠互利交易。当顾客认识到企业为顾客服务的诚意时，包退、包换反过来会大大刺激销售。不仅提高了企业信誉，还赢得了更多的顾客。

(5) 帮助顾客解决他所遇到的问题

推销人员必须像对待自己的问题那样对待顾客的问题。因为从长远看，只有顾客获得成功，推销人员才能再次与顾客进行交易，来扩大自己的成交额。同时，推销人员处理顾客所遇到的问题的速度也体现了对顾客的重视程度。

5.2.3.3 建立和保持良好的关系，巩固并扩大顾客群

推销人员将商品推销出去后，还要继续保持与顾客的联系，以利于做好成交善后工作，提高企业的信誉，结识更多的新顾客。推销成交后，能否保持与顾客的联系，是关系推销活动能否持续发展的关键。

推销人员与顾客建立并保持良好的关系，对销售工作具有非常重大的意义。

(1) 便于获取顾客对产品的评价信息

一方面，通过与顾客保持联系，可以获取顾客各方面的反馈信息，作为企业正确决策的依据；另一方面，通过做好成交的善后处理工作，能使顾客感觉到推销人员及其所代表的企业为他们提供服务的诚意，便于提高推销人员及其企业的信誉。

(2) 有利于销售其他相关产品

良好的关系有利于建立顾客对推销人员或企业的信任感、认同感，这种信任和认同会惠及企业的其他产品，所谓"爱屋及乌"，相应地会为推销人员带来更多的相关业务。

(3) 有利于发展和壮大自己的顾客队伍

成交之后经常访问顾客，了解产品的使用情况，提供售后服务，与之建立并保持良好的关系，可以使顾客连续地、更多地购买推销品，并且可以防止竞争者介入，抢走顾客。同时，老顾客还会把他的朋友介绍给推销人员，使其成为推销人员的新顾客，使顾客队伍不断发展和壮大。

知识链接 5-5

全新定义的新组合 3R

20世纪90年代开始，一种新的3R组合越来越被企业所重视，即顾客保留（retention）、相关销售（related sales）、顾客推荐（referrals）。

顾客保留：是指通过持续地、积极地与顾客建立长期关系，以维持和保留现有顾客，并取得稳定的收入。研究发现，顾客保留率每上升5％，公司的利润率将上升75％；吸引一位新的消费者的费用是保留一位老顾客的五倍以上。

相关销售：由于顾客对一种推销品建立了信心，因此企业销售其他产品的时候推销费用会大大降低，顾客对产品的信用度会提高，销售成功的可能性大增。

顾客推荐：3R组合既强调争取老顾客购买相关产品，同时特别重视老顾客向他们的亲朋好友推荐企业的产品。因为口碑相传也是企业不可忽视的一种促销途径，其效果也要好于其他的促销方式。

奔驰汽车公司的销售服务

德国著名的奔驰汽车公司的销售服务措施简直就是撒向全国乃至全世界的两张网。它的第一张网是推销服务网：任何一位顾客或潜在的顾客在它的推销处或推销人员那里，都可以对其汽车的样式、性能、特点等得到全面的了解。而且，根据顾客的不同需求和爱好，对诸如车型、空间设备、车体设备、车体颜色，甚至不同程度的保险等，都可以分别给予满足。第二张网是维修网：奔驰公司在国内共设了1000多个维修站。维修站的工作人员技术娴熟，态度热情，修车速度快。在任何一条公路上，汽车出了故障，车主只要向就近的维修站打个电话，维修站就会派技术人员来帮助修理，或者将车拉到站里进行修理，一般的修理项目当天就能完成，不影响车主使用。

资料来源：李海琼主编.现代推销技术.杭州：浙江大学出版社，2004.

思考：从本案例中可以看出，奔驰车成功的秘诀是什么？

推销人员与顾客保持良好关系主要要把工作做在平时。推销人员应积极主动地、经常地深入顾客之中，通过信函、电话、走访、面谈、电子邮件等形式，既可以加深感情，又可以询问顾客对企业产品的使用情况、用后感受及满意程度、是否符合自己预期的要求、有什么意见和建议，并及时将收集到的信息反馈给企业的设计和生产部门，以便改进产品和服务；在本企业的一些重大喜庆日子或企业举行各种优惠活动时，邀请顾客参加、寄送资料或优惠券等；在客户庆典、顾客生日、节日等特殊日子，要对顾客表示祝贺、赠送礼物、寄发慰问函电等。

维系顾客关系的技巧

也许你远在数百千米以外，但当你想起某件事或看到某件东西对帮助顾客解决某一问题可能有用时，应该立即打电话告诉他们。

向顾客邮寄可能感兴趣的剪报，即使这些资料与正在推销的商品没有任何关系，剪报内容可来自于有关商业的月报、杂志、报纸或业务通信等。

当顾客被吸纳为正式职员或晋升、获奖时，推销人员应该亲手写一封信或发一份E-mail，向他们表示祝贺。

当客户家庭有结婚、生子等喜事时，表示祝贺。

邮寄节日卡，如新年卡、春节卡、中秋节卡或感恩节卡等，这必将给顾客留下深刻印象。发送生日卡，为此你必须敏捷地捕捉顾客的出生日。

准备和邮寄销售情况通信给顾客，让他们了解有关信息。

上述这些实用的方法有利于推销人员与顾客相互记住对方，更重要的一点是无论做什么事都要富有人情味。发送一张贺卡、一份剪报或一篇文章的复印件并不需要周密思考，也不需要花很多的时间和精力,关键是给顾客留下深刻印象,其秘密就是亲自动笔写的几句话。

资料来源:钟立群. 现代推销技术. 北京:电子工业出版社,2005.

5.2.3.4 反思整个推销过程,不断提高推销技能

推销过程结束后,推销人员应回过头对整个推销过程的每个细节进行回顾、总结,这个环节是推销人员绝对不可忽视的,它可以使推销人员对自己在推销过程中的成功之处和失败之处有一个清醒的认识,有利于推销人员总结经验,发现问题,更好地做好今后的推销工作。一般来说,推销人员应该从以下几个方面总结。

自己的推销计划是不是周密?在洽谈、说明、演示等环节有没有需要改进的地方?通过这次推销活动自己有哪些收获?在推销技巧和方法上有哪些新的突破?在和顾客建立并保持关系方面还有哪些工作要做?推销是否达到了预期目标?下一步的工作打算是什么?顾客的反对意见都有哪些?自己处理的是否恰当?如果不恰当,如何处理更好?自己是不是能及时发现成交信号并主动提出成交要求?成交方法的使用有没有不当之处?成交阶段的精彩表现是什么?还有哪些遗憾?成交后的跟踪反馈阶段有没有失误之处?在整个推销过程中,做没做推销日记?

对于这些问题,推销人员应该认真回答,并作为资料保存起来,相关问题要及时和企业沟通、反馈,以使企业及时改进产品或服务,更好地满足顾客的需要。没有总结就没有提高,推销人员应该善于学习,善于积累,用心体会每一个推销细节,使自己每天都在进步,每天都有新收获,逐渐成为一名优秀的推销人员。

▶ 决策与计划

以小组为单位完成本次学习工作任务;教师布置、说明本次任务,明确要求与注意事项;各小组集中讨论任务完成步骤及做好分工,制订任务完成计划。

▶ 任务实施

实训活动:企业走访——成交后跟踪与反馈调查。

活动目的:成交后跟踪与反馈的内容及方法。

活动过程:

1. 每组选取一个实训基地企业或者其他企业,走访企业相关负责人或销售人员,调查了解企业成交后跟踪与反馈的内容及主要方法。
2. 各组写出实训报告并进行交流。
3. 教师进行综合点评。

▶ 检查评估与反馈

1. 检查学生工作任务是否完整完成。
2. 专业能力、社会能力和方法能力有哪些提高?
3. 按照评估标准评估每位学生工作态度、工作的质量情况。
4. 整理并保存参与学生的评定情况记录,作为平时考核依据。

5.3 客户关系管理

IBM营销经理罗杰斯谈到自己的成功之处时说:"大多数公司营销经理想的是争取新客户,但我们成功之处在于留住老客户;我们IBM为满足回头客,赴汤蹈火在所不辞。"调查显示:发展一位新顾客的成本是保留一位老顾客的5倍,以顾客忠诚度为标志的市场份额的质量比市场份额的规模对利润影响更大,顾客保留率每上升5%,利润上升70%。企业销售

额中的一定百分比来自老顾客，由此可见留住顾客，对于企业来讲，具有非常重要的意义。而客户关系管理便是留住顾客，使企业由弱到强、由小到大的一个有力武器。

5.3.1 客户关系管理的含义

传统的商业模式是以产品为中心的运作模式，概括为以产品为中心的4P（即产品product、价格price、渠道place、促销promotion）思想。这种模式适应的是批量生产、需求单一的市场环境，而如今市场环境已经发生了变化，买方市场日益强化、个性化的需求要求批量定做，这就将以客户为中心的商业模式推到了必然。这种新的模式增添了以4C（客户consumer、成本cost、便利convenient、沟通communication）为代表的新思想。其核心要点是：不要再卖你所能生产的产品，而要卖客户所要购买的产品；暂时忘掉定价策略，去了解客户要满足其需要所愿支付的价格；忘掉分销策略，考虑客户购买的便利性；先不用促销，先与客户沟通，倾听客户的需要。

这种4P与4C有机结合的以客户为中心的商业运作模式必将成为主流，其要点是根据客户需要来生产产品，生产产品来满足客户需要；根据客户为满足其需要而愿意支付的价格来制定定价策略，制定定价策略迎合客户的支付意愿；根据客户的便利制定分销策略，分销策略应该满足客户消费的便利性；根据与客户的沟通制定促销策略，促销策略进一步推动与客户的互动。种种原因表明：新的市场环境、新的消费价值观和新的通讯手段，无不迫使企业改变管理策略，以客户为中心来统一协调企业组织、工作流程、技术支持和客户服务，了解客户需求，保留有价值客户、挖掘潜在客户、赢得客户的忠诚，并最终得到客户的长期价值，而这正是客户关系管理的精髓。

客户关系管理（CRM，customer relationship management）是一种商业管理策略，它通过使企业组织、工作流程、技术支持和客户服务等都以客户为中心来协调和统一与客户的交互行动，达到保留有价值客户、挖掘潜在客户、赢得客户忠诚并最终获得客户长期价值的目的。客户关系管理的目的在于促使企业从以一定成本取得新客户转向想方设法留住现有客户，从取得市场份额转向取得客户份额，从发展一种短期的交易转向开发客户的终生价值。

客户关系管理的概念包含以下几方面的内涵。

5.3.1.1 客户关系管理的核心是客户价值

在对客户的识别、保留和发展的整个生命周期里，对客户价值的评判始终是贯穿核心的问题。这种价值评判包括两个方面，一是企业向客户提供的价值，被称为"企业价值"，二是客户对企业的价值贡献，被称为"客户价值"。客户关系管理的实施过程是一个使客户关系增值的过程。企业只有为客户提供优于竞争对手的价值，才能获得客户认可；只有客户认可给企业带来利润，企业才会提供与之相称的产品和服务。

5.3.1.2 对客户终身价值的关注是客户关系管理的重要特点

客户关系管理强调的是企业与客户长期的价值互动关系，最大化长期互动关系的效用，实现客户与企业的双赢。就企业而言，客户终生价值的重要性表现在：客户关系持续时间越长，客户价值就越高；客户的保持率增长5%可以带来企业利润的成倍增长；发展新客户的成本是保留老客户成本的5~8倍；客户关系持续时间越长，客户的转移成本越高，会进一步增大企业后期的客户保持率，带来企业收益的增长。对于客户而言，客户关系持续的时间越长，企业对客户需求的学习程度就会越高，更易于提供高价值的问题解决方案。

5.3.1.3 客户关系管理实质上是对企业客户资产的增值管理

客户要成为企业的无形资产，两个必备的条件是企业与客户之间有事实关系存在、企业有数据和文件记录来保证双方之间的双向沟通。显而易见，客户关系管理的实质就是对企业客户资产的增值管理。

5.3.1.4 客户关系管理强调对客户的全生命周期的管理

客户关系管理所倡导的关系型营销较之以产品为中心的交易型营销的重要特点就在于其更关注客户的长期价值，而不仅仅是短期利益。客户全生命周期管理的目的就是实现其终生价值最优。客户全生命周期管理的核心就是全生命周期客户价值管理。

5.3.1.5 客户关系管理是集中于价值客户的获取、保留和发展的动态管理

由于客户关系管理关注的是终生价值关系，因此，对于客户的选择尤为关键。客户关系管理不是对所有客户都不加区别地对待，而是不断为价值客户提供优厚的价值服务，并从价值客户得到卓越回报的一种有选择性的价值交换战略。

同步案例 5-7

与客户建立合作的重要性

小李是某消费品厂家的业务员，在糖酒交易会上，他认识了某消费品贸易公司的王老板，双方一见如故。

王老板来自某个地级城市，目前经销着六家企业的 20 多种产品，以前日子过得还不错，但现在其中一半的产品销售已大不如前，尤其恼火的是没有什么利润。王老板的合伙人老扯他的后腿，员工的素质也是一个很大的问题。本来想找一个有能力的人来管理，但始终找不到合适的人。所以他现在既是老板又是销售经理，更是销售员。

王老板希望小李帮他想想办法，找一个职业经理人，说事成之后一定好好谢谢他。当天小李就请示他的领导，领导问他客户是否有订货的意思，并希望小李还是考虑尽快把货卖出去的好，因为今年的销售任务可能要完不成。

之后小李和王老板通过几次电话，询问订货的情况。王老板问到上次拜托的事，小李只能回避……

一个月后，小李听说王老板与一家美国的企业开始了合作，因为那家企业提供了管理与培训方面的支持。作为回报，王老板订了大量的货，而且利用其原有的渠道和人脉关系尽力推广那家的产品。要命的是那家公司的一个新产品正在抢夺小李他们公司的传统市场。

具有敬业精神与良好沟通能力的小李没有成功，因为他和他的同事没有注意到一个事实：随着销售者与购买者角色的改变，销售者的职能已经由获得订单转变为与客户建立某种合作。客户需要的是解决挣钱或者在几年内挣钱的方案而不是产品。

资料来源：程烈. 销售就这么简单. 销售与市场，2004，11.

思考：你认为销售者和购买者的角色正在有着怎样的改变？

5.3.2 客户关系管理的原则和策略

5.3.2.1 客户关系管理的原则

（1）尊重客户的原则

真正尊重客户，围绕客户开展工作是客户管理的基石，没有这个前提，谈有效管理客户只能是空谈。

（2）长久合作意识原则

在客户管理工作中，一定要有长远眼光，不能只考虑一时一事的利益。因为客户稳定是销售稳定的前提，客户群的稳定对于销售政策的连贯性和市场维护都是必不可少的。稳定客

户给企业带来的收益远远大于经常变动的客户。

(3) 抓好日常性工作

客户管理是一项经常性的工作，要常抓不懈，客户管理是销售管理的一项重要内容，管理好了客户，就等于管理好了企业的"钱袋子"，因此企业必须对这项工作加以重视。

(4) 注重客户价值的原则

客户关系管理的核心就是价值管理。推销人员通过技术、信息、经验、知识或社会交往与客户建立亲密的关系，这些重要的关系能给客户带来超越核心产品的利益，从而强化和稳定合作关系，给客户带来产品之外的客户价值，给企业带来稳定的利润。

(5) 注重双向沟通的原则

实施双向沟通就是及时把企业的最新产品、服务或促销政策让客户知道，同时了解客户的最新需求和想法等相关信息，一般可以通过推销人员访问的形式。这样，就为直接了解客户的满意度提供了可能，能够直接检验客户的满意度。

(6) 要有整体思维的原则

客户关系管理不只是单纯为了推销产品，而是在了解客户的基础上向客户提供一揽子的解决方案，目的是建立长期的战略合作伙伴关系。所以必须具有整体思维，用产品包装、技术服务、产品或服务的使用介绍、信息服务、社会联络等全方位的体系强化与客户的关系，推动客户与企业之间联系的稳定性和长久性。

5.3.2.2 客户关系管理的策略

(1) 履行诺言

履行诺言是客户关系中最重要的策略，也是最难持之以恒的策略。履行承诺是稳定和发展买卖关系的根本，也是推动买卖双方战略合作伙伴关系发展的根本条件之一。

(2) 建立信任

信任是关系的基础。推销人员要获得客户的信任，就要公正客观地介绍产品或服务，不能夸大功能。掌握必要的营销知识，以便向客户提供正确的信息，善于听取客户意见，询问客户需求，从而明确客户需求；友好、礼貌，关心客户利益，通过多种方式向客户证明推销人员是可信赖的、坦率的、有能力的，以便与客户确立和保持密切关系。

(3) 分享利益

推销过程是双赢的过程，推销人员必须站在客户的角度考虑问题，让客户感受到购买行为中得到的真实利益。这就需要推销人员在全方位地了解自己公司和产品的优势、能给客户提供区别于竞争对手的利益和服务之外，通过客户资料，全面了解客户的爱好、兴趣和需求，然后有针对性地提供产品或服务，为客户带来利益的同时也为自己赢得了利益。

(4) 客户满意

客户关系管理中一项非常重要的内容就是让客户满意。不仅包括特定产品上的满足，而且包括非产品方面的满足。如果推销品或服务能使客户高度满意，推销人员的客户关系就是牢不可破的。

(5) 建立档案

对客户建档管理，是客户关系管理中一项最常用的方法，也是提升销售业绩的很重要的管理方法。其中，客户资料卡是很重要的工具。

名家观点 5-2

在建立自己的客户档案时，你要记下与顾客有关的所有资料：他们的孩子、嗜好、学历、职务、成就、旅行过的地方、年龄、文化背景及其他与他们有关的事情,都是有用的资料,所有这些资料都可以帮助你接近顾客,使你能够有效地跟顾客讨论问题,谈论他们感兴趣的话题,有了这些资料,你就会知道他们喜欢什么,不喜欢什么,你可以让他们高谈阔论、兴高采烈、手舞足蹈……只要你有办法使顾客心情舒畅,他们也不会让你大失所望……

——推销大师乔·吉拉德

客户资料卡的主要内容就是客户的各种个人资料,包括年龄、职业、学历、毕业院校、所学专业、收入水平、籍贯、兴趣爱好、性格、家庭等,越详细越好。如果还能了解客户个人的社会关系、亲戚、朋友、同学等情况就更好了。

然后对所有客户根据需要进行分类管理,以便区别对待。如可以把这些客户根据对所推销产品的需要,按照"放弃与否"分为"应继续访问的"、"暂隔一段时间再去访问的"、"拟不放弃的";也可以按需要再去访问的时间间隔分为"一周以内访问的"、"10天之内访问的"、"一个月之内访问的"等;还可以根据客户价值区分为"价值客户"和"无用客户",以便把精力更多地投入到有价值的客户上,从而取得更加优异的成绩。

知识链接 5-7

"价值客户"和"无用客户"

"价值客户"也是最佳客户,是指对你微笑,喜欢你的产品或服务,使你有生意可做的那些客户。好的客户会这样做:让你做你擅长的事;认为你做的事情有价值而愿意买;通过向你提出新的要求,来提高你的技术或技能,扩大知识,充分合理利用资源;带你走向与战略和计划一致的方向。"无用客户"正好相反,他们会这样做:让你做那些你做不好或做不了的事情;分散你的注意力,使你改变方向,与你的战略和计划脱离;只买很少一部分产品,使你消耗的成本远远超过他们可能带来的收入;要求很多的服务和特别的注意,以至于你无法把精力放在更有价值且有利可图的客户上;尽管你已尽了最大努力,但他们还是不满意。

对客户根据需要进行分类,目的是便于分类管理。在生活中到处都明显地呈现80/20法则的现象,对于推销活动也是如此。无论一个推销人员有多少客户,其销售业绩的80%都是来自于大约20%的客户。那就应该对这部分重点客户在拜访频率、停留时间等方面有所偏向,并以此拟订行动计划。

5.3.3 客户管理的主要内容

5.3.3.1 建立客户档案

客户档案是基础性文件,将客户的有关信息用文字记录,整理,分类,编目,造册,进行集中存放和管理,以备企业在需要时进行查寻和调阅。客户档案的主要内容包括以下几部分。

(1) 基础资料

即原始资料,包括客户名称、地址、电话、法人代表及个人的性格、兴趣、爱好、家庭、与本企业交易时间、企业组织形式、业种、资产等。

(2) 客户特征

主要包括服务区域、销售能力、发展潜力、经营观念、经营方向、经营政策、企业规模、经营特点等。

(3) 财务状况

主要包括销售业绩、经营管理者和业务人员的素质、与其他竞争者的关系、与本企业的业务关系及合作态度。

(4) 交易现状

销售活动动态、存在的问题、保持的优势等。

5.3.3.2 客户分析

客户分为个人客户和组织客户，下面重点对组织类客户进行分析，分析程序如下。

(1) 收集整理资料，将一个时期内的资料归集整理。

(2) 销售业绩分析，主要是针对中间商类客户，将销售业绩画出比例图，以观察客户销售的排列情况。

(3) 划分客户等级，对客户资料进行分析，总有相对数量较少的客户在总销售中占有较大的比重，这些客户就是重点客户。

常用 ABC 法对客户进行分级。

A 等级：销售金额的累计构成占 70% 的客户群。

B 等级：销售金额的累计构成比例在 70%～95% 的客户群。

C 等级：剩余的客户群。

例如：某企业共有如下客户，对其销售额（万元/年）分别如下。

a. 350，b. 460，c. 180，d. 890，e. 1050，f. 1200，g. 90，h. 660，i. 750，j. 320，k. 220，l. 410，m. 530，n. 710，o. 380，p. 630，q. 110，r. 280，s. 400，t. 960。

从高到低排序如下。

f. 1200，e. 1050，t. 960，d. 890，i. 750，n. 710，h. 660，p. 630，m. 530，b. 460，l. 410，s. 400，o. 380，a. 350，j. 320，r. 280，k. 220，c. 180，q. 110，g. 90。

则，企业全年销售总量 Q=10580 万元；

A 类顾客销售总量为：$10580 \times 70\% = 7406$ 万元；

B 类顾客销售总量为：$10580 \times 20\% = 2116$ 万元；

C 类顾客销售总量为：$10580 \times 10\% = 1058$ 万元。

销售额从高到低相加，一直到接近 7406 万元，但又不超过 7406 万元为止。即：A 类客户为 f，e，t，d，i，n，h，p，m。

B 类客户则在 A 类的基础上继续相加，7406+2116=9522（万元），相加到 9522 万元，但不超过 9522 万元为止，B 类客户有 b，l，s，o，a。

剩下的为 C 类客户，即 j，r，k，c，q，g。

当 A 等级占 20%，B 等级占 40%，C 等级占 40% 的时候是最为理想的，我们称这种比例为 ABC 比例，根据业种和业态的不同，在具体运用中也会有所区别。A 等级的客户占有现在销售额的中心地位，企业要把这些客户群作为最重要的客户来管理；B 等级的客户其重要程度相对次要，但是也有必要对这些客户进行充分研究，有没有可能变为 A 等级；C 等级的客户在本企业销售中所占比例很小，但也是有效推销活动中不可缺少的一部分。推销人员对每类客户拜访的周期、拜访的主要内容等应该有所区别，这样才能提高推销人员的工作效率和工作效果。

除 ABC 分析法以外，我们还可以通过设定"等级销售额"对客户进行分级，一般程序如下。

① 客户名册登记

将全部客户分级以后，应分列成册，以便于对其分类管理。

② 路序分析

为了便于开展巡回访问、送货、催款等工作，需要对客户按地区和交通路线进行线路顺序的划分，这种线路被称为路序。

③ 确定访问计划

在对所负责的客户开展推销访问活动之前，应该制定周密的访问计划，按照客户的级别不同确定相应的访问频率,并对拜访人员的级别作出相应规定。

 销售精英经验谈 5-2

客户维护要有一个周全的客户资料数据库

不管您有多么聪明的大脑和多好的记忆力,也不可能记住您客户的每一个细节,所以有一个客户的资料库是必需的,也是你工作开始的第一步。可能有人一看到要创建数据库头就大了,可实际上创建数据库并没有多难。最简单的客户数据库就是您手机的通讯录,但在这里我并不推荐您把手机通讯录作为您的客户数据库,因为它太简单了,不能输入您需要的客户数据库资料,不能满足日常工作需要。如果您乐意,可以到网上搜索一下,有很多类似客户数据库的软件可用。我这里推荐使用肯为旎免费办公平台(后面的叙述均简称为办公平台),推荐原因一是免费,二是它创新了很多维护客户的方法,完全能满足维护客户的需求(这一点可从后面的操作中看出来)。

实际上,使用这个办公平台创建客户数据库是十分简单和高效的,因为它可以从你的手机中导入,即使你手机中有 2000 个客户,你都可以在 10 分钟左右(以目前流行的计算机配置来参考)导入到你计算机中的办公平台。如此高效、如此简单,让自称为计算机爱好者的我在初次使用时也倍感惊奇。具体导入方法:使用手机自有功能导出一个 csv 格式的文件,直接导入到本平台中就可以了(详细的方法请参阅其帮助手册,这里不再赘述)。

导入完成后您可以编辑完善客户资料,利用本平台通讯录下的备注(可添加文本信息)或添加评论功能(可添加富文本信息即网页形式的图文信息)来无限制地增加任何您需要的资料,满足您的客户维护需求,当然,这一步也可以在日常工作逐步来完成。

资料来源:推销员门户网站,http://www.top-sales.com.cn/bbs/thread-33-1-1.html.

5.3.4 大客户管理

大客户就是重点客户,这些客户是企业产品的主要购买者。80/20 法则同样适用于推销领域:即 80% 的销售额来自 20% 的客户。他们便是企业的大客户,推销人员不应将推销精力平均分摊在每一位客户身上,而应该充分关注数量虽少但作用重大的客户,将有限的推销资源充分应用于大客户身上,在推销中给予一定的倾斜政策,取得事半功倍的效果,并保证与大客户之间的关系能稳定发展。一般来说,企业应做到以下几点。

① 优先保证大客户的货源充足;
② 帮助大客户提高销售能力;
③ 新产品的试销应首先在大客户之间进行;
④ 对大客户的商业活动给予支持和协助;
⑤ 安排企业高层主管对大客户的拜访;
⑥ 经常征求大客户的意见;
⑦ 对大客户制定适当的奖励政策;
⑧ 组织召开大客户座谈。

同步案例 5-8

运用 80/20 法则,成功留住大客户

姜海洋是闽佳商行有限责任公司的外贸销售代理,在他的客户名单中,占据 20% 的重要客户永远需要贴心服务。

2005 年 12 月中旬,姜海洋从在美国联合航空工作的同学口中得知,由于国际市场油价

高涨使得美国独立航空公司面临破产危机。他突然想起自己的一个重要客户计划到美国洽谈进口水下通讯技术设备，订的从华盛顿到亚特兰大的机票正是这家航空公司的，于是马上电话提醒客户。但是由于独立航空公司的机票价格便宜，该客户不愿意更改。为了说服该老板，姜海洋亲自赶到该企业所在地，把客观的现实情况一一道来，经过一个多小时，终于劝动了该老板换了另外一家航空公司的机票。

2006年1月2日，美国独立航空公司宣布从1月5日开始停飞。由于及时更换了航空机票，该客户到美国洽谈的事宜没有因此而耽搁。事后这个客户对姜海洋非常感激，由于姜海洋细致入微的服务，不仅避免了该公司的重大损失，而且这笔生意让客户成功赚取了53万美金。

对于20%部分的这些重点客户，姜海洋的原则是一定坚持有规律的拜访。为了使拜访更加有效，姜海洋去拜访客户的时间雷打不动地选择在星期四的下午，风雨无阻地坚持下来，已经到了无需与客户预约的程度。

这种在外人看来非常死板的方式，随着时间和次数的增多，效果越来越明显，这种无言的承诺，使得越来越多的客户相信姜海洋所在的企业必定是一个遵守承诺的公司。长久的合作便是从这样的细节开始起步的。用姜海洋的话来说："一个人的时间和精力是有限的，如果不能区分谁才是你的重点客户并加以重点维护，你的工作看似忙碌实际上是做了许多无用功，只有分清谁是20%的部分并把精力重点投入，你才可能做到事半功倍。"

资料来源：梦昭春. 成交高于一切——大客户销售十八招. 北京：机械工业出版社，2007.

思考

① 姜海洋在进行优质客户开拓和维护中的基本策略是什么？
② 如何用最有效的方式把握和维护关键客户？

5.3.5 客户服务

客户服务是为满足客户期望而做的一系列活动，它是以客户为中心的推销战略的需要。在现代推销活动中，服务品质的地位越来越重要。所以在相互竞争中，除了核心产品的竞争以外，最重要的就是贴心的服务了。更多更好的服务，不仅会增加客户对产品的信心，还会吸引客户第二次消费和主动推荐。良好的客户服务是90%的态度加10%的知识，无论是发展新客户还是稳定老客户，好的服务品质是推销人员的最佳广告牌。老客户会因为你的服务品质好而不吝于免费为你宣传、介绍潜在客户，新客户也多半是冲着你的服务品质而来，最终也会为此成为你的老客户。客户服务应满足如下要求。

5.3.5.1 热忱

若想成为杰出的推销高手，热忱的服务是不可或缺的条件。热忱是良好服务态度的核心，更是赢得客户信任和良好情感的有效武器。尤其一个人的面部表情，比穿着更重要。笑容是没有国界的语言。笑容能照到所有看到它的人，像穿过乌云的太阳，带给人温暖。"要想成为最受欢迎的人，就用你的微笑去欢迎每一个人。"

5.3.5.2 及时

客户服务要求必须及时，如果服务不及时、不迅速、不适应要求，那服务也就失去了应有的意义。

5.3.5.3 灵活

推销人员要根据公司政策、产品特性、客户心理和推销情境灵活改变服务策略，尽量满足客户的需要，维护商品信誉、维护企业信誉、维护自己的信誉，这样才能打下一片属于自己的天空。

5.3.5.4 个性化

推销人员提供的应是个性化的服务,因为推销人员的服务对象是人,而每一个人的要求都是不一样的,推销员要根据服务对象的不同,量身定做不同的服务方式和手段,尤其要在服务差异化上做文章,充分体现推销人员的服务优势以留住更多的老客户,吸引更多的新客户。

5.3.5.5 专业知识

精通专业知识,可以让推销人员更有自信,可以增加推销人员及推销品的竞争力,可以给客户更满意的服务和对推销人员更强的信赖感。通常情况下,推销人员必须掌握的专业知识有:熟悉产品的质量和价格,熟悉产品的用途和局限性,产品与客户需求之间的关系,熟悉产品必要的售后服务。当然,有关的产品和业务知识,掌握得越多越好,都有助于推销活动的顺利进行。

5.3.6 处理客户抱怨

水能载舟,亦能覆舟。如果把企业比做舟,那客户就是水,客户是企业的生存之本,营运之基,财富之源。没有客户,企业便没有市场,便失去利润的源泉,从而失去存在的意义。所以,如何建立和维护与客户的关系,是每一个企业的核心和根本。培养客户的忠诚,做到客户真正满意,除了要重视诸多影响客户满意的因素外,还需要处理好客户的抱怨。

5.3.6.1 客户抱怨及处理的意义

客户抱怨就是客户对产品或服务的不满或指责。客户的抱怨行为是对产品或服务的不满意而引起的,所以抱怨行为是对不满意的具体行为的反应。

客户对产品或服务的抱怨,一方面意味着经营者提供的产品或服务没达到他的期望,没有满足他的要求;另一方面,也表示客户仍旧对经营者具有期待,希望能改善服务水平,其目的就是为了挽回经济上的损失。

在传统的推销观念中,只要客户一开口抱怨,就被当成是找麻烦,害怕负面影响,这种观念是错误的。从某种角度来讲,客户的抱怨实际上是企业改进工作、提高客户满意度和增进客户忠诚的机会。建立客户忠诚是现代企业维护客户关系的重要手段,也是推销员的一项重要任务。对于客户的不满和指责,应采取积极的态度来处理,对于产品、服务和沟通等原因所带来的失误应进行及时补救,这样才能帮助企业重新建立信誉、提高客户满意度、维护客户的忠诚度。处理客户抱怨的意义表现在以下四个方面。

(1) 有利于提高企业美誉度

客户抱怨可分为私人行为和社会行为。私人行为包括回避重新购买或再不购买该品牌,不再光顾该商店,说该品牌或该企业的坏话等;社会行为包括向商店或制造企业和政府机关投诉,要求赔偿。客户抱怨发生后,尤其是抱怨的社会行为,如果处理得当,会大大提高企业的知名度,企业社会影响的广度、深度也不同程度地得到扩展。

(2) 有利于提高客户忠诚度

客户抱怨并不可怕,可怕的是不能有效地化解抱怨,最终导致客户的离去。研究发现,有抱怨的客户,如果他的问题得到圆满解决,他对企业的忠诚度要比从来没有遇到问题的客户高出很多。相反,如果没有客户的抱怨,倒是一件让人较为担忧的事情。哈佛大学的李·维特教授曾说过这样一段话:"与客户之间的关系走下坡路的一个信号就是客户不抱怨了。"客户不抱怨了说明他们对你的公司、产品和你本人不抱任何期望,不抱任何信心,默然离你而去。

有研究表明,一个客户的抱怨代表着另外 25 个没说出口的客户的心声,只有 4% 左右的不满意客户会写投诉信，比起没有投诉的客户，提出投诉的客户更可能回头，即使他们的问题还没有得到及时解决。如果问题得到及时解决，54%～70%的客户会回头。如果问题得到快速解决，95%的客户会回头。平均而言，客户会将自己的不满意告诉9～10个人，13%的不满意客户会告诉20多个人，投诉得到满意解决的客户会将此经历告诉5个人。

对于许多客户来讲，他们认为与其抱怨，不如取消或减少与经营者的交易量。这一数字更加显示了正确、妥善处理客户抱怨的重要意义。只有尽量地化解客户的抱怨，才能维持乃至增加客户的忠诚度，保持和提高客户的满意度。

（3）客户抱怨是企业的"治病良药"

客户的抱怨是企业改善服务和推销员提高业绩的因素之一，要想获得成功，必须真诚地欢迎那些提出不满的客户，并想法使客户乐意将宝贵的意见和建议送上门来。

任何企业的发展、产品品质的提高和推销员的成长都需要客户的抱怨。抱怨表面上让员工心里不舒服，实际上给企业经营敲响警钟，让企业找到在工作的什么地方存在隐患，解除隐患便能赢得更多的客户。同时，保留忠诚客户，他们不仅仅是客户，还是企业的亲密朋友。善意的监视、批评、表扬等行为表现出他们特别关注和关心企业的变化。所以，客户抱怨该是企业发展求之不得的事情。

（4）可使企业获得丰厚的回报

如前所述，处理好客户抱怨可以提高企业的美誉度，可以加强推销人员与客户之间的亲密关系，可以提高客户的忠诚度，是企业的治病良方。所有这些好处，自然会直接给企业和推销员带来丰厚利益。反过来，企业运行越好，越会注重以客户为中心的政策来保护客户的利益，所以，正确处理客户抱怨是一种双赢的举措。

销售精英经验谈 5-3

贵派电器营销学院院长郭汉尧指出，处理顾客抱怨应坚持以下原则。

① 保持心情平静，就事论事。保持主动、关心、友善与乐于助人的态度；
② 认真听取顾客投诉，确认事情发生的真正原因；
③ 站在顾客的立场，设身处地地为顾客着想；
④ 记录每一个细节，感谢顾客所反映的问题；
⑤ 掌握问题重心，提出解决方案；
⑥ 执行解决方案；
⑦ 总结顾客投诉，总结处理得失。

5.3.6.2 处理抱怨的技巧

在处理客户抱怨时，推销人员既没必要违心地承认客户是正确的，也不能不加分析、不假思索就随便否认客户的抱怨，更不能为了证明自己的博学多识，而以证明客户的错误为乐趣。在处理客户抱怨时，推销人员应本着客观、公正、为客户着想的原则，既要考虑客户利益，又要考虑企业利益，区分不同情况灵活处置，关键时刻，可以问问自己"让客户正确是否值得"这个问题。

一般来说，在处理客户抱怨时，推销人员应考虑以下问题。

① 接受客户抱怨所产生的后果；
② 拒绝接受客户抱怨所产生的后果。

在以下情况下，应考虑接受客户的抱怨。

① 如果拒绝接受客户的抱怨，企业可能会失去一位客户和许多客户或者更多的潜在客户；
② 当客户是一个大客户，并且他的索赔金额比他全年的订货额小得多；

③ 抱怨来自一个新客户，而且是一个大客户。推销人员应该考虑到，为了开发潜在客户，企业可能付出了大量的成本和精力，推销人员应该问问自己"让客户正确是否值得"，如果答案是肯定的，当然要考虑接受客户的抱怨并妥善加以处理。

知识链接 5-8

处理客户索赔和抱怨的方法和原则

① 客户并不总是正确的；
② 对客户提出的抱怨采取宽宏大量的态度；
③ 在一定的范围内，客户的抱怨是难以避免的；
④ 为了正确判断客户的抱怨，推销人员必须站在客户的立场上来看待客户提出的抱怨；
⑤ 客户在发怒时，他的感情一般是激动的，应避免刺激客户，从而进一步激怒他，导致撤销合同；
⑥ 在处理客户为了维护个人声誉或突出自己而提出的抱怨时要格外小心；
⑦ 不同内容的抱怨应该采取不同的方式解决；
⑧ 在未证实客户说的话不真实之前，不要轻易下结论；
⑨ 不管客户的抱怨有无道理，推销人员都要保持赤诚合作的态度；
⑩ 有些时候，对客户的索赔只进行部分赔偿，客户就感到满意了；
⑪ 在决定补偿客户的索赔之前，最好先了解一下索赔的金额，以便对客户的索赔是否过分心中有数；
⑫ 要拒绝接受客户的索赔要求，必须委婉地、充分地说明你的理由，要耐心，不能简单行事；
⑬ 不要向客户提出一些不能或者难以兑现的保证，以免引起纠纷；
⑭ 推销人员是不可能向一个发怒的客户讲清道理的，要先使客户冷静或推迟处理客户抱怨；
⑮ 要给客户一种感觉：你非常重视并认真对待他的抱怨，你正在积极解决问题；
⑯ 要让客户畅所欲言地表达他的意见。

▶ 决策与计划

教师布置、说明本次任务，明确要求与注意事项；各小组集中讨论任务完成步骤及做好分工，制定任务完成计划。

▶ 任务实施

任务一

课堂活动：模拟处理顾客抱怨。

活动目的：练习处理顾客抱怨的技巧。

活动过程

1. 在课堂上，每两名同学分成一组，两名同学都把自己购物不愉快的经历写出来。该组同学轮流扮演销售人员和客户，扮客户的同学，就那次不愉快的购物出现的问题向扮演销售人员的同学进行抱怨，扮演销售人员的同学要正确处理顾客抱怨。以此来训练处理抱怨的能力和处理抱怨的技巧。

2. 其他同学作为观察者，认真观察处理顾客抱怨的过程，做好记录。

3. 师生共同对整个过程及每位参与者的表现优劣做出点评。

任务二

实训活动：案例分析。

活动过程

1. 分发、熟悉案例材料，对案例中推销人员的电话销售技巧进行详细、认真地分析和评价。
2. 各小组间进行交流，最后由教师进行点评。
3. 案例材料

"塑胶大王"的销售策略

王永庆，台湾著名的企业家，他从一家小米店起家，经过几十年的奋斗，创建了台湾省最大的民营企业，他的销售观念和方法，值得众多企业和销售人员学习、思考和借鉴。

1931年，16岁的王永庆在嘉义开了一家米店。当时米店生意很难做，因为生意的对象是每个家庭，而他们却有了固定的米店供应。王永庆只得挨家挨户去拜访推销，好不容易才争取到几家愿意试用。

面对这一困境，王永庆心里想："如果我米的品质和服务不比别人好的话，这几家好不容易争取来的试用客户，说不定在试用之后，又会回头向原来的米店买了。这样一来，连原来的试用户也保不住了，更谈不上去争取其他新客户了。"

于是，基于"处处为客户着想、客户至上"的想法，王永庆就在米的品质、服务和收款上下功夫。

1932年，台湾的农村还很落后，稻谷在收割之后，都是铺在马路上晒太阳，稻谷碾成米后，米堆里还有米糠、沙粒、小石头等杂物。因为这种现象很普遍，不但卖米的人忽略了，买米的人也都见怪不怪。王永庆认为，这样的米品质太差了，他就把杂物捡净之后，才把米卖给客户，王永庆的米自然受到客户喜爱。

当时客户要到米店买米，王永庆认为，要等客户上门才有生意做，完全是被动的，他制定了一套改被动为主动，方便客户的服务方法。每当有客户上门来买米时，他就提出一个要求说："你要买的米，我送到你家里好不好？"客户当然说好，米那么重，有人愿意送米到家，那是求之不得的事。

等到王永庆把米送到客户家里后，当然要把米倒入客人的米缸中。这个时候，他就掏出一个小小的笔记本，记下这家的米缸容量，然后，他向客户说："下一次，你不用到我们店里来买米了。"客户大吃一惊，他接着说："我会把米送到你家里来，您能告诉我贵府有几个大人？几个小孩？一天米的用量大概多少？"于是，王永庆算出这家客户米的用量，以及这次送来的米大约食用的天数。在客户吃完米的前两三天，他就主动把米送到客户家里来。

这么一来，不但这家客户可能确保无断米之虞，而且他也可以确保客户不会因为断了米而临时转向其他米店买米。此外，他还会做些额外的服务，例如，送米之时，将旧米掏出来，把米缸清洗一下，新米放在下面，旧米放在上面。

米卖出之后，接着是收钱的问题。什么日子去收钱对客户最方便呢？对于大多数工薪阶层而言，当然是发薪日。所以，王永庆就把全部的客户分门别类，一一记下他们的发薪日，等客户领了薪水之后，他再去收米款。结果，客户对这种收款的方式很满意，而他十有九次也都能顺利收到钱。

此种"客户至上"的理念所延伸出来的品质改善、便利客户以及定期日收款等，不但使王永庆的米店经营得极为出色，而且也奠定了他日后经营塑胶事业成功的基础。

我们经常讲到"客户至上"、"客户永远是对的"，为什么客户一定至上？王永庆以收钱付钱的比喻来说明。他说，付钱的一定是拿着钱在上面，收钱的一定是伸手在底下接，手在底下接是礼貌，绝对没有倒过来的，倒过来就拿不起来了。

王永庆经常勉励业务人员要了解"客户至上"的道理。他说："产品通过业务人员转向消费大众，业务人员就成了公司和客户之间的桥梁，一定要站在公司和客户中央，使买卖双方都居于平等的地位。台湾有一句土话：'买也要吃、卖也要吃'，买卖双方都要追求最高的利益。业务人员必须了解'客户至上'的大道理，他受雇于公司，本来要百分之百地站在公司的立场，一心一意为公司谋求利益，现在要做公司和客户的桥梁，是否要各自百分之五十呢？不是这样，既然'买也要吃，卖也要吃'，业务人员就必须站在中间做桥梁，要为双方各追求百分之百的利益才对。"

客户能够生存发展下去，卖方企业才有发展的余地，买卖双方的关系唇齿相依。关系自己企业的发展前途，一定要首先关心客户的发展前途；反过来，关心客户的发展前途，也等于是关心自己企业的发展前途。这就是王永庆所说"买也要吃，卖也要吃"以及"客户至上"的道理。

基于"客户至上"的经营理念，王永庆就在销售上采用了以下做法。

第一，公司总部全盘掌握客户资料与业务动态，以做有效的指标，带动全面的业务。

王永庆十分强调要了解客户资料，掌握客户信息。他说："什么是市场？客户就是市场！不掌握客户就没有市场。"有人曾建议王永庆在全美国使用PVC的主要地区，设立数所业务分支机构，下设若干业务员，再由分支机构的主持人向总公司负责一切业务推销事宜。此项建议被王永庆否决了，他说："我不赞成这种做法。因为这样做的结果是，总公司的业务中枢机能等于全部交给分支机构进行；如此一来，对于各个客户接洽，就会变成只有分支机构负责，总公司的业务中枢无法和客户产生直接关系，只能依靠分支机构所提的报告，根本不可能了解客户的真正的交易情态。久之，对于千变万化的业务动态就会隔阂、生疏，不但变成像机器人一样失去思考、判断的机能，而且总公司的业务机能一旦失灵，就等于树从根上腐烂。"

第二，把客户的投诉当成"宝"。

王永庆指出，同种类的产品，日本货就比我们卖到更好的价格，原因就是他们的品质比较好，而他们的品质之所以比我们的好，就是因为他们把客户的投诉当成"宝"，当成改善产品品质的重要参考资料。可是，我们一接到投诉脸色就变了，而且常常不了了之。

他说："身为业务人员万一遇到产品品质不符合客户要求的事件时，应该在客户面前担当起来，诚恳地道歉，并立即设法调换或谋求其他解决办法，回头再反映给工厂要求改善，千万不可在客户面前数说工厂的不是。"

第三，盖了一层有"展示室"意义的招待所。

台塑的"台北招待所"装修得富丽堂皇，内部陈设全是台塑的产品，这样，当台塑的客户投宿到招待所时，无疑地置身在一座活生生的大展示屋之中，得以深入了解台塑的多类产品。

王永庆一直强调，做好销售工作的关键是积极主动，发挥创造性。他认为，古人把买卖称作"生意"实在很有道理。我们说花草树木长得茂盛，欣欣向荣，便形容说生意盎然，富有生意。从字面上说，是一种"生"存的"意"志，以之喻为交易买卖，意义特别深刻。如果不动脑、不吃苦，只知贪图安逸，便说"万无生理"（台湾省方言称生意为做生理）。所以，我们把谋生，求生说做"生意"。

王永庆说："卖冰激凌应该在冬天开业。"因为，冬天客户少，必须用心倾力全力推销，并且严格控制成本、加强服务，使人家乐意来买。这样一点一滴建立基础，等夏天来临，发展的机会到了，力量便一下子壮大起来。

根据自己的实践经验，王永庆对销售人员提出9点忠告。

① 忠于公司，即不仅要顾全公司利益，更要处处为客户着想，忠于客户，这样才是根本上对公司的忠诚。

② 了解自己和你的客户。

③ 如何从事推销活动，即时时反省检讨，找出差距，迎头赶上。

④ 让客户满意才是真正的生意人。

⑤ 销售应从文书做起，即养成写信、写电报和及时记录的习惯，以使各方面有所依凭，有条不紊。

⑥ 做公司和客户的桥梁，即及时交货，经常反馈客户的信息，处理客户的抱怨等。

⑦ 建立和运用客户资料，只有这样才能掌握销售状况，客户的运营情况，制定推动业务的方针和目标。

⑧ 服务客户。

⑨ 朝未开发的方向努力。

【问题与思考】

① 王永庆是如何针对客户关系管理建立起自己的事业的？

② 根据此案例，分析说明客户关系的重要性。

③ 作为推销人员的你，看了此案例有什么启示？

➤ **检查评估与反馈**

1. 检查学生工作任务是否完整完成？
2. 专业能力、社会能力和方法能力有哪些提高？
3. 按照评估标准评估每位学生工作态度、工作的质量情况。
4. 整理并保存参与学生的评定情况记录，作为平时考核依据。

任务 5 概要

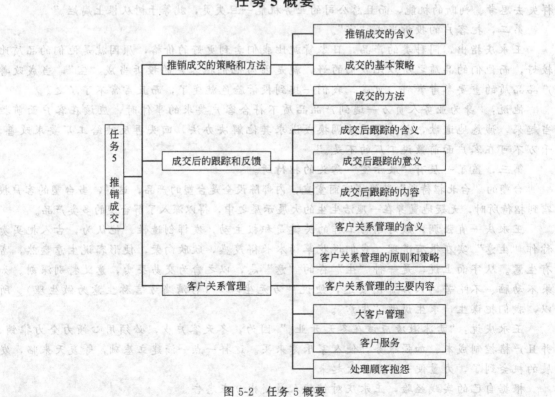

图 5-2 任务 5 概要

巩固与提高

一、重要概念

成交 直接请求成交法 假设成交法 使用见证式成交法 选择成交法

小点成交法　成交后跟踪

二、复习思考题

1. 成交的含义是什么？
2. 成交的基本策略有哪些？
3. 成交信号有哪些？如何正确识别？
4. 简述主要成交方法的涵义、优缺点及使用时应注意的事项。
5. 成交后跟踪的主要内容有哪些？
6. 客户关系管理的策略和原则有哪些？
7. 为什么说客户抱怨对企业来说是好事？
8. 如何建立客户档案？对大客户如何管理？

三、实践与训练

1. 试着采用弗兰克林成交法，说服你自己购买某种商品，尽量多列举"是"的答案。
2. 选取几个产品，说明使用该产品对顾客有哪些好处？最大的好处是什么？如何形象地说明？不使用该产品对顾客有哪些坏处？最大的坏处是什么？如何巧妙地说明而不至于引起顾客的反感？
3. 选取一个产品，模拟用不同的成交方法达成交易。

四、案例分析

以退为进

一位印度商人带着三幅名家画作到美国出售。有位美国画商看中了这三幅画，便打定主意，不管怎样也要把这三幅画弄到手。印度商人开价250美元，少一美元也不卖。这个美国商人也不是商场上的平庸之辈，他一美元也不想多出，便和印度商人讨价还价，一时间谈判陷入僵局。

忽然，印度商人怒气冲冲地拿起一幅画就往外走，二话不说就点火把画烧掉。美国画商看着一幅画被烧非常心痛。他小心翼翼地问印度商人剩下的两幅画卖多少钱，想不到印度商人这回要价口气更是强硬，声明少于250美元不卖。少了一幅画，还要250美元，美国商人觉得太委屈，便要求降低价钱。但印度商人不理会这一套，又怒冲冲拿起一幅画烧掉，因为自己实在太爱这幅画了。接着，他又问这最后一幅多少钱，想不到印度商人张口竟要500美元。

这一回，美国画商真急了，只好强忍着怒气问："一幅画怎么能超过三幅画的价钱呢？你这不是存心耍人吗？"印度商人回答："这三幅画出自名画家之手，本来有三幅的时候，还可以相对来说价格低点儿，如今，只剩下一幅了，这回可以说是绝世之宝，它的价值已大大超过了三幅画都在的时候，因此，现在我告诉你，如果你真想要买这幅画，最低得出价500美元。"美国画商一脸苦相，没办法，最后只好以此成交。

【问题与思考】

1. 印度商人如何抓住美国画商的心理弱点，以至"逼"着美国画商出高价？
2. 我们应该如何学习印度商人的独特思维？他使用的是哪种成交方法？

任务 5 自测题

一、单项选择题

1. 当推销人员回答客户的相反意见之后，就应该（　　　　）。
   A. 保持沉默并等待客户开口　　　　B. 变换主题，并继续销售
   C. 继续举证，以支持自己的观点　　D. 尝试成交
2. 当顾客有购买的征兆，如问"什么时候可以送货"时，推销人员应该（　　　）。

A. 说明送货时间，然后继续介绍产品特点　　B. 告诉他送货时间，并请求签订单
C. 告诉他送货时期，并试做销售提成　　　　D. 告诉他送货时间并等候客户的下一步骤

3. 当客户有怨言时，推销人员应该（　　）。
   A. 打断他的话，并指责其错误之处
   B. 注意聆听，虽然推销人员认为自己公司错了，但有责任予以否认
   C. 同意他的说法，并将错误归咎于业务经理
   D. 注意聆听，判断怨言是否正确，适时答应立予纠正

4. 在获得订单后，推销人员应该（　　）。
   A. 高兴地多谢顾客后才离开　　　B. 继续和顾客交谈，比如谈顾客的嗜好
   C. 谢谢顾客，并恭喜他的决定　　D. 再详细地介绍产品的特征及注意事项

5. 推销人员对比较各种口红的顾客说："您手上这支很适合您的肤色和年龄，来，我替您装好。"这个成交的方法是（　　）。
   A. 保证成交法　　B. 假定成交法　　C. 小点成交法　　D. 请求成交法

6. 最简单、最基本的成交方法是（　　）。
   A. 请求成交法　　B. 选择成交法　　C. 优惠成交法　　D. 机会成交法

7. 建立顾客档案的目的是为了（　　）。
   A. 留住老顾客，联系新顾客　　B. 讨顾客喜欢
   C. 与顾客保持长期的联系　　　D. 防止顾客抱怨

8. 热水器销售人员在说明公司产品安全性能优越的同时，也说明购买了劣质产品所带来的危害——耸人听闻的危害事件。这属于（　　）成交法。
   A. 假定成交法　　B. 使用见证式成交法　　C. 小点成交法　　D. 威吓利诱成交法

9. 节省时间，效率高的成交方法是（　　）。
   A. 假定成交法　　B. 使用见证式成交法　　C. 小点成交法　　D. 威吓利诱成交法

10. （　　）成交法的优点是既调动了顾客决策的积极性、又控制了顾客决策的范围。
    A. 假定成交法　　B. 直接请求成交法　　C. 选择成交法　　D. 妥协式成交法

二、多项选择题

1. 成交信号的形式一般有（　　）。
   A. 语言信号　　B. 表情信号　　C. 行为信号
   D. 事态信号　　E. 语气信号

2. 以下哪些是成交信号？（　　）
   A. 顾客对推销人员的态度逐渐转好　　B. 顾客乐于接受推销人员的约见
   C. 顾客要求推销人员回答有关问题　　D. 顾客提出各种购买异议
   E. 顾客态度蛮横

3. 下列哪些属于行为信号？（　　）
   A. 询问交货时间　　　　　　　　B. 比较各项交易条件
   C. 身体前倾　　　　　　　　　　D. 认真阅读推销资料
   E. 向推销人员介绍企业决策人员

4. 直接请求成交法一般适用于（　　）。
   A. 老顾客　　　　　　　　　　　B. 顾客已发出购买信号后
   C. 新顾客　　　　　　　　　　　D. 在解除顾客存在的重大障碍后
   E. 让顾客看过产品资料后

5. 下列现象中，不属于成交信号的有（　　）。
   A. 顾客询问新、旧产品的比价　　B. 顾客用铅笔轻轻敲击桌子

C. 顾客询问能否试用商品 D. 顾客打哈欠
E. 顾客抬腕看表
6. 推销成交后，推销人员还应该注意以下问题（　　）。
   A. 切勿将兴奋写在脸上　　　　B. 祝贺合作成功，向顾客的惠顾表示感谢
   C. 伺机告辞　　　　　　　　　D. 建议顾客试用其他推销品
   E. 继续和顾客聊家常
7. 成交后跟踪的主要内容有（　　）。
   A. 及时收回货款　　　　　　　B. 做好售后服务
   C. 和顾客建立并保持良好关系　D. 反思整个推销过程
   E. 让顾客介绍新顾客
8. 客户关系管理应该坚持的原则有（　　）。
   A. 尊重顾客的原则　　　　　　B. 长久合作意识原则
   C. 做好日常工作　　　　　　　D. 注重客户价值原则
   E. 注重双向沟通的原则　　　　F. 要有整体思维的原则
9. 客户关系管理的策略主要有（　　）。
   A. 履行诺言　　B. 建立信任　　C. 分享利益
   D. 客户满意　　E. 建立档案
10. 客户档案的主要内容有（　　）。
    A. 基础资料　　B. 客户特征　　C. 财务状况
    D. 交易现状　　E. 竞争状况

三、判断题

1. 在现代市场经济条件下，达成交易签订合同，不意味着推销活动的真正终结。（　　）
2. 当重大的推销障碍处理后，是促成成交的好时机。（　　）
3. 推销人员发现顾客的成交信号后，不要急于成交，应该详细介绍产品，以使顾客更好地了解企业产品。（　　）
4. 在推销洽谈过程中，推销人员应该毫无保留地把推销重点及产品特点合盘托出，以使顾客明白无误。（　　）
5. 推销人员应该克服成交恐惧症，必须抓住成交机会，但要注意，不要给顾客施加任何压力，否则顾客会有被强迫的感觉。（　　）
6. 推销人员与顾客成交签约后，即表示推销工作的内容结束，推销人员已经达成自己的目的。（　　）
7. 顾客抱怨是对推销人员不利的因素，所以推销人员应该回避顾客抱怨。（　　）
8. 在客户管理方面，推销人员应该重视每一位客户，使每位客户均能享受到相同的销售资源。（　　）
9. 与客户之间的关系走下坡路的一个信号就是客户不抱怨了。（　　）
10. 对于一个异常愤怒、情绪失控的顾客，推销人员应该首先给他讲清道理。（　　）

四、回答下列问题

1. 有经验的药品推销员奇兹韦尔说："有些顾客非要你把笔塞到他们手里才签字。"他的一些同事也同意这一看法，认为有时确实存在这一情况。不过，他们仍然主张不要对顾客施加压力。你认为呢？
2. 成交的英文单词是"close"，去掉一个字母"c"，即成"lose"，你怎样理解其中的寓意？

任务6　推销管理

理论目标

学习和把握推销计划的种类及内容，理解推销控制、推销绩效评估的含义、内容、方法，熟悉推销控制的程序，掌握推销绩效评估的标准。

实务目标

学习和把握推销管理的有关程序和方法、相关"知识链接"等程序性知识，能用所学实务知识完成"推销管理"的相关技能活动。

案例目标

运用所学"推销管理"的理论与实务知识研究相关案例，培养和提高在特定业务情境中发现问题、分析问题和解决问题的能力；提高推销意识，具备职业态度，提高语言表达能力。

实训目标

了解实训目的，清楚实训内容，能够运用所学理论知识与实务知识解决实际问题。提高组织与领导能力、计划与协调能力，体会团队协作对完成目标的重要性，明白个人与团队的关系，锻炼语言表达和沟通能力。

导入案例

相同的管理方式会产生不同的管理效果

（一）陈经理的成功

TR公司是某名牌电脑在我国北方地区的最大代理商，它主要通过门市部和二级代理商两种渠道进行销售。首先，TR公司在北京有两个非常不错的门市部，通过门市部直接销售给个人和家庭。其次，TR公司发展了覆盖整个华北地区的众多二级代理商，通过他们进行销售。

2000年初，公司聘请了一位陈先生任家用电脑即PC销售部的销售经理。这位陈先生以前从事的是个人寿险方面的行销工作，表现非常不错。上任后，他就把保险行销那套管理模式带过来了，采取了以下管理措施。

① 强调早晚例会。即早晨八点半要开早会，晚上五点半要开夕会，不管什么原因，早晚的例会一定要开。早会宣布一天的工作、解决各方面的问题，然后具体布置一天的工作，之后销售

队伍分头行动，该打电话就打电话，该去门市部就去门市部，该盯竞争对手则去盯着……

② 严格地计件提奖。也就是销售员这个月完成多少销量就给销售员多少报酬，销售出去多少就拿多少提成，如果超指标则有超指标奖励。

③ 实行末位淘汰。用陈经理的话叫做"第一个月红灯，第二个月走人"。也就是说，第一个月没有完成任务，就要亮红灯，提出口头警告；第二个月如果还是没有完成任务，那就叫他走人。

④ 超额有重奖。针对超额完成销售任务的情况，陈经理定了一些奖励标准。例如超额120%以上，奖励将大大超出正常计件提奖的范围。

2000年末，在他来后不到一年的时间里，TR公司的家用电脑销售部的业绩非常出色——在所有该品牌电脑的北方地区代理商中，销售部出货量是最大的，同时还为公司赢得了许多相关的资源。

（二）陈经理的失败

2001年，TR公司所代理品牌的厂商对市场策略进行了调整，决定将战略发展方向放在发展商用机上。该厂商瞄准了4个大的行业：教育、金融、电信、政府采购。针对厂商市场策略的调整，TR公司也进行了相应调整。他们撤换了原来负责商用机销售工作的经理，由原来负责家用电脑销售的陈经理出任商用机销售部经理。很自然，陈经理又把他原来的那套管理模式移植到了新部门。上任以后，他采取了一些同以前类似的改革措施。

① 采取强势激励措施，降低商用机销售部原来的底薪，提高提成比例。

② 严格执行早会和夕会制度。

③ 对整个过程进行严格的控制与管理。要求每一名下属都认真填写各种管理控制表单、日志、周计划等。

显然，这时候TR公司的销售对象已经发生了很大变化，销售模式也与以往不同——以前PC机的销售是通过门市部销售给个人，或者是销售给二级代理商，进行二级销售；而现在则要带着电脑直接面对终端客户，而且不是某一个人，而是一个组织、一个机构。结果这次改革措施的推行效果与他想象的有很大差距。

从2001年春天起以上措施开始实行，到半年后为止，出现了以下几种不良结果。

① 有的业务代表开始蒙骗客户，过分夸大公司的承诺。

② 员工之间开始互相拆台。

③ 业务尖子开始离职。

④ 整个队伍的业绩水平没有像预期的那样增长，甚至还略有下降。

9月份的时候，陈经理只能离开这个岗位，离开了这家公司。

资料来源：秦毅．如何建设与管理营销队伍．http://www.doc88.com．

讨 论 题

① 谈谈陈经理成功与失败的原因？为什么说相同管理方式会产生不同的管理效果？

② 谈谈销售管理制度建设的重要性。

6.1 推销计划

相关资讯

推销计划就是推销管理部门根据企业的生产经营实际情况，确定推销目标、销售利润、销售费用以及实现目标的方式和步骤。推销计划是企业生产经营计划的重要组成部分，是企业推销工作得以有目的、有步骤、高效率开展的必备条件。推销计划与企业的各项生产经营计划有着紧密的联系，生产计划中的生产进度、生产数量要根据推销计划中的推销量来确定，财务计划中的利润指标也要与推销计划中的推销量、销售额相协调。

6.1.1 制定推销计划的意义

6.1.1.1 正确制定推销计划，有利于合理安排企业的营销活动

推销计划是企业营销计划的重要组成部分，推销计划中的产品销售量指标是确定生产计划中产品生产量的根据，推销计划中的推销收入指标是确定财务计划中利润指标的根据。推销计划规定着企业在计划期内的产品销售量和销售收入，正确地制定推销计划，可以为制定生产计划和财务计划提供可靠的依据，合理安排企业的生产经营活动，有助于企业内部活动的协调。

6.1.1.2 正确制定推销计划，可以提高企业的经济效益

面对需求急剧变化且竞争异常激烈的市场环境，企业若没有完整的营销思路、没有一套切实可行的推销计划，就难以在市场上与其他企业一争高下，从而直接影响企业经济效益。

6.1.1.3 正确制定推销计划是推销成功的关键

在当今复杂的营销环境下，为使推销取得更大的成功，至关重要的是推销人员要制定正确的推销计划。推销效率的提高，有赖于推销计划的正确制定。只有制定正确的推销计划，在推销活动开始前对推销品种、推销过程、推销方式等心中有数，并按预先制定的推销计划有计划、有步骤地进行推销，避免盲目推销，才能够使推销成功。

总之，企业正确地制订推销计划，对促进推销成功、合理安排企业的销售活动、提高经济效益都有着十分重要的意义。因此，企业的推销部门应会同有关部门，如生产部门、技术部门、财务部门等，制定出切实可行的推销活动计划，以此作为企业产品推销工作的行动纲领。

6.1.2 推销计划的种类

企业的推销活动涉及方方面面，要把企业的全部推销活动纳入计划的轨道，就要有多种多样的计划。不同的计划有不同的内容和作用，但又相互联系、相互制约，构成一个完整的企业推销计划体系。

按计划的时间长短，推销计划可以分为以下三种。

6.1.2.1 长期计划

长期计划是指计划期在一年以上（如三年、五年、十年等）的长远发展计划，又称战略规划或长远规划。它是推销部门配合企业的生产或经营、人事、财务等方面的长远发展战略规划而制定的相应的推销战略规划。编制长期计划，是企业有效地进行推销活动所不可缺少的。长期计划能使企业推销活动具有远见，有利于确保计划的连续性和稳定性，提高计划的科学性和预见性，从而更好地掌握推销活动的主动权。

长期计划的内容没有一个统一的模式，它根据企业的具体情况和企业对长期计划的要求而定。一般说来，长期计划由以下几个组成部分。

（1）推销发展方向规划

主要包括推销方式和方法、推销战略、推销规模、主要推销指标的水平等。

（2）推销组织规划

主要包括人员推销的组织形式和非人员推销的组织形式、推销组织的安排和重大调整等。

（3）推销人员培训与智力开发规划

主要是确定推销人员培训的数量，应达到的水平、所采取的主要措施等。

6.1.2.2 年度计划

年度计划是长期计划的具体化，它以长期计划为依据，结合年度的实际情况而制定，规定着企业在计划年度内推销活动的具体任务。一般说来，年度推销计划的具体内容涉及推销活动的各个方面，可以根据营销总体目标的需要在人员推销、广告、公关等方面制定一系列的行动计划。年度计划的各项计划指标一般都要按季分列，每个季度再根据当季的具体情况编制季度计划，对年度计划中规定的分季推销任务进一步加以具体化，或调整、补充。季度计划的内容与年度计划基本相同，只不过更具体些。

6.1.2.3 月度计划

月度计划是年度、季度计划的延伸和具体化，它是根据当月的具体情况，把年度、季度计划任务进一步加以分解、落实，化解为每个推销单位在单位时间（月、旬、周、日）内的计划任务。因此，月度计划是组织日常推销活动的有力工具，每项推销工作都应编好短期的月度计划，并认真实施。

知识链接 6-1

销售人员行动计划的编制

① 月别行动计划：销售人员对未来的行动制定计划是必要的。每位销售人员都应明确制定出自己未来一个月的重点销售商品、拜访客户、新开拓客户名单等。如表6-1所示。

表6-1 月别行动计划表

本月销售目标描述		
重点销售商品	重点拜访客户名单	新开拓客户名单
1. 2. 3.	1. 2. 3.	1. 2. 3.

② 周别行动计划：月别的重点行动目标设定以后，就可以制定周别计划了，将每周需要努力的方向具体列出，如表6-2所示。

表6-2 周别行动计划表

星期	客户名称	接洽人	地点	电话	访问目的	备注
星期一						
星期二						
星期三						

续表

星期	客户名称	接洽人	地点	电话	访问目的	备注
星期四						
星期五						

③ 以销售日报表来检查周别计划的实施结果：每天销售人员以书面形式呈报自己的销售情况与访问客户的情况。只要将行动计划表与每日实绩相对照，销售人员的表现就一目了然，也便于销售经理对销售人员的行动实施有效控制。如表 6-3 所示。

表 6-3　销售人员日报表　　　　　年　月　日

序号	客户名称	接洽人	订货名单	等级	数量	单价	金额	交货日期
1								
2								
3								
4								
5								
6								
今日访问客户数：			本月累计访问客户数：			明日计划访问客户数：		
本月业绩目标：			已完成目标：			未完成目标：		
工作价值评估								

资料来源：李祖武主编. 销售管理. 北京：清华大学出版社，2011.

6.1.3　推销计划的内容

按推销活动的职能和内容，可以将推销活动计划分为市场调查计划、产品推广计划、广告计划、公关计划、营业推广计划等。这些推销活动计划各有其独特的作用和内容，有不同的原则和技巧，它们共同构成了企业的整体推销计划。下面将对推销洽谈计划和市场推广计划详细介绍。

6.1.3.1　推销洽谈计划

推销人员在拜访顾客之前，都要制定一个洽谈计划，以便设计一个进行推销洽谈的最佳方式。推销人员与顾客洽谈的初始阶段至关重要，不可听其自然，因此，所有成功的推销人员都会花大量的时间与想象进行该阶段的准备工作。

名家观点 6-1

推销员所选择的谈判方式以及开场白对会晤的成功将起到关键性的作用，因此，推销人员在与顾客见面之前制定一个洽谈计划是绝对必要的。

——英国著名推销专家　麦克唐纳

（1）确定洽谈目标

在拜访顾客之前，推销人员头脑中必须十分清楚这次拜访顾客的目的何在，明确推销洽谈的目标。

（2）行动计划

行动计划应包括四个方面。

① 制定一套符合逻辑次序的步骤，按步骤行事，以达到目的。推销人员必须考虑好如何达到访问目标。因此，在洽谈前，需要将所有希望谈到的问题都列出来，并按照一个符合逻辑并容易做到的次序重新排列。然后，推销人员要把众多的证据、特性、利益编排整理一番，以确定如何将每一个问题都能系统地论及。许多推销人员发现，他们可以很容易地计划出所要谈的东西，可是一旦他们与顾客面对面时则很难记住讲话次序。一个基本的技巧——ABC方法，可以帮助推销人员。

A就是开场要引起顾客注意，B是中间要推销利益，C是最后结束推销洽谈。很明显，推销洽谈一开始，就是为了赢得顾客的注意，随着洽谈的进行，则要使顾客相信所推销的产品对其有许多的利益，最后，当推销人员已经充分说明了这些产品如何满足顾客的需要以后，就该结束洽谈。

② 计划一下什么样的行为要求可能取得最佳效果。推销人员要对自己的行为或是与顾客的相互反应作精心计划。如果推销人员的行为方式不太合适，就可能引起麻烦。

那么，什么样的行为准则合适呢？在洽谈的开始，推销人员希望尽快与顾客建立一种十分友善的关系。一个温馨的微笑，加上有力的握手，同时两眼注视着对方，可以立即赢得对方的好感。

③ 确定什么样的推销工具有助于达到访问目标。推销工具对说服顾客非常重要，推销人员不仅要让顾客听，而且要让顾客看、闻、触摸，这样，顾客能较容易地记住推销人员一直尽力说明的中心意思，为此则需要相应的工具准备。

④ 推销人员与顾客正式交谈之前，需要适当的开场白。开场白的好坏，几乎可以决定一次推销访问的成败。会谈开始的最初几分钟是极为关键的。在这几分钟内顾客会作出是否继续听下去的判断，只有当顾客对推销人员的总体印象不错时，才会愿意谈下去。

a. 客套话。在面谈一开始，推销人员先说几句客套话是很自然的事，事实上，不这么做某些顾客会觉得推销人员无礼。推销人员通常可以谈论天气、假日、家人情况、最新社会新闻、体育比赛等，但这绝不是正题。推销人员要将客套话限定在几分钟内，同时要多谈论对方的事情，然后尽快抓住机会纳入正题。

b. 开场白。说完客套话之后，推销员下一步谈什么取决于许多因素，如产品的性质、当时的情景、与顾客的关系等。

6.1.3.2 市场推广计划

市场推广计划是企业开拓区域市场的综合性推销计划，它包括前期市场调查、市场竞争分析、消费需求分析、营销战略与策略等。一个完整的区域市场推广计划应包括以下几个方面的内容。

（1）市场分析

企业要进入一个特定的区域市场，首先就要对这个市场的各个方面进行广泛的调查研究，并加以科学的分析，才能制定相适应的推销战略和策略。市场分析应包括以下几个方面。

① 市场环境分析

主要了解在某区域市场范围内，影响企业产品销售的一些客观环境因素。它主要有：该地区的经济发展水平、该地区的消费水平、该地区的地方性政策环境、该地区的消费习惯与消费风俗等。

② 竞争对手分析

主要了解该区域市场内的竞争态势。包括竞争对手有哪些？他们的产品有何特点？竞争对手的销售现状、营销策略以及市场占有率，本企业产品的特点和优势等。

③ 消费者需求分析

主要了解该地区消费者对该类产品的需求特征、消费者的购买力水平、潜在的市场容量和市场规模、消费观念的变化等。

(2) 市场营销战略与策略

① 确立整体推销目标。在进行市场分析后，企业可以根据其区域市场的基本特征确立企业的整体营销目标。营销目标应包括：企业的销售量、市场占有率、知名度、美誉度、竞争力等指标。

② 广告推销策略。企业应根据推销目标以及区域市场的范围与特征来制定一套独具特色的广告策略。制定广告策略应考虑广告的创意、设计、制作及广告媒体的选择，广告播出时间的长短、频率、广告预算、广告效果的检测与评估等。

③ 公共关系推销策略。包括公共关系推销的目标、公共关系活动主题、传播媒介、公共关系活动项目及活动预算等。

④ 营业推广推销策略。为了使企业的产品能够迅速拓展一个新的区域市场，适当的营业推广策略是必不可少的。包括营业推广活动计划，所要达到的目标、效果分析、营业推广预算等。

▶ 决策与计划

以小组为单位完成本次学习工作任务；教师布置、说明本次任务，明确要求与注意事项；各小组集中讨论任务完成步骤及做好分工，制定任务完成计划。

▶ 任务实施

实训活动：企业走访——销售计划的制定。

实训目的：了解企业销售计划制定的过程及主要内容。

实训过程

1. 每组选取一个实训基地企业或者其他企业，走访企业相关负责人或销售人员，调查了解销售计划制定的过程及主要内容。

2. 各组结合所走访企业的产品情况，尝试制定销售计划。

3. 各组间进行交流。

4. 教师进行综合点评。

▶ 检查评估与反馈

1. 检查学生工作任务是否完整完成？

2. 专业能力、社会能力和方法能力有哪些提高？

3. 按照评估标准评估每位学生工作态度、工作的质量情况。

4. 整理并保存参与学生的评定情况记录，作为平时考核依据。

6.2 推 销 控 制

相关资讯

6.2.1 推销控制的概念和作用

在推销计划的执行过程中，市场格局和销售环境的变化是在所难免的，为了确保推销工作高效率地展开，企业及推销部门必须及时对推销状态进行控制。

所谓推销控制，就是企业将推销机构各部门、各环节的活动约束在企业经营方针及推销目标、推销计划的轨道上，对各推销要素的运动态势及其相互间的协调状况进行的监督与考察、审计与评估、操纵与把握等一系列规范化约束行为的总称。推销控制的目的在于确保企业推销目标的实现，使推销活动取得最佳效益。其本质是对推销活动的操纵与把握，即通过对推销活动的每一个行为和事件的测度来检验其是否符合既定的原则、计划和指令。如果发生偏差，应立即采取调整修正措施，以保证推销活动沿着最合理的途径实现推销计划所预定的目标。

6.2.2 推销控制的内容和程序

实行推销控制要遵循如下程序并完成相应的工作内容。

6.2.2.1 确定评价对象

推销控制的系统应包括推销成本、推销收入和推销利润三个方面，测评的范围应该包括推销人员的工作绩效、新产品开发与推销成绩、广告投资收益率及市场调查的效果等。对市场调研、广告、推销、咨询及各项服务等推销活动均要通过控制来评价其效率，对新产品开发、特别促销、试销等专门项目则往往采用临时性的控制措施。

管理者在确定测评范围时，应根据各推销组织及人员的具体情况而定。在确定测评对象时，要考虑必要性和经济性。测评的业务范围越大、频率越高，所需要的费用也就越多。有的组织、个人或推销环节对企业整个推销绩效关系重大，或容易脱离计划，或情况不稳定，就需要对有关推销业务活动作全面测评，以加强控制。反之，则可以只抽查几个主要方面。

6.2.2.2 建立衡量标准

就是要根据已确定予以评价的推销业务活动来选择具体的衡量标准，衡量标准作为一种对预期结果在质量和数量上所给予的说明和规定，是用来衡量工作实绩的客观尺度。科学、合理的标准是企业的销售部门或推销组织的管理者对于每一个具体的推销活动进行控制的主要依据，它与企业的总体战略目标有着十分密切的联系，是整体目标实现过程中的动态分解。控制标准包括质和量两方面。标准的质是指标的特定内涵即标准所反映的质域界定。例如推销人员工作绩效可以用一年以内增加的新客户数说明；市场调查效果可以用每进行一次用户访问的费用表示；广告推销效果可以用记住广告内容的视听者占全部视听者的百分比表示等。由此可见，标准的质的规定性在大多数情况下是指一系列具有针对性的可以反映某种行为内在本质的指标规范。有许多企业确定的衡量标准基本上是企业的主要战略目标，如预期销售量、推销费用预算、销售利润。所谓标准的量是指将标准加以定量化。例如：规定每个推销人员全年争取发展100个新客户，用户访问费不得超过30元/次；电视广告绩效标准为记住广告内容的视听者至少要占总视听人数10%以上等。

建立标准时，企业往往希望采用综合性的工作绩效标准。比如全体推销人员每次推销访问的平均费用为80元，这80元便成为综合的或平均的绩效标准。但在具体的推销访问过程中，其费用状况会由于各种主、客观因素而呈现出较大差异。这样，企业在确定综合绩效标准时，还应规定绩效标准的偏差。

例如：确定平均绩效标准为80元，其中最高则不得超过100元，即任何推销人员每次推销访问的费用都必须以100元为最高界限。

企业在确定绩效时，不仅要以企业以往的历史资料作为依据，而且还应当大量搜集外部资料以作参考，同时还必须考虑到评估与控制对象本身的差异。一般来说需要考虑以下各项因素。
① 每个推销人员所推销产品的具体特征；
② 每个推销人员推销地域内的销售潜量；
③ 每个推销人员推销地域内竞争产品的竞争力；
④ 每个推销人员所推销产品的广告强度；
⑤ 推销人员业务熟练程度；
⑥ 推销人员的推销费用等。

6.2.2.3 检测工作绩效

要采用各种方法检查实际工作，客观地了解和掌握测评对象的实际情况。检查工作可以采取直接观察的方式，也可以根据推销管理信息系统所提供的资料和各种原始记录来进行。例如，通过月度销售量资料检查推销进度，通过推销人员招待费用的报销凭证检查推销人员支用招待费有无违规行为，通过用户购物订单检查实际销售量等。然后，将工作实绩资料与控制标准相比较，了解预期目标实现的情况。

6.2.2.4 分析偏差原因，采取改进措施

工作实绩与控制标准比较的结果如果不相符合，就说明企业推销组织或推销人员中存在问题。那么，企业就应当进一步进行绩效分析，找出工作实绩与控制标准相比出现偏差的原因。如果控制标准脱离了推销实际，就应修正控制标准；如控制标准是科学合理的，就要从推销活动中找出具体原因，以便采取相应的措施加以克服。

6.2.3 推销控制的方法

推销控制活动是连续不断、周而复始的运动过程。企业在确定了具体的控制对象和合理的控制程序后，还必须根据不同的对象科学地选用控制方法，以保证对推销活动实施有效的控制。

推销控制的基本方法有策略控制、过程控制和预算控制等。这些方法从不同的角度出发全面控制企业的推销活动。

6.2.3.1 策略控制

策略控制的目的在于使企业的推销目标及所采用的策略与推销环境相适应，以保证企业推销任务的顺利完成。它是企业的最高管理层通过多种手段，对企业的推销环境、内部推销系统和各项推销活动定期进行全面而系统的考核。

策略控制的重点主要有以下三方面。

(1) 对推销环境的考核

主要考核对象包括三个方面。

① 属于市场方面的：企业的主要目标市场状况，细分市场状况，市场的特点与发展前景。

② 属于顾客方面的：顾客对本企业的看法，顾客如何做出购买决策，顾客目前与未来的要求。

③ 属于竞争方面的：谁是企业的主要竞争对手，哪些竞争趋势是可预见的。

④ 属于其他方面的：可能对本企业产生影响的人口、经济、技术发展状况等。

(2) 对企业内部推销系统的考核

主要考核对象包括三个方面。

① 属于企业目标方面的：企业长短期总目标是什么，企业推销目标是什么，目标是否

明确、合理、有序,是否全面地反映了企业的竞争力,是否牢牢地把握了有利时机,企业实现目标的核心策略是什么,这一核心策略是否有希望成功等。

② 属于计划方面的:企业是否能调动足够的人力、财力、物力来完成任务,企业资源调配是否得当,企业是否有一套完善有效的年度推销计划,是否按期执行控制步骤以保证计划目标实现,企业的推销情报系统是否满足各级人员对推销业务进行计划与控制的需要等。

③ 属于推销人员和推销组织方面的:推销人员的数量、素质是否符合要求,对推销人员如何进一步培养、激励或监督,推销的组织结构是否能适应不同产品、不同市场与各类推销活动的需要等。

(3) 对各项推销业务活动的考核

主要考核对象包括四个方面。

① 属于产品方面的有:企业的主要产品和一般产品,产品系列中有哪些产品应淘汰,哪些产品应加强,各项产品的情况是否正常等。

② 属于定价方面的:是否全面考虑了成本、需求与竞争因素,提价或降价可能产生的影响,顾客对产品价格的反应等。

③ 属于推销部门方面的:各推销部门是否都能实现企业目标,各推销部门是否按照分工方式组成,整个推销组织的士气、能力与成果是否相协调,评价劳动成果的目标体系是否合理等。

④ 属于广告宣传方面的有:是否有一个完整的广告宣传计划,广告宣传目标是否实际,广告宣传费用是否合理,广告宣传的效果如何,广告媒体的选择是否恰当等。

6.2.3.2 过程控制

过程控制主要是实行目标管理,即将企业计划目标细分为若干小目标,通过对全部推销活动的控制来实现对过程的控制,达到推销高效率和最优化,使推销工作在动态中实现企业总的推销目标。

过程控制的方法主要有以下几种。

(1) 销售因素分析

它主要通过对销售额构成因素的分析来确定本期实际销售额增减变化的原因。常用的分析方法有以下两种。

① 销售价格、销售因素分析。利用销售额等于销售数量与销售价格的乘积分析销售额变动的具体原因。这种方法主要用于判断不同因素对实现销售目标的影响程度。具体可采用因素变换法进行。

例如,计划 5 月份以 10 元的价格销售某种钢笔 40000 支,总销售额为 400000 元,而到 5 月底,仅以 8 元的价格售出 30000 支,总销售额为 240000 元。造成与计划额相差 40%的销售差距 160000 元,其原因是销量不足和售价降低,但这两个原因对销售额所产生的影响是不相同的,可以通过计算予以说明。

$$售价降低的差距=(10-8)\times 30000=60000(元),占销售差距的 37.5\%$$

$$销量降低的差距=(40000-30000)\times 10$$
$$=100000(元),占销售差距的 62.5\%$$

这说明销量降低是影响计划实现的主要原因,需进一步找出根源采取办法加以解决。

② 明细销售分析。用于判断究竟是哪些产品或哪些地区因素的影响而使所规定的销售目标未能实现。

例如,某一企业在三个地区的预计销售目标分别为 400 件,800 件与 1000 件,合计 2200 件。可三个地区的实际销售量分别为 360 件、840 件和 560 件,地区一比销售目标低了

10%，地区二超出计划销量的5%，地区三比销售目标低了44%，显然，销售目标未能实现的主要问题出在地区三上。据此，推销组织领导应对地区三的情况作出分析，找出主要矛盾，并采取相应措施加以解决。

(2) 市场占有率分析

销售分析不能反映企业在市场竞争中的地位，而通过市场占有率的分析则可以清楚地掌握企业同其竞争者在市场竞争中的相互关系。例如，企业仅是销售额增加而市场占有率不变，其原因可能是宏观经济环境改善，并不能说明企业竞争地位的提高；企业的销售额下降而市场占有率保持不变，说明整个行业受到了宏观经济环境的不利影响。要进行市场占有率的分析，必须注意定期收集、整理全行业销售资料。

(3) 销售费用率分析

实施过程控制时要注意在确保实现销售目标的同时销售费用不能超支。管理人员应注意把各项推销费用限制在计划以内，重点考核广告费用与人员推销费用。

6.2.3.3 预算控制

预算控制是按照事先分配给各项推销活动一定费用的计划，对推销活动实施控制。管理者可以采用效率测量的方法，分析研究企业推销资源可产生的推销效果，使推销资源产生最大效益，也可以采用制定推销预算方法，根据企业预算的目标，核算完成预定目标所必须支付的费用水平，用预算防止费用超支，并对推销成效进行测量。

> 决策与计划

以小组为单位完成本次学习工作任务；教师布置、说明本次任务，明确要求与注意事项；各小组集中讨论任务完成步骤及做好分工，制定任务完成计划。

> 任务实施

实训活动：企业走访——销售控制调查。

实训目的：了解企业销售控制的主要做法及内容。

实训过程

1. 每组选取一个实训基地企业或者其他企业，走访企业相关负责人，调查了解企业销售控制的做法及主要内容。
2. 各组写出实训报告并进行交流。
3. 教师进行综合点评。

> 检查评估与反馈

1. 检查学生工作任务是否完整完成？
2. 专业能力、社会能力和方法能力有哪些提高？
3. 按照评估标准评估每位学生工作态度、工作的质量情况。
4. 整理并保存参与学生的评定情况记录，作为平时考核依据。

6.3 推销绩效评估

相关资讯

现代推销技术区别于传统推销技术的一个重要方面就是强调科学性。利用科学的方法与手段对推销工作绩效及推销计划执行情况进行必要的核算评估与检查监督，是现代推销技术的重要组成部分。建立健全一整套对推销工作绩效进行评估与控制的制度和方法，是推销人员高效率工作的基础与前提，也是实现成功推销的重要保证。

6.3.1 推销绩效评估的概念

推销绩效的评估是指企业或推销人员对一定时期内推销工作状况的评定与估价。具体地表现为对推销业务的核算。这是企业经营管理过程中不可缺少的重要一环，是推销人员提高推销工作效率的重要手段。推销评估的目的在于分析推销工作及业务的效果，并从中探索规律、总结经验教训，以便于进一步改进和制定新的推销计划，进行科学决策。

推销评估与推销控制有相近的一面，但两者之间有明显的区别。其相近之处表现在两者都是考察、分析和评估推销工作状况、促进推销工作的一种手段和方法。但两者对推销工作状况的考察、分析和评估的针对性、出发点和落脚点各不相同，推销控制是对企业现行的推销状况而言的，是通过对当前推销工作的考察、分析和评估，从中发现问题，获得信息反馈，及时采取措施，调整和修正企业现行的推销决策与推销策略，以便引导企业的销售活动朝着实现预期目标的方向发展；推销评估则不一样，它是针对推销总体工作效果而言的，是对前期推销工作状况进行全面的考察、分析与评估，从而找出推销工作成功或失败的原因，以利制订下期的推销目标与策略。它对于提高推销人员能力，改善推销人员培训方案方法，提高企业的整个推销活动效果有着直接意义。因此，推销绩效的评估与推销控制不应混为一谈。

6.3.2 推销绩效评估的内容

推销绩效评估的具体内容是通过一定的项目或指标系列的核算来实现的。它主要是以价值量（金额）、实物量（数量）和劳动量（时间）为计量单位记录、计算与反映企业销售部门或推销人员推销业务动态与推销效果。按照不同的划分标准，推销核算的内容可分为很多种类。

（1）按推销业务的核算范围划分，可分为全面核算与单项核算。全面核算，是指对推销的全部业务活动所进行的核算；单项核算，是指对某一方面的业务活动进行记录、计算和反映。

（2）按推销核算的指标划分，可分为销售核算、费用核算、利润核算及绩效核算等。

（3）按推销核算的形态划分，可分为价值核算、数量核算、劳动量核算等。另外，推销工作绩效还可以通过其他多种数量标准进行衡量，如每日拜访次数、订货量、购买量、销售与拜访次数比、毛利、巡回时间等，这些数量标准都可以定量表示，很容易进行比较。评价绩效也可使用对企业的了解程度、顾客信誉或驱动力等质量标准。有些企业把质量标准汇入数量标准，规定出一些分数，推销人员得分越高，其工作绩效越好。但质量标准带有主观意图，不容易评价，往往要借助销售管理者的判断。

目前，我国企业或推销人员的推销评估主要从数量标准所表现的经济效益方面进行核算、考察和评定。

6.3.3 推销绩效评估的标准

6.3.3.1 销售量

销售量是反映推销效果的重要标志之一。在其他因素不变的情况下，推销出去的产品越多，其推销业绩也就越好。开拓市场，扩大销售是经营和推销工作的重要任务，正确进行销售量核算是准确考核推销效果、评估推销绩效的重要方法之一。

销售量，是指企业或推销人员在一定时期内实际推销出去的产品数量。它包括合同供货方式或其他供货方式（如现货销售、代销、经销、自销等）售出的产品数量，以及尚未到合同交货期提前（在报告期内）交货的预交合同数量。它不包括外购产品（指由外单位购入，不需本企业任何加工包装，又不与本企业产品一起作价配套出售的产品）的销售量。准确地确定销售量所包含的内容，是销售量核算的基础工作。

销售量的统计方法如下。

（1）采用送货制（包括到港交货与出港交货）的产品，在与运输部门办好托运手续后就算销售量，统计时以承运单位的日戳为准。

（2）采用提货制的产品，在与需方办妥货款结算手续并开出提货单后即算销售量，统计时以提货单上的日期为准。

（3）交货后退回质量合格并再次入库的，应冲减本年度合格产品的销售量。

（4）交货后退回修理的产品，如修复后不交原用户而另待销售的，应冲减销售量。

（5）各主要产品的销售量可用实物量或价值量表示。全部产品的销售量必须用价值量（即产品销售额）表示。

为便于观察推销人员的去向和市场需求变化，往往将客户按地区或按部门、职业等分类，分别统计其销售量。通过销售量核算，可以分析产品推销计划完成、超额完成或未完成的原因、销售量的升降趋势、市场占有率变化趋势以及从销售量的构成上分析销售品种的变化、新老用户的变化、销售地区的变化、销售对象所属部门或职业类别的变化等，从而为制定新的推销策略及计划提供依据。

6.3.3.2 推销额

推销额是销售量的货币表现，是以价值形式反映推销成果的一个指标。当推销人员推销的不是单一品种的产品，而是不同规格、型号、品种的产品时，为了比较各个推销人员的推销成果，就必须进行推销收入的核算。进行销售收入指标核算，首先要了解有关产品的价格，然后再结合销售量统计数据换算成为销售收入。对推销人员来说，应该根据自己推销的产品实际情况，先分别计算所推销的各种产品销售额，再进行汇总，形成自己完成的全部销售收入。

计算销售收入，可具体分为计划销售收入、实际销售收入、单位产品销售收入三种，各种销售收入的计算方法如下。

（1）计划销售收入计算公式

$$计划销售收入＝计划期销售量\times 单位产品销售价格$$

（2）实际销售收入计算公式

$$实际销售收入＝实际销售量\times 单位产品销售价格$$

（3）单位产品的销售收入计算公式

$$单位产品销售收入＝单位产品销售成本＋单位产品销售税金＋单位产品销售利润$$

6.3.3.3 推销费用指标

推销费用的使用情况反映了企业和推销人员在推销活动中活劳动和物化劳动消耗的动态。做好推销费用指标核算工作，不仅可以促进推销活动顺利开展、加速商品流通和资金周转，而且由于推销费用是构成产品全部成本的重要部分，通过核算降低销售费用，同时也降低了产品的成本。因此可以说，做好推销费用核算是增加盈利的途径之一。

进行推销费用评估常用的具体指标有多种，主要的有以下两个。

（1）产品推销费用率　这个指标是推销人员完成的推销任务与完成这个推销任务所支出

的推销费用之间的比例。它反映完成一定推销任务所耗费的资金，其计算公式是：

$$产品推销费用率 = \frac{一定时期内的推销费}{同时期内的推销量} \times 100\%$$

其中，推销费主要包括能计入产品销售成本的广告费、印刷费、通讯费（如电话、电报、信函等）、展销场地租赁费、代销产品管理费、售出产品的复验维修费、产品中转保管费等。

（2）推销费用降低率　它是指推销人员实际支出的推销费用与计划核定的推销费用限额之间的比例。这个指标的基本计算公式为：

$$推销费用降低率 = \frac{计划推销费 - 实际推销费}{计划推销费} \times 100\%$$

推销费用降低率指标，反映了推销费用节约或超支的程度，它既是提高推销工作经济效益过程中不可少的检验标志，更是核算推销费用、考定推销绩效的重要指标。

6.3.3.4　销售利润

销售利润是推销成果的集中体现。将销售收入与销售成本和费用进行比较，就可以看出推销人员为企业创造的利润是多少。在分析销售利润时，不仅要分析销售利润的计划完成情况，而且要进一步分析其变化的原因，分析不同因素如销售量、产品价格、销售成本和销售结构等对销售利润的影响，以便于及时发现问题，提出改进的措施。利润的评估也可以按总利润及各分类利润进行分析。利润评估可以加强高利润区域、高利润产品、高利润消费者群的工作，保证公司利润的实现。销售利润的计算公式是：

$$销售利润 = 销售收入 - 销售成本 - 销售税金$$

其中：销售税金 = 销售收入 × 税率

销售利润受多种因素（销售量、销售成本、产品销售单价和销售结构等）的影响和制约，因此销售利润指标核算还应该计算某些因素变化对销售利润产生的影响。

6.3.3.5　推销效率

评估推销效率可以更全面地评价推销人员的工作程度和效果，把握推销人员之间存在的差距，并通过奖勤罚懒提高推销人员的工作努力程度，促进推销工作。

评估推销效率的指标主要有：配额完成率、客户访问完成率、推销人员人均推销额、推销费用降低率、订单平均订货量、订货合同完成率等。

（1）推销配额完成率　反映推销人员对计划或定额推销任务的实际完成情况。公式为：

$$推销配额完成率 = \frac{实际完成推销量（额）}{计划推销量（额）或配额推销量（额）} \times 100\%$$

利用推销配额完成率指标核算推销效率具有直接性和客观性。因为推销效率的大小首先体现在推销劳动的结果上，而推销劳动的结果又往往以推销的产品数量来代表，推销的产品数量愈多，推销效率就愈高。推销配额完成率是反映推销产品数量的一个动态相对数，所以它能直接客观地反映推销效率。

> **知识链接 6-2**
>
> **销售配额的作用**
>
> 销售配额是分配给推销人员在一定时期内应完成的销售任务。配额的作用如下。
>
> ① 提供了定量的任务标准。量化指标为推销人员指明努力方向，并为评价推销人员的工作提供了标准。
>
> ② 为推销人员提供激励。如果配额设置合理并具有挑战性，可以产生很大的激励效果，

鼓励推销人员为实现目标做出最大的努力。

③ 可以作为发放薪金的标准。有些公司将佣金、津贴或工资与销售配额挂钩，完成配额的情况直接决定推销人员收入的多少。

④ 可以用于推销竞赛。竞赛配额的设置，能为所有推销人员提供取胜的机会。

⑤ 有利于控制销售费用。通过配额可以实现对销售费用率的控制，从而增加利润。

(2) 推销人员人均推销额　这是衡量销售部门平均工作成绩的指标。推销人员了解人均推销额，就可以将自己的推销成果与之对照分析，更好地激励自己努力推销，赶超平均水平。公式为：

$$推销人员人均推销额 = \frac{一定时期内商品销售总额}{推销人员总数}$$

(3) 客户访问完成率　指一定时期内推销人员访问顾客的实际次数与计划规定的次数的比例。考核推销人员的用户访问完成率可以从推销活动过程来衡量推销人员的工作努力程度。公式为：

$$用户访问完成率 = \frac{实际访问客户次数}{计划访问客户次数} \times 100\%$$

$$或 = \frac{实际访问客户数}{计划访问客户数} \times 100\%$$

(4) 订单平均订货量（额）　指一定时期内获得的订单或合同订货量（额）与订单或合同总数的比值。这一指标可以衡量推销人员所获取的订单的数量与质量。公式为：

$$订单平均订货量（额） = \frac{订单订货总量}{订单总份数}$$

订单平均定货量指标既反映推销员争取到的订单数目，又体现了订单的容量，它适用于核定推销价格低、品种规格多、用户分散、订单定货量少的产品的推销人员的推销效率。

(5) 订货合同完成率　这个指标又称为履约率。它对核算推销合同的完成程度有重要意义。公式为：

$$订货合同完成率 = \frac{合同期交货数}{合同期订货数} \times 100\%$$

其中：合同期交货数 = 实际交货数 −（合同期欠交数 + 合同期超交数）

合同期交货数，不等于企业在这期间的实际交货数。因为超交与欠交都属于不正常现象，故在计算时要扣除合同期内超交、欠交数。

此外，还有一些推销绩效考核的内容及公式，如：每天平均访问户数、每户平均成交额、现金回收率、应收账款回收率、每户平均访问费用、平均每次访问销售额等。利用这些指标或结合其他指标，不仅可以对推销工作绩效做单项评估核定，还可以进行综合性的评估。

6.3.4　推销绩效评估的方法

6.3.4.1　对比分析法

有比较才有鉴别。推销评价也一样，只有两个以上的可比因素进行比较，才能说明推销绩效的好坏。对比分析法是推销绩效评估最常用、最基本、最简明的方法，按照对比对象的不同，对比分析法可划分为三种情况。

(1) 实际与计划对比，用于检查推销计划完成情况，了解超额完成或未完成计划的原因。

（2）现在与过去比较，即用本期有关销售指标与上期或历史同期的有关销售指标对比，可以说明推销状况的发展水平与趋势，有利于改进今后的推销工作。

（3）本企业与同行业其他企业对比，即用本企业推销指标与本地区或国内外同行业企业相同指标对比，可以说明企业落后或先进程度。

6.3.4.2 分组分析法

这种方法是根据有关推销资料和一定标准，按照同一原则或同质特征把事物整体划分为若干部分，在此基础上分析其状况、特征及动因，如推销速度、推销效益等，都可按一定标准进行分组。

分组分析法可说明推销工作内部不同层次、不同方面在推销绩效中的地位和作用。但分组分析法的关键问题是科学合理地确定分组原则和标准，否则分析的结果就很难反映事物本质，很难得出对改善推销工作有意义的结论。

6.3.4.3 评价分析法

这种方法是把评价对象的主要因素进行分解，并按确定的标准给其打分，以表示各因素对于推销活动的重要程度，最后以合计总分考察评估对象的优劣。如对推销人员服务质量、经济效益、竞争能力的评估，就可分别就影响服务质量、经济效益、竞争能力的各种主要因素，诸如产品数量、质量、品种特性、工作时间、广告效果、态度、服务项目、服务技巧等因素，按一定的标准，并根据推销工作各种因素的实际情况给分，以考察各因素对服务质量、经济效益和竞争能力的影响程度，然后根据合计总分评价推销工作绩效的高低。

6.3.4.4 因素分析法

因素分析法又称连环替代法。这种方法具有说明差异产生原因的优点，是比较分析法不可替代的。其基本思路是：在影响推销活动的几个相互联系的因素中，顺序地把其中一个因素当作可变，暂时把其他因素当作不变，通过依次替换来测定各个因素对推销工作绩效的影响程度。运用这种方法时，各种因素替换的顺序应当根据各种因素的相互关系及其所处的主次地位来确定。

例如：假设某推销指标 M 以 a、b、c 三个因素的乘积形式存在，其计划指标与实际指标分别为：

计划指标 $M_0 = a_0 \times b_0 \times c_0$

实际指标 $M_1 = a_1 \times b_1 \times c_1$

二者差异为 $D = M_1 - M_0$

运用因素分析法的运算过程为：

第一次替换 a，即 $a_1 \times b_0 \times c_0 = M_2$ 得 a 因素变化（$a_0 \longrightarrow a_1$），对差异的影响程度为 $M_2 - M_0$

第二次替换 b，即 $a_1 \times b_1 \times c_0 = M_3$ 得 b 因素变化（$b_0 \longrightarrow b_1$），对差异的影响程度为 $M_3 - M_2$

第三次替换 c，即 $a_1 \times b_1 \times c_1 = M_1$ 得 c 因素变化（$c_0 \longrightarrow c_1$），对差异的影响程度为 $M_1 - M_3$

a、b、c 三个因素对差异 M 的影响程度为：

$$(M_1 - M_3) + (M_3 - M_2) + (M_2 - M_0) = M_1 - M_0 = D$$

可见，三个因素分别对计划指标的差异影响总结果与该指标实际脱离计划的总差异是一致的。

6.3.4.5 比率分析法

这是一种先计算出数值比率，然后进行分析比较的方法。比率分析通常有三种情况。

（1）构成比率分析

以全体合计数为 100，计算出各部分所占比率。此法主要用于分析推销绩效评估构成内容的合理性及其变动趋势。如企业推销产品品种构成、推销费用项目构成分析等。

（2）趋势比率分析

也称动态相对数分析。即以基期为 100，计算以后各期发展趋势。比如评估推销发展趋势，就可以用历年（月）推销额（量）计算出销售增长率。也可采用企业销售额与同行企业基期销售额比较，或用计算出的销售增长率与前一期（年、月）的销售增长率比较。如果趋势比率分析值低于 100，则说明推销不利，需要改进。

（3）相关比率分析

以某项指标与其相关的其他指标进行对比，并求出比率。这种方法多用于评价推销绩效的水平，如将销售指标与费用指标对比，可从中发现推销工作的薄弱环节。

➢ 决策与计划

以小组为单位完成本次学习工作任务；教师布置、说明本次任务，明确要求与注意事项；各小组集中讨论任务完成步骤及做好分工，制定任务完成计划。

➢ 任务实施

实训活动：企业走访——绩效评估调查。

活动目的：了解企业绩效控制的主要方法及主要指标。

实训过程：

1. 每组选取一个实训基地企业或者其他企业，走访企业相关负责人或销售人员，调查了解企业绩效控制的主要方法及主要指标。
2. 各组写出实训报告并进行交流。
3. 教师进行综合点评。

➢ 检查评估与反馈

1. 检查学生工作任务是否完整完成？
2. 专业能力、社会能力和方法能力有哪些提高？
3. 按照评估标准评估每位学生工作态度、工作的质量情况。
4. 整理并保存参与学生的评定情况记录，作为平时考核依据。

任务 6 概要

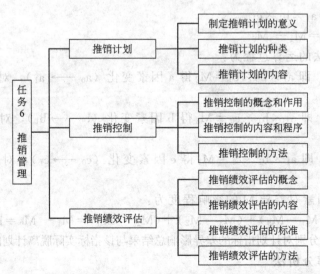

图 6-1 任务六概要

巩固与提高

一、重要概念
推销控制　推销计划　推销配额　过程控制　推销绩效评估

二、复习思考题
1. 实施推销控制，应如何确定评价对象和测评范围？
2. 为什么要给推销人员确定推销配额？
3. 应如何确定推销控制的衡量标准？
4. 推销绩效评估的方法主要有哪些？

三、实践与训练

表 6-4　推销员绩效考核指标调查表

指标要素	要素内容	重要程度			
		必须考核	应该考核	可以考核	不需考核
出勤率	实际出勤天数除以应出勤天数				
销售额	销售产品的价值额				
销售费用	本人薪金加上推销经费，除以销售额				
遵守秩序	严守工作纪律、勤奋工作				
不良债权比例	不良债权发生额除以销售额				
销售增长率	本期销售额（或数量）相比上期销售额（或数量）的增长率				
对客户礼貌	对顾客以诚相待，提高公司信用				
从组织全局出发	能够顾全公司的利益，而不是单纯地追求销售数量				
负责	对部下的错误，经常表现出负责任的态度				
请补充					

说明：你认为考核一个推销员应考核哪些指标，在"重要程度"栏里，在你认为最恰当的位置上画"√"，你认为还缺少哪些指标，请做补充和说明。

四、案例分析

绩效考核伤了小李的心

在公司的 2009 年度员工绩效考核工作中，小李绩效被评了个 A（考核分五级，A：杰出；B：良好；C：正常；D：需改进；E：淘汰），小李很高兴，毕竟自己的工作得到了领导的认同和肯定。

绩效考核是由各部门经理对员工 2009 年工作绩效、任职状况、工作态度等方面的全面评价，结果会影响员工职位及薪级调整，比较重要。小李自认为很好地完成了本职工作：全年没有明显失误，尤其前一段时间经常加班到晚上 9 点多，很多节假日不休息，表现还是对得起领导的评价。但是当他听到下面这个消息后这种喜悦感就没有了，反而愤愤不平给女友诉苦。

"下午生产部的一个同事告诉我，他们部门的小张考核也得了个 A，大家都觉得不公平。我听了很惊讶，第一感觉是是不是搞错了，我并不是嫉妒他而是觉得太不可思议了。这个小张每天都利用单位座机给女朋友打电话聊天，一天要打上三四次有时长达半个小时之久，公司规定用单位座机打私人电话每次不能超过 3 分钟。另外他还经常上班玩游戏，其实在不忙的时候上上网看看新闻公司是允许的，可要是玩游戏就不成了。你说就这样的员工不得个D就算不错了，竟然能被评为A，是不是有些不公平。还有天天上网炒股的小刘，最后被评了个B，而有的人全年表现都不错只是出现过个小错误就被评为D。我加班加点努力工作的考核是A，他们天天打私人电话聊天、玩游戏也是A，考核制度岂不形同虚设？"

这种现象说明该公司绩效考核体系中的某些环节在一定程度上出现问题，比如绩效考核指标设计、绩效标准、考核指标权重、考评方式、考核办法等；我们首先需要深入实际地具体问题具体分析，但在没有进行认真细致的调查分析之前，不能贸然做出结论。

绩效考核一般关注两方面的内容：员工的工作结果，即任务绩效；员工在工作过程中所表现出来的行为，即周边绩效。

【问题与思考】

① 假设小李的判断是对的，试分析部门经理在考核评估过程中有没有问题，并加以说明。
② 假设小李的判断是错的，请分析为什么？

任务6 自测题

一、单项选择题

1. 可以清楚地掌握企业同其竞争者在市场竞争中的相互关系的指标是（　　）。
   A. 销售因素分析　　B. 市场占有率分析　　C. 销售费用率分析　　D. 平均推销额分析
2. （　　）是组织日常推销活动的有力工具，每项推销工作都应编好该计划，并认真实施。
   A. 三年计划　　B. 年度计划　　C. 季度计划　　D. 月度计划
3. 根据有关推销资料和一定标准，按照同一原则或同质特征把事物整体划分为若干部分，在此基础上分析其状况、特征及动因。这种推销绩效评估的方法是（　　）。
   A. 对比分析法　　B. 分组分析法　　C. 评价分析法　　D. 因素分析法
4. 企业推销产品品种构成、推销费用项目构成分析可以使用（　　）。
   A. 构成比率分析法　B. 趋势比率分析法　C. 相关比率分析法　D. 比率分析法
5. 可以从推销活动过程来衡量推销人员的工作努力程度的指标是（　　）。
   A. 推销配额完成率　　　　　　　　B. 推销人员人均推销额
   C. 客户访问完成率　　　　　　　　D. 订单平均订货量

二、多项选择题

1. 市场分析主要内容有（　　）。
   A. 市场环境分析　　B. 竞争对手分析　　C. 顾客需求分析
   D. 产品分析　　E. 营销策略分析
2. 制定市场营销战略与策略主要包括以下方面（　　）。
   A. 确定整体推销目标　　B. 广告推销策略　　C. 公共关系推销策略
   D. 营业推广推销策略　　E. 竞争推销策略
3. 推销绩效评估的主要标准有（　　）。
   A. 销售量　　B. 推销额　　C. 推销费用
   D. 推销利润　　E. 推销效率
4. 按推销核算的指标划分，推销绩效评估的内容有（　　）。
   A. 销售核算　　B. 费用核算　　C. 价值核算
   D. 数量核算　　E. 利润核算
5. 推销控制的基本方法有（　　）。

A. 策略控制　　　B. 过程控制　　　　　C. 预算控制
D. 生产控制　　　E. 营销控制

三、判断题

1. 推销计划就是推销管理部门根据企业的生产经营实际情况，确定推销目标、销售利润、销售费用以及实现目标的方式和步骤。（　　）
2. 企业的推销计划是由推销部门独立完成的，和其他部门工作无关。（　　）
3. 推销评估的目的是为了评价推销人员工作的优劣，以确定薪酬。（　　）
4. 推销控制是针对推销总体工作效果而言的，是对前期推销工作状况进行全面考察、分析和评估。（　　）
5. 推销费用的使用情况，反映了企业和推销人员在推销活动中活劳动和物化劳动消耗的动态。（　　）

四、回答下列问题

1. 你认为一份完善的推销计划对推销活动有何影响？
2. 怎样的绩效考核才有利于激发推销人员的工作激情？

参 考 文 献

[1] 邱少波. 现代推销技能. 上海：立信会计出版社，2005.
[2] 钟立群. 现代推销技术. 北京：电子工业出版社，2005.
[3] 郭奉元. 现代推销技术. 北京：高等教育出版社，2006.
[4] 李光明. 现代推销实务. 北京：清华大学出版社，2009.
[5] 郭奉元，黄金火. 现代推销技术. 北京：高等教育出版社，2005.
[6] [美]迈克尔·阿亨. 当代推销学. 吴长顺等译. 北京：电子工业出版社，2010.
[7] 李祖武. 销售管理. 北京：清华大学出版社，2011.
[8] 和锋. 10分钟销售演练手册. 北京：北京大学出版社，2012.
[9] 张良. 营销训练营. 深圳：海天出版社，2004.
[10] 李文国. 推销实训. 大连：东北财经大学出版社，2008.
[11] 于翠华. 推销技术. 北京：清华大学出版社，2011.
[12] 孟昭春. 成交高于一切——大客户销售十八招. 北京：机械工业出版社，2007.
[13] 陈新武. 推销实训教程. 武汉：华中科技大学出版社，2006.
[14] 安贺新. 推销与谈判技巧. 北京：中国人民大学出版社，2006.
[15] 黄智鹏. 电话赢得客户的68个关键细节. 北京：北京科技出版社，2006.
[16] 佩吉·卡劳等. 销售游戏. 石新泓等译. 上海：上海科学技术出版社，2003.
[17] (英)格雷海姆·罗伯特—菲尔普斯等. 营销培训游戏. 包晓闻等译. 北京：中央编译出版社，2004.